ALFRED GROSSER

MEIN DEUTSCHLAND

HOFFMANN UND CAMPE

Die Deutsche Bibliothek – CIP-Einheitsaufnahme

Grosser, Alfred:
Mein Deutschland / Alfred Grosser. –
3. Aufl. – Hamburg:
Hoffmann und Campe, 1993
ISBN 3-455-08475-3

Schutzumschlag- und Einbandgestaltung: Werner Rebhuhn
Gesetzt aus der Sabon
Satz: Dörlemann-Satz, Lemförde
Druck- und Bindearbeiten: Mohndruck, Gütersloh
Printed in Germany

INHALT

EINLEITUNG

Paris, 9. November 1989. Es ist 19.15 Uhr. In einer Viertelstunde wird meine wöchentliche Vorlesung zu aktuellen politischen Problemen zu Ende gehen. Da tritt plötzlich der Direktor des Instituts durch die kleine Tür hinter mir in den Hörsaal. Er drückt mir einen Zettel in die Hand und wendet sich an die dreihundert Studenten. »Le Mur de Berlin est tombé« (Die Berliner Mauer ist gefallen), verkündet er. Donnernder, langanhaltender Applaus. Noch am selben Abend fahren etwa fünfzig Studenten per Auto oder per Zug nach Berlin, um wenigstens einmal in ihrem Leben an einer großen politischen Freude teilhaben zu dürfen.

Auf dem Zettel stand die Aufforderung von Antenne 2 – unserem ZDF –, sofort zur Tagesschau zu kommen. Da die Zeit bis 20 Uhr recht knapp war, holte mich der stellvertretende Chefredakteur mit seinem Motorrad ab. Ich setzte mich hinten drauf und war um 19.58 Uhr vor der Kamera, um meinen Landsleuten die schöne, ergreifende Nachricht zu verkünden und zu kommentieren.

Frankfurt, 3. Oktober 1990. Vor dem Fernsehapparat im Hotelzimmer verfolge ich den Staatsakt in Berlin. Kein falscher Zungenschlag. Und beinahe zu Beginn die schöne Formulierung von Rita Süssmuth: »Dank allen, die uns zu diesem Tag verholfen haben, zu diesem Tag der Freude, der Dankbarkeit, der Verantwortung, aber auch der Bescheidenheit.«

7

Am Nachmittag zitiere ich diesen Satz in meiner Rede zur deutschen Einheit in der Paulskirche. Auf Einladung des Oberbürgermeisters von Frankfurt am Main stehe ich nun wieder da oben. Das erste Mal war es 1971 gewesen, als ich die Laudatio für die Friedenspreisträgerin Marion Dönhoff zu halten hatte. Der damalige OB war mir danach etwas böse gewesen, weil ich gesagt hatte, Frankfurt sei mein Geburtsort und nicht meine Heimatstadt. Aber bei der Auswanderung 1933 war ich erst acht gewesen und hatte somit noch keine richtige Heimat gehabt.

Nun durfte ich, nun mußte ich erklären, warum mich 57 Jahre danach die deutsche Wiedervereinigung so sehr freute. Selbstverständlich war das nicht. Nicht alle Franzosen teilten dieses Gefühl, noch weniger alle von Hitler als Juden dem Tod geweihten Überlebenden. Aber es lag in der Logik des Nachkriegsengagements für ein anderes, ein neues Deutschland. Ich konnte nun ohne jegliche Heuchelei in der Paulskirche erklären, daß die damalige Hoffnung, eines Tages alle Deutschen durch eigene freie Wahl in einem freiheitlichen Staat leben zu sehen, erst und gerade an diesem 3. Oktober 1990 Wirklichkeit wurde. Denn es ist ja immer um das gegangen, was der erste Satz der französischen Verfassung von 1946 verkündet hatte: Der Sieg war errungen worden über ein Regime, das die Menschen versklaven und erniedrigen wollte. Nicht über ein Volk oder über eine Nation, wie es 1919 sicher geheißen hätte, wäre damals in Paris eine neue Verfassung entstanden.

Gerade in diesem Sinne durfte ich in meiner Rede auf einen Aspekt der Wiedervereinigung hinweisen, der in den deutschen Medien nicht genügend erörtert worden war. Der richtige Weg über Artikel 23 des Grundgesetzes (die Länder in der ehemaligen DDR treten der Bundesrepublik bei) und nicht über Artikel 146 (beide Staaten verschwinden gewissermaßen, um einen neuen zu bilden) mußte auch mit der ständig beschworenen »Vergangenheitsbewältigung« in Verbindung gebracht werden. Am 12. April hatte die erste und letzte frei gewählte Volkskammer der DDR eine gemeinsame Erklärung aller Fraktionen verabschiedet, die die »Verantwortung der Deutschen in der DDR für ihre Geschichte« bekannte. Die Machthaber des SED-Staates hatten sich immer geweigert, die Haftung für die verbrecherische Vergangenheit zu übernehmen. Der lange, ausführliche, bewegende Text der Volkskammer zeigte, daß die Wiedervereinigung auch in dieser Hinsicht einen grundlegenden Wandel brachte: Sie bedeutete den Eintritt eines sich nun dieser Haftung bewußten zweiten Deutschland in eine Bundesrepublik, deren Präsidenten, Kanzler, Parteien sich stets auf das Bewußtsein der Last der Vergangenheit berufen hatten.

Ich mußte auch zugeben, daß ich keineswegs an die Vereinigung geglaubt hatte. Ich hatte mich geirrt, allerdings nicht in bezug auf Deutschland, sondern auf die Sowjetunion. Die Analyse war richtig gewesen: Moskau konnte sich erlauben, den Polen oder den Ungarn etwas Freiraum zuzugestehen, denn diese würden, wenn sie sich frei entscheiden könnten, zunächst einmal dafür stimmen, Polen und Ungarn zu bleiben; die Bürger der DDR hingegen würden nicht einen Staat erhalten wollen, der nicht einem Volk oder einer Nation entsprach und der also verschwinden würde, sollte es freie Wahlen geben. Nur die Schlußfolgerung, daß es sich die Sowjetunion daher nicht leisten könne, ihren besten, wirtschaftskräftigsten, zuverlässigsten Partner zu verlieren, war falsch gewesen. Daran, daß es einen solchen Zusammenbruch der Sowjetmacht geben könnte, hatte ich gewiß nicht gedacht. Ich hatte lediglich während der letzten Jahre in meinen Reden spaßend gesagt, daß die Wiedervereinigung nur möglich sei, wenn Gorbatschow jemand wie Juan Carlos wäre, der zunächst Franco gedient hatte, bevor er sich als freiheitlicher, auf die Grundrechte erpichter König entpuppte.

Das Verschwinden der Sowjetmacht als notwendige Voraussetzung für eine in Freiheit vollzogene Einheit Deutschlands – und dies als so unwahrscheinliche Hypothese, daß die Teilung endgültig schien; so sah ich es seit langem. Am Schluß meiner ersten größeren Studie über Nachkriegsdeutschland, nämlich in der Nummer vom Januar 1950 der Zeitschrift *Esprit*, hatte ich ein anonymes Interview eines Politikers der Ost-CDU zitiert: »Weder die Amerikaner noch die Sowjets werden je freiwillig ihren Einfluß auf unser Land aufgeben. Entweder bleiben wir getrennt, oder es kommt ein Kompromiß zustande, der die verschiedenartigen gesellschaftlichen Systeme in beiden Zonen bestehen läßt, also lediglich einen regeren Kontakt zwischen diesen beiden Zonen möglich macht. Die Ostzone gehört unabdingbar zum sowjetischen Einflußbereich . . . Wir wachsen unaufhaltsam in das sowjetische System hinein. Dieses Geschick teilen wir mit achtzehn Millionen Deutschen, mit Millionen Menschen in den Ostblockstaaten und mit vierhundertfünfzig Millionen Chinesen . . .« Und ich hatte hinzugefügt: »Man könnte es nicht besser ausdrücken, daß der Schnitt durch Deutschland heute vollendet ist. Und wie bedeutsam die innere Entwicklung jedes der beiden Teile sein mag, es wird stets die Weltlage sein, welche die Entwicklung Deutschlands entscheidend bestimmt – eines Deutschlands, das die Franzosen im richtigen Licht werden betrachten müssen, wenn sie hoffen wollen, auch nur ein wenig zu seiner friedlichen Entwicklung beizutragen.«

Daß dabei der Anspruch auf eine frei beschlossene Einheit aufrechterhalten bleiben sollte, war allerdings auch klar, und kein Vertragstext ist häufiger von mir zitiert worden als der Artikel 7 des »Generalvertrags« von 1954 zwischen der Bundesrepublik und den Drei (West-)Mächten. Da heißt es, daß die Unterzeichnerstaaten zusammenwirken werden, um »mit friedlichen Mitteln ihr gemeinsames Ziel zu verwirklichen: ein wiedervereinigtes Deutschland, das eine freiheitlich-demokratische Verfassung, ähnlich wie die Bundesrepublik, besitzt und das in die europäische Gemeinschaft integriert ist.« Gerade dieses Ziel ist am 3. Oktober 1990 erreicht worden, wobei ich jedoch daran erinnern mußte, was ich jahrzehntelang in der Bundesrepublik auf die ständig provokativ gestellte Frage »Will Frankreich wirklich die Wiedervereinigung?« geantwortet hatte: »Ihr ja auch nicht!«

Wobei ich mich irrte. Aber in bezug auf Frankreich, nicht auf die meisten Bürger der Bundesrepublik. Meine in Deutschland oft zitierte Formulierung »Frankreich will die deutsche Einheit, solange sie unmöglich ist« hat sich glücklicherweise als falsch erwiesen: Trotz des anfänglichen Zögerns von François Mitterrand hat mitgemacht, hat sie mitgetragen, mitverwirklicht. Aber was ich dem »Ihr ja auch nicht!« hinzufügte, nämlich: »die Einheit wollen heißt teilen wollen, damit Ihre Landsleute in der DDR der Not entkommen können – und Sie wollen ja nicht teilen, das heißt: auf etwas verzichten«, hat sich leider als richtige Prophezeiung erwiesen.

In ihrer Rede hatte Rita Süssmuth auch gesagt: »Wir müssen uns jetzt von den Begriffen ›mein‹ und ›dein‹, ›wir‹ und ›ihr‹ lösen. Das Teilen ist die eine Seite. Gewiß muß, wer Gemeinschaft bilden will, auch teilen können. Doch ist es ebenso wichtig, durch gemeinsame Arbeit Gemeinschaft zu stiften.«

Am selben 3. Oktober 1990 gab *Die Welt* eine »Ausgabe zur Deutschen Einheit« heraus, für die ich einen längeren Beitrag geschrieben hatte. Es hieß darin:

... Nun, da der Rechtsstaat bleibt und der Unrechtsstaat verschwindet, wird es auch schwieriger, sich auf ersteren zu berufen, ohne zu diskutieren, was er eigentlich bedeutet ... Es tauchen bei der Einigung manche grundsätzliche Probleme auf, für die es keine einfache, keine eindeutig-gerechte Lösung gibt: Wem gehört was seit wann in der künftig ehemaligen DDR? Welche Umverteilung zwischen den Ländern der bisherigen Bundesrepublik und den neuen Bundesratsmitgliedern entspricht der Gerechtigkeit? Und aufs neue taucht eine alte Spannung auf. Das Gesetz ist Schutz der Schwachen gegen die Starken – also sprach die radikale Linke nicht die Wahrheit, als sie behauptete, es sei nur ein Verteidigungsmittel der Starken gegen die gerechten Ansprüche der Schwachen. Aber die Art, wie Bürger der Bundesrepublik jetzt ihre Vorteile verteidigen, obwohl die Landsleute nichts dafür konnten, daß sie 45 Jahre lang unterdrückt worden sind, hinterläßt einen bitteren Geschmack ...

Am selben Tag erklärte ich in einem anderen Artikel den Lesern des *Handelsblatts*:

Bankleute und Industrielle verkünden, daß die Rettung vom freien Spiel des Marktes kommen wird – und fordern wie immer mehr Infrastruktur- und andere Ausgaben der öffentlichen Hand. Zur Sanierung, zur Unterstützung der Arbeitslosen in der DDR, zur Wiedergeburt des zusammengebrochenen Gesundheitswesens. Es wäre Zeit, nüchtern auszudiskutieren, welche Verantwortung dem Staat heute überlassen werden muß und welche nicht ...

Mit Begeisterung hatte meine Freude 1989/90 wirklich wenig zu tun. Ich habe mich halt nie richtig begeistern können, auch nicht 1944, als die deutschen Truppen endlich Marseille verließen und die ersehnte Befreiung da war. Schon damals, mit neunzehn, sah ich genügend Schwierigkeiten und war durch das Benehmen allzuvieler Befreiter so sehr angeekelt, daß ich die Begeisterung der meisten als Selbsttäuschung empfand. Gerade diese Selbsttäuschung ist es, die dann die Begeisterung der Enttäuschung, oft sogar der Bitterkeit weichen läßt. Drei Jahre nach der Öffnung der Berliner Mauer wird dies besonders klar. Die Enttäuschten, die Verbitterten müssen deshalb ständig dazu aufgerufen werden, die damalige Freude aufrechtzuerhalten – trotz der heutigen Sorge. Denn wäre es nicht so, dann wäre in der Vergangenheit viel, sehr viel geheuchelt worden. In der DDR, wo so manche flüsternd sagten, sie träumten von Freiheit, und noch viel mehr im Westen – nicht nur in der Bundesrepublik. Man behauptete ständig, man beklage das bittere Schicksal der Unterdrückten, der Ausgebeuteten des Sowjet-Imperiums. Nun, da es das Imperium nicht mehr gibt, fühlen sich viele in ihrer Ruhe gestört und durch den Zwang zu Mitverantwortung und Teilen um die Bequemlichkeit gebracht. Wie angenehm war es doch, zu beklagen im Bewußtsein, daß die Beklagten feinsäuberlich abgetrennt in einer anderen Welt lebten!

*

Eine harte Kritik an den Deutschen? Nein, denn »*die* Deutschen« schlechthin gibt es nicht. Aber Kritik an vielen Deutschen. Mit welcher Berechtigung? Sollte ich nicht eher die Franzosen, meine Landsleute, kritisieren, oder jedenfalls viele Franzosen? Das tue ich ja auch, wenn ich in Frankreich spreche. Nicht von ungefähr hieß der erste Sammelband meiner Reden und Artikel *Gegen den Strom*: Es wird noch ausführlich darüber zu berichten sein, was die Praxis der positiven Erklärung des anderen und des Vorhaltens eines negativen Spiegelbildes ist. Es geht darum, aufklärerisch Verständnis zu wecken. Es ist kein Spiel. *Versuchte Beeinflussung* hieß der zweite Band und, in beabsichtigter Doppeldeutigkeit, *Mit Deutschen streiten* der dritte. Mitstreiter sein! Nämlich, wenn es heißt, gegen französische Vorurteile oder Irrtümer über Deutschland anzugehen, aber zugleich gegen manchen Deutschen aufzutreten.

Als was? Als wer? Als jemand, der seit bald einem halben Jahrhundert dabei ist, ohne dazuzugehören, der vieles mitempfinden mag, ohne je die Versuchung verspürt zu haben, sich als Mitglied der Gemeinschaft der Deutschen zu betrachten, was in den folgenden Kapiteln gewiß näher dargestellt und erklärt werden muß. Aber das gleich nach 1945 entstandene Gefühl der Mitverantwortung für die deutsche Zukunft mag und soll doch jetzt schon hervorgehoben werden.

Mit deutscher Zukunft meine ich die Zukunft Deutschlands *und* die Zukunft der Deutschen. Allerdings hat es Deutschland seit Kriegsende nur bedingt gegeben – und *die* Deutschen nie. Daß die deutschen Gebiete jenseits der Oder und der westlichen Neiße nicht mehr zu Deutschland gehörten und nicht wieder gehören würden, war eine traurige Wahrheit, die es so eingehend und so eindringlich wie möglich darzulegen galt. Rest-Deutschland oder, genauer, das Land der vier Besatzungszonen ist bis 1990 nur eine recht abstrakte Einheit gewesen, aber doch eine Einheit. Ich habe deshalb während dieser Jahrzehnte stets vermieden, *L'Alle-*

magne oder *Deutschland* zu sagen. *La République fédérale,
die Bundesrepublik,* war die für mich übliche Bezeichnung.
Und sowenig ich die Eisenbahnlandkarten von »Deutschland in den Grenzen von 1937« gutheißen konnte, so sehr
habe ich die Bezeichnung *Mitteldeutschland* für den anderen
deutschen Staat (ja, Staat, bereits 1949, wenn auch Unrechtsstaat) nie verwendet und, im Einklang mit den bundesdeutschen Regierungen und Parteien, immer vermieden, *BRD*
oder *RFA* zu sagen oder zu schreiben, obwohl ich das andere
Deutschland als *DDR* oder *RDA* bezeichnete, eben weil ich
mich weigerte, die beiden Staaten gleichzustellen – war doch
der eine durch freie Entscheidung legitimiert und der andere
nicht.

Heute gibt es nun Deutschland. *Die* Deutschen aber nicht,
sowenig wie *die* Franzosen, *die* Araber oder *die* Juden. Wie
könnte ich diejenigen Deutschen, die in Hoyerswerda auf Ausländer brutal eingeschlagen haben, auf einen Nenner bringen
mit anderen Deutschen, die dann Nacht für Nacht Ausländer-
siedlungen umstellen, um etwaigen neuen Angriffen schützend entgegenzutreten? Das gilt für alle Zeiten. Millionen
Deutsche haben dem Feldherrn Adolf Hitler zugejubelt, aber
die in dem nüchternen Buch *Hitlers Krieg und die Deutschen*
von Marlis Steinert analysierten Gestapo-Berichte beweisen,
daß es nie eine allgemeine deutsche Kriegsbegeisterung gegeben hat.

Das Gegenteil ist jedoch auch wahr. Es gibt *die* Deutschen,
und zwar in doppelter Hinsicht. Zunächst durch eine notwendige Vereinfachung: Die Einstellung so vieler Deutscher –
wenn auch nicht aller Deutschen, wenn auch in nicht unver-
änderbarer Weise – ist so anders als die so vieler Franzosen,
wenn es um Waffen oder um Atom geht, daß man sich doch
einigermaßen verallgemeinernd ausdrücken darf und muß.
Zum anderen müssen wir von *den* Deutschen sprechen, weil
eine Gruppe Menschen auch von außen definiert wird. Da so
viele Franzosen, Engländer, Amerikaner glauben, daß es *die*

Deutschen gibt, muß der Sammelbegriff als eine psychologische und politische Realität aufgefaßt und behandelt werden, und sei es nur, weil er seinerseits eine Selbstidentifikation erzeugt: Wie viele junge Deutsche der ersten, der zweiten, auch noch der dritten Nachkriegsgeneration haben sich selbst schmerzhaft als gewissermaßen dem Deutschsein verpflichtet betrachtet, weil der anklägerische Blick der anderen sie dazu zwang! So etwa wie Jahrzehnte zuvor Tausende von jüdischen Deutschen durch Hitler die Priorität der Identität als Juden aufgezwungen bekommen hatten.

Das Gegen-den-Strom-schwimmen-wollen hat mir bei manchen Büchern Schwierigkeiten gemacht, da ich ja wußte, daß zumindest meine französischen Deutschland-Bücher übersetzt und dem deutschen Publikum vorgelegt werden würden. Diesmal schreibe ich nur für den deutschen Leser und dies direkt auf deutsch. Inhaltlich bedeutet dies, daß ich weniger Zurückhaltung üben muß und zum Beispiel deutsche Klagetöne, die ich meinen Landsleuten als Ausdruck durch Unrecht verletzter Seelen darstellen würde, nun als Praxis des deutschen Lieblingssports, nämlich der Selbstbemitleidung, beschreiben darf!

Sprachlich fühle ich mich weniger sicher, als wenn ich auf französisch schriebe, und im voraus habe ich den Verlag gebeten, etwaige Sprachfehler zu korrigieren, wohingegen ich empört wäre, wenn ein französischer Verleger behauptete, es gäbe da etwas zu verbessern! Ich schreibe jedoch ein sehr bestimmtes Deutsch, nämlich nicht das so mancher meiner deutschen Kollegen der Sozialwissenschaften. Auf einem SPD-Parteitag hat Willy Brandt den jungen und weniger jungen Intellektuellen, die dabei waren, die SPD im Namen eines »Theorie-Defizits« erobern zu wollen, zugerufen, sie würden um so unverständlicher für das Volk sprechen, je mehr sie sich »volksnah« wähnten.

Während ich schreibe, liegt vor mir eine lustige *Phrasen-Dreschmaschine* »aus der Wortspielhölle des Übersetzer-

Kollegiums Straelen«. Drei Rädchen ermöglichen leere, aber beeindruckende Wortkombinationen, »progressiv« auf der einen Seite, »konservativ« auf der anderen. Wenn man »integrierte Motivations-Präferenz« vor sich hat, so ergibt dies auf der Rückseite »Machtvoller Vergangenheits-Bezug«. »Kreative Motivations-Struktur« entspricht »abendländischer Schicksals-Aussage«. Ich gerate da in Verlegenheit, weil ich mich ideologisch als der »konservativen«, aber sprachlich der »progressiven« Ausdrucksform entfernt betrachte. Ich glaube, nie in die Versuchung gekommen zu sein, als tiefer Denker gelten zu wollen, indem ich zu gefundenen oder erfundenen Wörtern aus dem Griechischen, dem Lateinischen oder dem Französischen Zuflucht nehme, die der normale deutsche Leser nicht verstehen kann (und somit zur ehrfürchtigen Bewunderung verleitet werden soll). Vielleicht weil ich normalerweise französisch spreche und auf deutsch deutsche Wörter gebrauchen möchte.

Wenn ich so etwas schreibe, begehe ich natürlich ein Verbrechen wider den Ernst, ohne den man in Deutschland nur selten über ernste Dinge reden darf. Das sei unwürdig. Dann bin ich eben unwürdig, und zwar gern! Das heißt allerdings auch, daß ich mich manchmal ärgere, wenn ein soziologisch, also ernsthaft vorgebildeter Journalist eine meiner Reden als »Plauderei« hinstellt, nur weil ich für mich Wichtiges durch einen Scherz und nicht durch einen tiefschürfenden Schachtelsatz dargestellt habe.

Nach der Wiedervereinigung sprach ich recht aggressiv für oder eher gegen die Teilnehmer des Kongresses der Journalisten der IG-Medien. Der erste Diskussionsbeitrag kam von der grünen »Fundi« Jutta Ditfurth. Sie sagte, der Beweis dafür, daß meine Kritik nicht ernst zu nehmen sei, wäre die Tatsache, daß meine Zuhörer öfter gelacht hätten. Ich erlaubte mir, da wir uns kannten, freundlich zu antworten: »Liebe Jutta, wenn man bei Ihren Reden mehr lachen würde, bekämen Sie auch mehr Wählerstimmen.«

Ich will damit nicht behaupten, daß ich mich anschicke, ein lustiges Buch zu schreiben. Es wird von mancher Tragödie die Rede sein und von mancher Not. Aber nicht umsonst ist ein schönes deutsches Wort doppeldeutig. Heiter sein weist zwar auf Lachen oder Lächeln, aber auch auf einen von Häme und Groll entfernten Geisteszustand hin. In der Sprache der deutschen Mystiker des ausgehenden Mittelalters war die Heiterkeit der Gelassenheit nahe, das heißt jener Seelenhaltung, die durch innere Freiheit die Öffnung, das Offensein für Gott und für den Nächsten erlaubte. Erst die Distanz zu sich selbst, die Leere, die entsteht, wenn es einem gelingt, seine Bedingtheiten abzulegen, ermöglichen es, niemanden nur wegen einer Zugehörigkeit als Feind zu betrachten und jedem Menschen gegenüber als Mensch verständnisbereit und ermunternd gegenüberzustehen. Wenn ich ein Glück in meinem Leben hervorheben sollte, so wäre das ganz gewiß, daß ich ohne persönliches Verdienst von Kindheit an mit dieser doppelten Heiterkeit versehen worden bin und sie nie verloren habe – was in meiner Beziehung zu Deutschland keine unwesentliche Rolle gespielt hat.

I.

WERDEGANG UND EINSTIEG

Frankfurt: 1925–1933

Natürlich nicht lediglich Geburtsort – war ich doch immerhin beinahe neun, als wir im Dezember 1933 Frankfurt verließen. Die Trambahnlinie 3 zum Brentano-Bad. Schlittschuhläufer auf dem zugefrorenen Main. Ein Fackelzug zu Ehren des alten Frankfurter Dichters Friedrich Stoltze. Und auch die Schlange ärmlicher Menschen vor unserer Haustür, an die meine Großmutter Essen verteilte und von denen man mir sagte, sie seien Arbeitslose.

Aber allzuviel ist es nicht. Moderne Seelenforscher würden sicher sagen, ich hätte später die deutsche Kindheit verdrängt. Ich glaube es nicht, denn die Erinnerung weist auf glückliche Jahre hin. Erst später, im Rückblick und dank der aufklärenden Hilfe meiner Mutter, wurde ich mir mancher Tragödie bewußt. Und doch habe ich mir früh, wirklich sehr früh über politisch Wesentliches Gedanken gemacht. Der Beweis liegt vor mir. Ein Buch, das 1931 erschienen war und das mit kindlicher Schrift meinen Namen und meine Anschrift »Mendelssohnstraße 92, Frankfurt am Main« enthält. Es heißt *Der Schädel des Negerhäuptlings Makaua. Kriegsroman für die junge Generation.* Im Vorwort zur Neuausgabe, die nun 1992 unter dem Titel *Der Junge, der seinen Geburtstag vergaß. Ein Roman gegen den Krieg* neu aufgelegt worden ist*, stelle ich dar, wie sehr die Erzählung von Rudolf Frank mich beein-

---

* Otto Maier Verlag, Ravensburg 1979

druckt haben muß und wie oft ich sie seitdem wieder gelesen habe. Besonders aus Anlaß des 17. November 1974, als mir die Ehre widerfuhr, im Plenarsaal des Bundestages die Rede zum Volkstrauertag halten zu dürfen.

Es ging um die Beantwortung der Frage »Wofür starben sie?«. Der Titel des Buches beruhte auf dem Artikel 246 des Versailler Vertrags: »Innerhalb von sechs Monaten nach Inkrafttreten des gegenwärtigen Vertrages ist der Schädel des Sultans Makaua, der aus dem deutschen Schutzgebiet in Ostafrika entfernt und nach Deutschland gebracht wurde, von Deutschland der britischen Regierung zu übergeben.« Dieser Schädel war das Lockmittel gewesen, mit dem man etliche Afrikaner bewogen hatte, auf den Schlachtfeldern Europas zu kämpfen. Der Roman – die Geschichte eines vierzehnjährigen aufgeweckten polnischen Jungen, der während einer Schlacht von einem deutschen Regiment aufgenommen wird, an der Ost-, dann an der Westfront hilfreich für seine Kameraden einspringt und schließlich desertiert, als man ihn zum offiziellen Kriegshelden machen will – bringt dem Leser die Überzeugung nahe, daß 1914 bis 1918 alle französischen, deutschen, belgischen, russischen Soldaten für verkündete Ideale gelitten haben oder gestorben sind, die nicht höher zu bewerten waren als dieser Schädel.

Also ein pazifistischer Roman, heute noch im Rückblick prägnanter und ergreifender als Erich Maria Remarques *Im Westen nichts Neues* oder Henri Barbusses *Le feu*. Ein lebendiges Plädoyer gegen herablassende Obrigkeit und für die geopferten einfachen Leute. Mit einer Stelle, die ich in meinem Exemplar angestrichen hatte: Der junge Jan kommt mit dem jüdischen Unteroffizier Jakob – im Zivilleben Rechtsanwalt – ins kleine Geschäft eines alten polnischen Juden, um für das Regiment einzukaufen. Als der Alte ihm vorwirft, eine Uniform zu tragen und zu töten, sagt Jakob: »Ich will nicht, daß man sagt, die Juden seien feig.« Darauf der Alte: »Ihr Deitschen werdet kämpfen und siegen . . . und zum Schluß werdet ihr haben verloren . . . Was meinste, würden dann sagen die Großmächtigen in Deitschland? Sie würden sagen: Jetzt machen wir ä neuen Krieg, ä Krieg, der nix kostet und einbringt Geld; jetzt machen wir Krieg gegen die Juden. Gegen die Juden im Land. Und dann werden se Krieg machen gegen dich und all deine Leut und zerstören dein Haus und erschlagen dein Weib. Und das wird sein ihr Dank, daß du hast getragen den blutigen Rock.«

Ich werde *Den Schädel* wohl 1933 gelesen und die Stelle auf meinen Vater bezogen haben, aber eine Erinnerung ist das nicht. Der Roman hat mich jedenfalls nachhaltig beeinflußt. In meinem Fragebogen für die *Frankfurter Allgemeine Zeitung*, der 1980 erschienen ist, habe ich auf die Frage »Welche militärischen Leistungen bewundern Sie am meisten?« geantwortet: »Die deutschen und französischen Schützengraben-Soldaten vor Verdun.« *Makaua* hatte mir schon als Kind klargemacht, daß im Ersten Weltkrieg auf beiden Seiten mit derselben, in mancher Hinsicht absurden Aufopferung gestorben worden war. Und noch während des Zweiten Weltkriegs beschäftigte ich mich in Marseille mit dem Pazifismus in Indien und mit dem meines geliebten Autors Aldous Huxley. Dies hat mich später dazu gebracht, trotz meiner Überzeugung, Hitler habe unbedingt blutig besiegt werden müssen, und Stalin sei nur mit Waffengewalt aufzuhalten, doch immer Sympathie für die deutschen Verweigerer und »Friedensbewegten« zu haben.

Das Haus in der Mendelssohnstraße gehörte meiner Großmutter. Meine Mutter war bereits in ihm geboren worden; das war 1894. Mein Großvater Alfred Rosenthal ist 1919 dort gestorben. Damals muß er recht wohlhabend gewesen sein. Als Mitgift bekam meine Mutter die gleiche Summe wie ihre um dreizehn Jahre ältere Schwester, nur daß es 1901 in Gold-Mark gewesen war und 1921 in entwertetem Papiergeld. Als meine Mutter und ich im Winter 1944/45 in Marseille so ziemlich ohne Geld durchkommen mußten, erinnerte sie gern an eine kleine Geschichte aus dem Jahr nach ihrer Heirat mit einem mittellosen Kinderarzt. »Du mußt vorsichtig ausgeben. Wir haben kaum noch Geld.« – »Ja, da brauchst du doch aber nur auf die Bank zu gehen und zu holen!«

Meine anderen Großeltern habe ich nicht gekannt. Sie hatten 1875 in Berlin geheiratet, wo auch mein Vater – 1880 – zur Welt gekommen ist. Eugen Grosser stammte aus Oberschlesien und war Verlagsbuchhändler, Cecilie Blum stammte aus Straßburg. Drei ihrer Kinder haben nur kurz gelebt. Der jüngste Sohn, Otto, ist laut Standesamt-Büchlein am 31. Mai 1918 in Plaisance-Griselles bei Château-Thierry gefallen. So blieben den Eltern nur mein Vater Paul und seine um ein Jahr jüngere Schwester Ida, die den Berliner Arzt Kurt Landsberger heiratete. Bei ihnen habe ich als Siebenjähriger drei Wochen in der Hauptstadt verbracht und dank ihrer Verwöhnung einige Pfund zugenommen. Wir, das heißt die beiden Familien, waren auch in den Ferien öfter zusammen.

Kürzlich habe ich ein Photo gefunden, das mich stutzen machte: Meine Mutter sitzt da mit Kurt und Ida lächelnd auf einer Bank, auf deren Lehne »Weggis« zu lesen ist. Und auf der Rückseite steht tatsächlich »Zum Andenken an Weggis. Sommer 1935« mit der Unterschrift der beiden Berliner. Weggis liegt am Vierwaldstätter See. Sie haben also noch 1935 zur Erholung in die Schweiz reisen dürfen. Dabei hatte ich gedacht, nur die Auswanderung sei nach 1933 für Juden möglich gewesen. Ich wußte auch, daß sie nicht hatten emigrieren wollen. Aber hier war der bildliche Beweis, daß sie freiwillig zurückgefahren sind. Im August 1944 habe ich in Marseille eine BBC-Sendung gehört, Theresienstadt-Internierte seien nach Auschwitz abtransportiert worden. Ich wußte, daß Onkel und Tante in Theresienstadt waren ...

Mein Vater war mit seiner Frau und den beiden Kindern in die Emigration gegangen. Nicht nur wegen eines Briefes, den er am 29. April erhalten hatte und dessen Wortlaut nicht gerade kollegialen Mut bewies:

Sehr geehrter Herr Kollege!

Der geschäftsführende Vorsitzende des Kuratoriums hat mich als Dekan der Medizinischen Fakultät beauftragt, einzelnen von ihm bezeichneten Mitgliedern der Fakultät, darunter auch Ihnen, den Rat nahezulegen, in Anbetracht der gegenwärtigen Einstellung der Studentenschaft auf Abhaltung der von Ihnen angekündigten Vorlesungen und auf deren Anschlag am Schwarzen Brett verzichten zu wollen.

Mit kollegialer Hochachtung ...

Und da hatte es auch noch die letzte Zeile des damals aufgezeichneten Lebenslaufs gegeben:

1880	Geboren in Berlin
. . . .	
1903	Doktordiplom in Leipzig
. . . .	
1911	Niederlassung in Frankfurt am Main
1914–1918	Im Felde
1919	Habilitation
1923	Außerordentlicher Professor
1921–1929	Leitender Arzt des städtischen Kinderheims
1930–1933	Leitender Arzt des Clementine-Kinderkrankenhauses
1933	Arische Umstellung des Kinderkrankenhauses.

»Im Felde« bedeutete als Stabsarzt in Frankreich; bereits im November 1914 mit dem Eisernen Kreuz 2. Klasse, dann, am 14. März 1918, mit dem EK 1 ausgezeichnet. Meine Mutter erzählte mir, zu dem Entschluß, auszuwandern, sei es gekommen, als mein Vater aus dem Verband der Eisernes-Kreuz-Träger hinausgeworfen wurde, denn das zeigte ihm, daß er nicht mehr als Deutscher betrachtet wurde. Genau wie es der alte Jude im *Schädel des Negerhäuptlings Makaua* vorausgesagt hatte!

Es war eine recht vereinzelte Entscheidung. Eine 1969 im *Frankfurter Jüdischen Gemeindeblatt* veröffentlichte Aufstellung zeigt, daß es 1931 29300 Juden in Frankfurt gegeben hatte, 1937 noch 26150 (dann 1940 11500, 1942 4000 und am 1. Januar 1943 noch 527). Viele dachten, Hitlers Antisemitismus gelte eigentlich nur den Ostjuden, den »Polacken«.

Die Verfolgung war in der Tat zunächst so, daß die *Frankfurter Zeitung* am 9. Februar 1934 noch folgenden Nachruf bringen konnte:

Am 7. Februar starb in Paris der bekannte Frankfurter Kinderarzt Prof. Dr. med. Paul Grosser . . . In Frankfurt entfaltete er schon vor dem Kriege eine segensreiche Tätigkeit als Oberarzt der späteren Universitäts-Klinik . . . Er hatte während der ganzen Dauer des Weltkrieges als Kriegsteilnehmer im Felde gestanden und das EK 1 erworben. In den folgenden Jahren war er einer der erfolgreichsten Kinderärzte Frankfurts. Seine wissenschaftliche Bedeutung beruht im wesentlichen auf seinen Arbeiten über die Kalkstoffwechsel im Kindesalter. Seine organisatorischen Fähigkeiten waren groß, seine menschlichen Eigenschaften haben ihm ungewöhnliches Vertrauen unter den Ärzten und in der übrigen Bevölkerung der Stadt verschafft.

Am 15. Februar erschien dann ein längerer Artikel im *Israelitischen Familienblatt für Frankfurt*, in dem es u. a. hieß:

. . . Es war für ihn ein harter, nie verwundener Schlag, im Sommer vorigen Jahres diese geliebte Tätigkeit zu verlieren und von seinem vorbildlich geführten Krankenhaus scheiden zu müssen . . . Allen, die Paul Grosser kannten, bedeutet sein Hinscheiden einen unersetzlichen Verlust. Er hatte neben seinem überragenden Können die Intuition und die Begabung eines wirklich großen Arztes. Mit unendlicher Liebe betreute er seine Schützlinge und wirkte durch die Sicherheit seiner Diagnostik beruhigend. In gleicher Weise aber durfte sich jeder seiner reichen Persönlichkeit und unbedingten, fürsorgenden Treue erfreuen, der das Glück hatte, sein Freund zu sein . . .

Ich war neun Jahre und eine Woche alt, als er starb, weiß also wenig direkt über ihn. Ich habe lange geglaubt, er sei Schüler des Lycée français in Berlin gewesen. Aber jüngst aufgefundene Papiere zeigen, daß er das Askanische Gymnasium besucht hatte. Sein Französisch wird er vor allem im Kriegsfrankreich gelernt haben, wo er auch die Einheimischen pflegte, was im Sommer 1933, bei einer Erkundungs-Ferienreise nach Paris zu freudig-wehmütigen erkennenden und erkenntlichen Begegnungen in der Champagne geführt hat. Ich erinnere mich jedenfalls, daß er bei den Wahlen entweder der SPD oder den Liberalen (Staatspartei) seine Stimme gegeben hatte. Daß er Freimaurer gewesen war, war meiner Mutter bekannt. Erst

1976, als ich die Einladung zu einem Vortrag in einer Frankfurter Loge nicht annehmen konnte, erhielt ich auf Anfrage folgende Auskunft: »Ihr Herr Vater war seinerzeit in die Loge ›Viktoria‹ in Berlin aufgenommen; affiliert am 19. 1. 1911 in Frankfurt bei ›Zur aufgehenden Morgenroete‹, dort zuletzt als Redner.«

Ich weiß nicht, wie sein Thema damals gelautet haben mag. Es wird der humanistisch-aufklärerischen Tradition entsprochen haben, mit geringer religiöser Grundlage. Vielleicht, weil bereits der junge Paul Grosser in Berlin wenig Verbindung mit dem Judentum als Religion gehabt hat. Jedenfalls scheint mir sein »Zeugnis der Reife«, das ihm das Askanische Gymnasium 1898 ausgestellt hatte, charakteristisch. Unter »Kenntnisse und Fertigkeiten« blieb die Spalte 1 »Religionslehre« leer. In der Spalte 2 »Deutsch« steht u. a.: »Einige Meisterwerke hat er durch eigene Lektüre kennengelernt und ein genügendes Verständnis derselben gewonnen.« (Später, während des ganzen Krieges, hat er ständig eine »Feldausgabe« von Goethes *Faust* bei sich gehabt.) In Spalte 8 »Geschichte und Geographie« ist zu lesen: »In der allgemeinen und vaterländischen Geschichte hat er eindringendes Verständnis gezeigt.« Mein Vater war also ein Deutscher »jüdischer Religion«, wie es das Zeugnis nach Geburtsdatum und -ort bestätigt.

Es ist schwer zu sagen, was die jüdische Zugehörigkeit für mich in Frankfurt bedeutet hat. Zu Hause wurden jüdische Feste wie Hanukka als Gelegenheit zur freudigen Geschenkverteilung gefeiert und nicht als Anlaß zum Gebet. Daß der Freundeskreis der Familie vorwiegend, aber keineswegs ausschließlich jüdisch war, mag für das Kind eine Selbstverständlichkeit gewesen sein, über die man sich keine Gedanken zu machen brauchte. Daß mein Großvater Rosenthal auf dem Jüdischen Friedhof begraben worden war, ist mir erst richtig bewußt geworden, als nach dem Krieg meine Mutter die Grabpflege übernahm, die ich seit ihrem Tod fortführe.

Das Familienleben an sich war begrenzt. Eigentlich war nur meine Großmutter einbezogen, die mir vorlas und mit mir Karten spielte, ohne je ernste Themen anzusprechen. Tante Alice, die Schwester meiner Mutter, und Onkel Edgar, die von ihren Renten lebten, sahen wir selten, und mit ihren drei Söhnen gab es wenig Gemeinsames, da sie, 1902, 1905 und 1909 geboren, um eine Generation älter waren. Der älteste ist dann nach Südafrika ausgewandert, wo er seine Mutter aufgenommen hat. Wir haben uns erst viele Jahre später in Paris wiedergesehen. Das Gespräch wurde durch einen etwas hitzigen Wortwechsel abgekürzt. Ich fragte nach der Lage der Schwarzen in Johannisburg. »Aber das sind doch Affen, einfach Affen!« – »Das ist genau, was Hitler von dir gesagt hat!« Der zweite ist nach Kalifornien emigriert und hat mir nach 1945 mein Eintreten für Deutschland hart vorgeworfen, bis wir uns 1965 bei meinem Lehraufenthalt an der Stanford University verständnisvoll aussprechen konnten.

Der ständige Freundeskreis der Familie, das waren drei andere Familien. Alle vier bildeten »die Lisegrott«, eine Wortschöpfung aus Teilen der Nachnamen: Lipschitz (ein Chemiker, der später in der Türkei arbeitete und dessen Familie dann in die USA ging), Seligmann (ein Hals-Nasen-Ohren-Arzt, der mich allzuoft hat operieren müssen und mit den Seinen nach New York gezogen ist), Grosser und Traugott (ein Gynäkologe, der meine Schwester und mich zur Welt gebracht hat, aber schon sehr früh nach Zürich übergesiedelt ist). Die Eltern waren eng befreundet, die Kinder auch. Sonntags fuhr man zum Wandern und zum Spielen in den Taunus. Die Verbindungen sind nie ganz abgerissen, obwohl auch hier die Einstellung zu unserer deutsch-französischen Aktion anfänglich recht vorwurfsvoll und nie ganz verständnisvoll sein sollte.

Aber die herzlichsten Beziehungen hatten meine Mutter, meine Schwester und ich zu anderen. Auf Klassenbildern steht Margarete Grosser neben Marianne Vatter, Alfred neben Ernst-Wilhelm Vatter, während meine Mutter mit deren

Mutter eng befreundet war. Nach der Auswanderung ist der Kontakt bis zum Krieg erhalten geblieben, dann setzte das große Schweigen ein. Die erstaunliche Tatsache, daß bei meinem ersten Nachkriegsbesuch 1947 die Freundschaft mit Marianne, ihrer Mutter und ihrem Stiefvater – meine Schwester war tot, und Ernst-Wilhelm wohnte nicht mehr in Frankfurt – nicht nur wiederhergestellt wurde, sondern sich als nie abgerissene Selbstverständlichkeit kundtat, wird noch in Form einer rückblickenden Selbstbefragung zu untersuchen sein.

Es ist mir nicht klar, was Hitlers Machtergreifung und das Meer der Hakenkreuzfahnen für mich bedeutet haben. Einerseits sind mir Nazi-Lieder neben Kinderliedern ohne besondere Aufwallungen oder Abscheu im Gedächtnis geblieben, zum Beispiel: »Wenn die goldne Abendsonne sandte ihren letzten Schein, ja Schein, zog ein Regiment von Hi-itler in ein kleines Dorf hinein.« Um dort einen toten Kameraden zu begraben. Gewiß von »Rotfront und Reaktion« ermordet, wie es im Horst-Wessel-Lied hieß, das ich auch immer auswendig gekonnt habe. Ganz sicher bin ich, daß ich nicht begriff, was dieses Lied bedeutete und was Bertoldt Brecht in ergreifender Weise in seiner Umdichtung als *Kälbermarsch* verdeutlicht hat.

> Hinter der Trommel her
> trotten die Kälber.
> Das Fell für die Trommel
> liefern sie selber.
> Der Metzger ruft,
> Die Augen fest geschlossen,
> Das Kalb marschiert mit ruhig festem Tritt.
> Die Kälber, deren Blut im Schlachthof schon geflossen,
> sie ziehn im Geist in seinen Reihen mit.

Andererseits muß es ein Schock gewesen sein, während der Pause in der Schule von Gleichaltrigen als Jude verprügelt worden zu sein. Die Erinnerung ist jedoch ungenau. Ich weiß nur, daß ich mich nachher über Bauchschmerzen beschwerte und daß ich dann ins Krankenhaus eingeliefert wurde. Daß ich den Blinddarm herausgenommen bekam, wurde mir gesagt, und ich bin sicher, daß das Wort Peritonitis (Bauchfellentzündung) fiel. Ob als Konsequenz der Schläge oder nicht, das, sagte mir meine Mutter später, sei nicht klar gewesen.

In Wort und Schrift habe ich später oft gesagt, daß diese Erfahrung, die ich im Frühling 1933 hatte machen müssen, nicht die geringste geistige Narbe hinterlassen hat. Obwohl das von manchen und aus verschiedenen Richtungen bezweifelt worden ist, kann ich nicht anders, als nach nochmaliger Überlegung die Feststellung der seelischen Unversehrtheit zu wiederholen.

Für meine Schwester Margarete war alles viel tragischer gewesen. Nicht nur, daß sie, am 13. April 1922 geboren, drei Jahre älter war als ich und somit bewußter erlebte, was um sie vorging. Sie hatte auch von Kindheit an eine scheue, schwermütige Natur. Für sie bedeutete die Auswanderung einen folgenschweren Bruch mit allem; die Verstoßung aus Frankfurt war für sie ein tragisches Erlebnis, verbunden mit viel Furcht vor dem neuen Leben. Ich kann mich nicht entsinnen, ähnliches empfunden zu haben. Das Einpacken, der Abschied von der Großmutter (die dann 1938 nachgekommen und zu uns gezogen ist), das Aufwiedersehen zu Therese, der Sprechstundenhilfe meines Vaters, die uns bald nachreisen sollte und von der noch ausführlicher die Rede sein wird, die Abreise am 16. Dezember nach Zürich, wo wir zwei Tage bei Traugotts verbrachten, die Ankunft in Paris am 19. Dezember 1933 – nie habe ich im Rückblick die Spur eines Leids entdecken können. »L'inconscience de l'enfance«, habe ich mir oft gesagt, denn ich spreche ja im allgemeinen französisch mit mir selbst. »Die Sorglosigkeit der Kindheit . . .«

5. Januar 1934. Die erste Pause an meinem ersten Schultag im Collège municipal von Saint-Germain-en-Laye. »Comment tu t'appelles?« fragen die anderen. Da ich glaube, es sei eine Beschimpfung, und nicht weiß, daß sie nur meinen Namen wissen wollen, schlage ich auf sie ein. (Ob vielleicht doch etwas von der Frankfurter Verprügelung übriggeblieben ist?)

Ein paar Wörter hatte ich während der Sommerreise gelernt; etwa »pain et beurre« (Brot und Butter), die ich allerdings mit deutschem Akzent »bain et peur« (Bad und Angst) aussprach. Aber in der ersten Schulwoche habe ich bereits ein kleines Gedicht gelernt, dessen Beginn mir in Erinnerung geblieben ist: »En hiver, dans la cheminée, le petit grillon des foyers vient chanter sa chanson monotone . . .« (Im Winter, im Kamin, singt die kleine Heimgrille ihr eintöniges Lied.)

Warum Saint Germain? Mein Vater wollte ein Kindersanatorium einrichten und hatte in dieser 20 Kilometer von Paris entfernten Kleinstadt ein großes Haus gefunden mit einem Garten, der eher ein kleiner Park war. Das Problem war nur, daß mein Vater gar nicht Arzt sein durfte. Hätte er Englisch gesprochen, so wäre er wahrscheinlich nach Amerika ausgewandert, wo er ohne Schwierigkeiten an einer Universität Kinderheilkunde hätte lehren können. In Frankreich, dessen Sprache er beherrschte, hätte er alle Diplome neu machen müssen. Also war sein Plan, einen jungen französischen Arzt zu finden, der die Verantwortung übernehmen würde. Ein Ärzte-Ehepaar, Hubert und Suzanne Canale, erklärte sich dazu bereit. Ihr Leben lang sind sie unsere Freunde geblieben. Aber ohne Sanatorium.

In der Nacht vom 6. zum 7. Februar 1934 – ein für Frankreichs Geschichte wesentliches Datum: in Paris hatte es bei einem rechtsextremen Sturm auf das Parlament Tote gegeben – starb mein Vater in Saint Germain. Sein schon seit einiger Zeit krankes Herz hatte versagt. Schmerz, Aufregungen,

Sorge haben wahrscheinlich zu seinem Tod beigetragen. Ich sage »wahrscheinlich«, weil später, als meine Mutter eine bescheidene Rente beantragte, die zuständige bundesdeutsche Behörde meinte, das ließe sich nicht einwandfrei nachweisen.

Der Tod des Vaters hat, soweit ich es beurteilen kann, in doppelter Hinsicht nachhaltig auf mich eingewirkt. Der Friedhof lag neben der Schule. Lange Zeit habe ich oft einen Umweg zu seinem Grab gemacht, und ich darf sagen, daß mich seitdem der fast tägliche Gedanke an den Tod nie verlassen hat. Nicht als Anlaß zur Trauer, sondern – in der nie erschütterten Überzeugung, daß der Tod das absolute Ende des Verstorbenen bedeutet – als Aufforderung, in der kurzen Zeitspanne bis zum Verschwinden diese Zeit nicht zu vergeuden. Der tote Vater selbst hat jedoch in meinem Leben keine besondere Rolle gespielt. Es mag frevelhaft klingen, aber ich meine, daß das Nicht-Vorhandensein des Vaters meine »Entdeutschung«, mein »Französischwerden« entscheidend erleichtert hat.

Ich weiß nicht, ob er als Emigrant oder als Immigrant nach Frankreich gekommen ist, das heißt, ob er, wie ein Jahrhundert vor ihm Heine und Börne, bis zum Ende der Diktatur in Frankreich leben oder wirklich Franzose werden wollte. Nach seinem Tod war jedenfalls für meine Mutter klar, daß ihre Kinder endgültig in Frankreich Wurzeln schlagen mußten.

Den Unterschied zwischen den beiden Einstellungen habe ich eigentlich erst richtig in den achtziger Jahren verstanden, als ich einen Mann kennenlernte und mit ihm Freundschaft schloß, der das gleiche und zugleich entgegengesetzte Schicksal gehabt hatte wie ich. 1933 ist Adolf Ludwig, Gewerkschaftssekretär in Pirmasens und von 1929 bis zu Hitlers Herrschaft bayerischer Landtagsabgeordneter, mit Frau und Sohn nach Frankreich geflohen. Der 1926 geborene Werner ist bis 1947 in diesem Frankreich geblieben, hat dort Abitur gemacht und Jura studiert. Der Vater ist bei Kriegsende nach

Deutschland zurückgekehrt, um die Gewerkschaft in der Pfalz neu aufzubauen. Er hat seinen Sohn – der auch nie französischer Staatsbürger geworden war – zurückgerufen, um am Entstehen einer neuen Demokratie mitzuwirken. Während er begann, in SPD und DGB tätig zu sein, mußte Werner Ludwig, dessen französische Prüfung in Deutschland nicht anerkannt wurde, 1950 in Mainz das Staatsexamen nachholen und ist dann mit einer Dissertation über das Verhältnis zwischen Regierung und Parlament im Nachkriegsfrankreich ein würdiger Doktor geworden. Aber nicht deswegen dürften ihn die Wähler von Ludwigshafen 1965 zum Oberbürgermeister gemacht haben – ein Amt, das er siebzehn Jahre später noch ausübt. Als Deutscher unter Deutschen, der den unter Franzosen zum Franzosen gewordenen Emigrantensohn einige Male eingeladen hat, verstand er es, ein pfälzisches Publikum zum Nachdenken zu bringen.

Meine Mutter mußte schnell Französisch lernen und einen Weg finden, um ihre Kinder und sich zu ernähren. Sie beschloß, anstatt des Sanatoriums ein Kinderheim aufzumachen, das sie mit Hilfe der treuen Therese allein leiten wollte. Bis sie bei Kriegsbeginn das Heim schloß, ging es mit ungefähr zwanzig Jungen und Mädchen zwischen fünf und vierzehn so recht und schlecht. Gut belegt war das Haus 1935, als uns mehrere Familien, die nach der Volksabstimmung vom 13. Januar eilig das hitlerdeutsch gewordene Saargebiet verlassen hatten und nun in Frankreich Heim und Arbeit suchten, ihre Kinder anvertrauten. Das »uns« ist mir sehr spontan gekommen, obwohl ich damals erst zehn war und meine Schwester dreizehn. Wir haben, weil das Geld so knapp war, von Anfang an mithelfen müssen, und sei es nur, indem wir die Verantwortung übernahmen, jeden Tag die Schulpflichtigen in die Knaben- bzw. Mädchenschule zu führen. Wir waren zugleich Kameraden der Heimkinder (einer von ihnen, ein Saarländer, seit langen Jahren Brüsseler Kaufmann, ist heute noch einer meiner besten Freunde), »Aufpasser« (eine recht unangenehme Doppelrolle) und gewissermaßen Hilfs-ausbilder, vor allem als Sprachlehrer. Ich bin heute noch stolz darauf, daß ich meinen ersten bezahlten Unterricht im Alter von elf Jahren erteilt habe: Französischstunden für ein Saar-kind, dessen Eltern mir dafür etwas Taschengeld gaben.

Denn des Französischen bin ich sehr schnell mächtig ge-worden. Dank dreier wunderbarer Grundschullehrerinnen ist meine Schulkarriere blitzschnell verlaufen. Im Januar 1934 kam ich mit beinahe neun in die »Dixième«, die Zehnte Klasse, das heißt ins zweite Schuljahr. Ostern durfte ich be-reits in die Neunte übersiedeln. Im Oktober kam ich in die Achte, in der ich das volle Schuljahr verbrachte. Die Resultate waren so gut, daß ich die Erlaubnis bekam, die Siebte zu überspringen, so daß ich im Oktober 1935 in die Sexta kam, mit der später auch erfüllten Hoffnung, mit siebzehn Abitur zu machen, was im französischen Schulsystem die Norm ist. Die Norm, das war auch der ständige Wettbewerb in jedem Fach, mit Noten von 20 (= deutsche 1) bis 0 (= deutsche 5). Das *Carnet de notes* von 1934/35 besagt, daß ich am Ende des Schuljahrs mit zehn Jahren dritter im Fach Französisch gewor-den bin, unter 38 Schülern (allerdings nur 17. im Zeichnen!). In der Sexta und später gab es auch Preise. Der erste Preis für Französisch wurde geteilt zwischen Alfred Grosser und dem russischen Immigrantensohn Zlatopolsky.

Natürlich wäre es nicht so schnell und einfach gegangen, wenn nicht zwei, sondern zwanzig der 35 Sextaner von drau-ßen gekommen wären. Für die Lehrer war es eine schöne Herausforderung, den kleinen Immigranten zu integrieren. Die Religionszugehörigkeit spielte überhaupt keine Rolle, war und bleibt doch die französische öffentliche Schule laizi-stisch. Heute sind die Lehrer der Pariser Vororte, die bis zu 70 Prozent Schüler islamischen Ursprungs in der Klasse ha-ben, in einer viel schwierigeren Lage. Damals ist meine Assi-milation so schnell verlaufen, eben weil ich bei Madame Faudry, bei Mademoiselle Michel und bei Madame Frette-

Damicourt der einzige in meiner Lage war. Wären meine Eltern nach London gezogen, so wäre ich wahrscheinlich im Emigrantenviertel Golders Green einer unter anderen gewesen, in dauerhafter Verbindung mit dem Judentum und mit einem durch Bitterkeit und Ablehnung lebendig bleibenden Deutschtum. Das gleiche hätte für New York gegolten.

Auch gibt es in England und Amerika keinen Geschichtsunterricht in der Grundschule, so wie er als *Histoire de France* gegeben wird, das heißt mit patriotisch eingefärbter Darstellung der Vergangenheit. In der Achten war ich 1935 dritter in Geschichte. Viele Jahre später, als ich mich bei einem Vortrag dabei ertappte, »Wir haben 1914 ...« zu sagen, und damit natürlich die französischen Soldaten meinte, überlegte ich beim Weitersprechen (so etwas kann jeder – gute – Redner wie jeder Schauspieler!), daß die Assimilation wirklich vollkommen war: Napoleon war mein Großvater, Jeanne d'Arc meine Ururgroßmutter und Goethe ein großer, aber ausländischer Dichter.

Selbstverständlich war es nicht nur der Geschichtsunterricht. Wir haben in Saint Germain eben durchweg gute Erfahrungen gemacht. Nach dem Tod meines Vaters kam der Elektriker zu seiner Witwe: »Sie wissen, ich habe die ganze Installation für das Sanatorium gemacht, und sie ist noch nicht bezahlt. Aber Ihr Gatte war *ancien combattant* (Frontkämpfer). Nicht auf derselben Seite wie ich. Aber *ancien combattant* ist *ancien combattant*. Sie zahlen, sobald Sie können.«

Meine Mutter wollte auch, daß wir nicht nur in der Schule mit französischen Altersgenossen zusammentrafen. Da die größte Pfadfindergruppe von Saint Germain, die katholischen *Scouts de France*, damals nur katholische Kinder aufnahmen, kam ich zu den protestantischen *Eclaireurs Unionistes*. 1934 bis 1936 als kleiner *louveteau* (»Wölfling« – was auf Kiplings *Dschungelbuch* zu beziehen ist und nicht auf Wagners *Walküre*!), dann als eigentlicher *éclaireur*, was mir 1937 erlaubte, am Welt-»Jamboree« in Holland teilzunehmen. Wir waren in *sizaines* (Sechser-Gruppen) eingeteilt. Ich wurde bald *sizainier*, und da meine *sizaine* den Wettbewerb unter den *sizaines* gewonnen hatte, fiel es mir zu, am 11. November das Totem der »Meute« zu tragen, die wie andere Jugendverbände am Jahrestag des Waffenstillstands feierlich vor dem Totendenkmal der Stadt vorbeizog. Ich sagte der *cheftaine*: »Akela (Name des Häuptlings der Wölfe bei Kipling), ich werde Franzose werden, bin es aber noch nicht. Ist es wirklich angebracht, daß . . .« – »Aber wir feiern doch nicht den Sieg, sondern den wiederhergestellten Frieden. Es ist wirklich sinnvoll, daß gerade du . . .« Wie oft habe ich später gesagt und geschrieben, daß mein geistiger Werdegang vielleicht ein anderer geworden wäre, wenn dieses etwa zwanzigjährige Mädchen mir eine andere Antwort gegeben hätte! Wahrscheinlich haben mich ihre Worte damals nicht überrascht. Wie die des Elektrikers entsprachen sie der Grundeinstellung des *Makaua*.

Bei den Evangelischen Pfadfindern bekam ich auch meinen ersten engeren Kontakt zum Christentum. An vielen Sonntagmorgen wohnte ich im kleinen Tempel von Saint Germain dem Gottesdienst bei und begann die Evangelien zu lesen. Es entstand dabei kein Glaube, aber das Gefühl einer tiefen Verbundenheit mit der Botschaft des Friedens für alle und mit allen Menschen und der niemand ausschließenden Nächstenliebe.

Leider hatte ich zugleich 1937/38 einen unglücklichen Kontakt zum Judentum. Meine Mutter wollte, als Zeichen der Treue und der Zugehörigkeit, daß ich im üblichen Alter von dreizehn Jahren meine Bar-Mitzwa mache. Der Rabbiner, der mich kurz unterrichtete, sprach vom Buchstaben mehr als vom Geist, und die Feier selbst erschien mir als Heuchelei. Sie verlief in der »liberalen«, zumindest recht unorthodoxen Synagoge der rue de Montevideo in Paris. Ich sollte eine Stelle in der Thora vorlesen, aber da ich nur ganz wenig Hebräisch gelernt hatte, hatte ich die Stelle phonetisch aufgeschrieben bekommen und diese Laute auswendig gelernt.

Obwohl das Collège municipal (zugleich Grundschule und Gymnasium) veraltet und nicht ganz sauber war, ging ich gerne hin. Wir hatten für mich Latein und Englisch gewählt. In der Quarta kam Spanisch dazu, aber in der Tertia stieg ich auf Griechisch um und auf Deutsch statt Englisch, weil ich mit der Sprache, die ich immer mit Therese und zur Übung – nicht für ernste Dinge – mit meiner Mutter sprach, mehr Punkte beim Abitur erhoffen durfte.

Unter meinen Schulkameraden hatte ich mehrere Freunde, bis uns der Krieg in alle Winde zerstreute. Die dauerhafteste Freundschaft – bis zu seinem Tod 1981, bis zum Tod seiner Witwe 1991 – verband mich, und dann auch meine Mutter, mit meinem Klassenlehrer der Sexta, der Französisch und Latein unterrichtete. Er war ein wunderbarer Pädagoge mit viel menschlicher Wärme, der mich tief beeinflußt hat. Als Elfjähriger sah ich mit der Liebe eines Kindes zu dem um ein Vierteljahrhundert Älteren empor. Nach dem Krieg kam es zu einer wechselseitigen Freundschaft, in die nach meiner Heirat 1959 auch meine Frau einbezogen war. Als Schüler war mir bekannt, daß Emmanuel Robin 1929 einen preisgekrönten Roman veröffentlicht hatte. Erst später entdeckte ich, wie düster und bitter diese Geschichte war, im Gegensatz zur Heiterkeit und zum Licht, die dieser Mann ausstrahlte. Es war mir eine Freude, das Nachwort zur ersten deutschen Übersetzung des Romans schreiben zu dürfen, die unter dem Titel *Der Angeklagte* 1989 bei Piper erschien, nachdem eine französische Neuausgabe erfolgreich gewesen war.

Ein echtes Interesse für Politik scheine ich in diesen Jahren nicht gehabt zu haben. Kenntnisse über die Volksfrontperiode in Frankreich und über die Regierung von Léon Blum 1936 habe ich erst später erworben. Erinnern kann ich mich daran, daß im selben Jahr der Racing Club de Paris die Fußballmeisterschaft und zugleich den Pokal gewonnen hat. Ich kann auch heute noch die Zusammensetzung der Mannschaft beinahe vollständig wiedergeben.

Das hat sich aber 1938 mit der Kriegsgefahr schlagartig geändert. Wenn ich in den letzten Jahrzehnten in Deutschland immer wieder sagte, daß der Verrat an der Tschechoslowakei, daß die Kapitulation vor Hitler, die Daladier und Chamberlain in München vollzogen haben, das Nein der französischen Politiker der Nachkriegszeit erklärt, sich nie wieder willens- und waffenschwach zu zeigen, so erinnere ich mich doch stets dabei an die Freudentränen meiner Mutter, als die Nachricht vom Münchner Abkommen eintraf: schien doch der Friede gerettet, wurde doch neues Blutvergießen verhindert! Die Freude beruhte auf einem Irrtum, nicht nur in bezug auf die Kriegsgefahr: Deutschland war eben nicht Deutschland schlechthin, was bei der beschämend freundlichen Aufnahme des deutschen, mit Hitler-Gruß grüßenden Außenministers von Ribbentrop in Paris symbolisch evident wurde. Und Frankreich war auch nicht das Frankreich der Freiheit und Brüderlichkeit, als seine Regierung im Namen des Friedens zur »Reichskristallnacht« schwieg.

Das blieb auch, allerdings in anderer Hinsicht, wahr, als nach Kriegsbeginn 1939 die Regierung Daladier beschloß, alle in Frankreich lebenden Deutschen als Feinde zu betrachten und in Lager einzusperren. Meine Mutter, meine Schwester und mich betraf dies nicht, denn wir hatten, nach noch nicht einmal vierjährigem Aufenthalt, das unermeßliche Glück gehabt, Franzosen zu werden. Am 1. Oktober 1937 hatte eine Verordnung des Justizministers Vincent Auriol verfügt, daß Frau Lily Rosenthal, Witwe von Paul Grosser, mit ihren beiden minderjährigen Kindern die französische Staatsbürgerschaft verliehen wurde.

Diese Naturalisierung betraf jedoch keineswegs Therese, die in das Lager von Les Mesnuls nahe von Paris gebracht wurde, wo ich sie mit dem Fahrrad besuchen konnte. Dann wurde sie nach Südwestfrankreich abtransportiert in das recht schlimme Lager von Gurs, wo ich bei unserer Flucht vor den deutschen Truppen im Juni 1940 auch die Erlaubnis bekam, sie zu sprechen – inmitten von Staub, Schmutz, Wasser- und Lebensmittelmangel. Als dann die Deutschen nach Gurs gelangten, wurde sie als unpolitische katholisch-»arische« Deutsche betrachtet und durfte nach Saint Germain zurückkehren. Andere Deutsche wurden dem Tode ausgeliefert, weil man sie in den Lagern ließ, wo sie die Gestapo nur in Empfang zu nehmen brauchte. So wie es ja der entehrende Artikel 19 des Waffenstillstandsabkommens vorgesehen hatte: Frankreich verpflichtete sich, Hitler jene Deutschen auszuliefern, die gegen Hitler in Frankreich Asyl gesucht hatten.

Immer wieder habe ich nach dem Krieg in Frankreich darauf hingewiesen, daß die Spannungen zwischen den sozialistischen »Bruderparteien« beider Länder nicht zu verstehen seien, wenn man nicht beherzige, daß Rudolf Breitscheid und Rudolf Hilferding durch diesen Artikel 19 zum Tode verdammt worden waren. Heute noch unterstütze ich, so gut ich kann, die Bemühungen derer, die eine echte Erinnerung an das Lager Les Milles bei Aix-en-Provence wachhalten wollen. Echt, das heißt auf Frankreichs Scham und nicht auf den französischen Widerstandskampf gegen Hitler bezogen.

Im Mai/Juni 1940 kam es zum deutschen Blitzkrieg und Blitzsieg über Frankreich. Nicht nur die französische Armee floh nach Süden, zunächst floh die Bevölkerung. Wir hatten natürlich einen besonderen Grund dazu. Meine Mutter wollte aber ihre Mutter nicht verlassen, die in Saint Germain schwerkrank daniederlag und dort am 29. Juli mit 81 Jahren verschieden ist.

Am 10. Juni sind also Margarete und ich auf schwerbeladenen Fahrrädern losgefahren. Wer den eindrucksvollen, wahrheitsgetreuen, immer wieder gezeigten französischen Film von René Clément *Verbotene Spiele* gesehen hat, weiß, wie es damals auf den Straßen Frankreichs ausgesehen hat. Montargis, Moulins, Limoges, dann doch im Zug nach Bordeaux, der Küste entlang nach Biarritz, in die Pyrenäen. Schließlich gab es einen letzten Umzug mit Freunden nach Saint Raphaël,

40 Kilometer westlich von Cannes, am Mittelmeer. Dorthin konnte dann im September unsere Mutter nachkommen. Sie mußte bald feststellen, daß ihre Tochter infolge der langen Radfahrt in den für ein Mädchen ungünstigsten Tagen des Monats sehr geschwächt blieb. So geschwächt, daß sie im März 1941 an einer Blutvergiftung erkrankte. Da es damals noch kein Penicillin gab, starb sie nach schlimmen Leiden am 29. April 1941. Am 13. war sie neunzehn geworden.

Saint Raphaël lag im nicht-besetzten Teil Frankreichs. Es gab dort keine Sekundarschule. Aber ein junger, begabter jüdischer Physiker russischer Herkunft hatte sich auch dorthin geflüchtet. Er unterrichtete mich in Mathematik, Physik und Latein. Ich bereitete den ersten Teil des Abiturs nur mit seiner Hilfe vor, bestand es – mit schriftlichen Prüfungen in Cannes, mündlichen in Nizza. Für den zweiten Teil, für den ich 1941/42 zu arbeiten hatte, hatte ich die Wahl zwischen Mathematik und Philosophie als Hauptfach. Man konnte auch beide Zweige nebeneinander nehmen, was ich auf den eindringlichen Rat von Anatole Abragam (der später einer der großen französischen Atomphysiker werden sollte) auch tat: Er fand mich nicht unbegabt und ermutigte mich, für die Zukunft an die Pariser Hochschule für Elektrotechnik und an eine Ingenieurlaufbahn zu denken. Er sah sich dadurch bestätigt, daß ich im Juli 1942 das Baccalauréat Mathématiques mit dem Prädikat »Gut«, das Baccalauréat Philosophie nur mit »Ziemlich Gut« abschloß.

Danach wollte ich mich an der Universität Aix/Marseille immatrikulieren lassen. Die Vichy-Regierung hatte aber einen Numerus clausus für Juden eingeführt. Ich wurde in Mathematik/Physik abgelehnt, arbeitete jedoch mit Abragam weiter, als würde der Krieg demnächst zu Ende gehen. Die Philosophische Fakultät lehnte mich nicht ab, und ich durfte Germanistik studieren. Ich habe einige Vorlesungen im Universitäts-Institut von Nizza (70 Kilometer von Saint Raphaël) besucht, und dank der warmen Unterstützung zweier Professoren habe ich 1943 die ersten Prüfungen bestanden. Zur gleichen Zeit begann ich zu unterrichten, um Geld zu verdienen. Und zwar an einer neugegründeten und an Lehrermangel leidenden privaten Sekundarschule in Saint Raphaël. So wurde ich mit siebzehn Jahren Mathematiklehrer für Sekundaner und Primaner. An pädagogischer Dreistigkeit hat es mir von Anfang an nie gefehlt!

Später habe ich alles vergessen, was ich in Mathematik und Physik gelernt und unterrichtet hatte, vermutlich weil es 1943 eine brutale und endgültige Unterbrechung gegeben hat. Ohne Besatzung, dann unter italienischer Besatzung hatte es zwar wenig zu essen, aber auch relativ wenig direkt zu befürchten gegeben. Erst Jahre nach dem Krieg hat man in Frankreich begonnen anzuerkennen, wie mutig, wie eindeutig die italienische Armee in Südfrankreich die Juden, solange es überhaupt möglich war, gegen Hitler in Schutz genommen hat. Nach Italiens Kapitulation wurde die Besatzung eine deutsche. Wir waren uns der Gefahr bewußt und verließen Saint Raphaël gerade noch rechtzeitig: Zwei Tage später erschienen – wahrscheinlich auf Grund einer Denunziation – drei Männer, die nach uns suchten. Durch Nachbarn erfuhren wir später, nur der Chef sei ein Deutscher gewesen. Die beiden anderen waren Franzosen, was in Frankreich heute noch ständig in Erinnerung gebracht werden muß.

Meine Mutter flüchtete nach Cannes als Stütze der Leiterin eines Kinderheims, wo sie durch Erpressung schlimm ausgebeutet wurde: »Ich weiß, daß Ihre Papiere falsch sind. Also, wenn Sie nicht tun wollen, was ich sage . . .« Ich fuhr in Richtung Grenoble. Ich sollte dort einen jungen Mann aus dem »Maquis«, dem bewaffneten Widerstand, treffen, der sich im Voralpenmassiv Vercors eingenistet hatte. Ich wartete vergeblich. Hätte ich ihn getroffen, so wäre ich wahrscheinlich wie fast alle anderen 1944 im Vercors niedergemetzelt worden. Und hätte ich das Morden überlebt, so wäre vielleicht meine Einstellung zu Deutschland eine andere gewesen. Genauso ist später immer wieder die Frage aufgetaucht: »Und wenn ich geschnappt und gefoltert worden wäre? Wenn ich deportiert worden wäre und das unendliche, unsagbare Leiden überlebt hätte?«

Durch Priester, die ich in Saint Raphaël kannte, fand ich Zuflucht in einer Art Kloster in der Nähe von Valence. Es war in Wirklichkeit eine Stätte des ultrakonservativen, intoleranten Katholizismus. Der Abt – ein abtrünniger Jesuit – stellte mich vor eine recht skandalöse Wahl: Taufe und Hilfe oder keine Taufe und keine Hilfe. In meinem soliden Unglauben entschied ich mich für die Taufe, ohne dabei meine Sympathie für den christlichen Geist und auch für die katholische Kirche zu verlieren. Durch Empfehlung auf Empfehlung landete ich schließlich in einer katholischen Privatschule von Marseille, die von den Maristischen Brüdern geleitet wurde.

In Valence habe ich einen falschen Ausweis erhalten, mit (was gewiß nicht sehr vorsichtig war) meinem Namen. Der Geburtsort war nun Vendôme im Loiretal: Das Rathaus dort war 1940 abgebrannt; bei Anforderung eines Geburtsscheins bekam man die Antwort, die Register seien nicht mehr da; es genügte dann, zwei Zeugen zu haben, um einen echten falschen Ausweis zu bekommen. Auch das Geburtsdatum war verändert: Eine Verjüngung war nötig, um dem Arbeitsdienst in Deutschland zu entkommen. Der Hauptgrund für meinen Entschluß, nach Marseille zu gehen, war, daß es eine Großstadt war, wo ein halb im Untergrund lebender Neuankömmling nicht auffiel.

Der Bruder Direktor vertraute mir eine Sekunda an, und zwar in französischer Literatur, Mathematik, Physik, Geschichte, Geographie und Naturwissenschaften. Deutsch gab es an der Schule nicht. In dieser Zeit hatten die Brüder noch weniger Diplome als ich, obwohl es sich um eine gutbürgerliche Einrichtung handelte. Ich unterrichtete also mit viel Freude 25 Stunden pro Woche 25 Jungen zwischen vierzehn und siebzehn Jahren. Mit einigen bin ich lange Jahre in Verbindung geblieben. Sie stellten keine Fragen zu meiner Person. Auch nicht auf religiösem Gebiet. Obwohl ich viel – besonders bei literarischen Texterläuterungen – von Moral sprach, hätte ich es als Vertrauensbruch den Brüdern gegenüber empfunden, hätte ich meinen Unglauben kundgetan.

Es gab auch Kontakte außerhalb der Schule. Am 15. August 1944 – kurz nach dem Ende des Schuljahres an der Ecole Saint Joseph – sind die Alliierten bei Saint Tropez gelandet und begannen ihren Vormarsch auf Marseille. Die Stadt hatte am 27. Mai ein furchtbares Kriegserlebnis gehabt. Amerikanische Bomber wollten Bahnschienen zerstören, haben aber ihre Bomben über der Stadtmitte abgeworfen, quer zu den Schienen und nicht entlang der Geleise. Bilanz: über 2000 Tote. Mit einigen meiner Schüler haben wir eine Woche lang Lebende ausgescharrt, Tote ausgegraben, Leichenteile zusammengetragen. Und entdeckten dabei so manche menschliche Größe und manche menschliche Schwäche: »Grabt da! Ich habe ein Geräusch gehört.« In Wirklichkeit ging es um das Silber, das wir an den Tag brachten, während vielleicht in unmittelbarer Nähe tatsächlich noch jemand zu retten gewesen wäre.

Die Kämpfe um die Befreiung von Marseille, sie hat es gewiß gegeben, aber natürlich ist auch eine Legendenbildung eingetreten. Ein Beispiel: Wir hatten eine kleine Kanone gefunden, wußten aber nicht, wie man so ein Ding benutzt. Der Schuß ging ab und steckte eine Apotheke in Brand. Einen zweiten Schuß gab es nicht. Deutsche waren keine vorhanden. Das war der »heldenhafte Kampf« am Platz Castellane. Die meisten deutschen Truppen hatten Marseille bereits verlassen, als noch kleine Straßenkämpfe stattfanden; einer auch in der Nähe der Schule. Man ging mit viel Begeisterung und Zorn gegen die besiegten Deutschen vor. Ich fühlte mich in Gefahr, durch Emotionen Teil einer Masse zu werden. Glücklicherweise spielte irgendwo ein Radio. Es war der heiteranmutige zweite Satz aus Beethovens Erster Symphonie, ein

Andante, das ich sehr liebte. Die Musik hatte eine beruhigende Wirkung, und nach wenigen Minuten konnte ich zu den anderen zurückkehren, nur um zum endgültigen Sieg etwas beizutragen, nicht aus irgendwelchen Rachegelüsten heraus.

Hätte ich etwas Verwaltungsrecht studiert gehabt, so hätte ich vielleicht eine Beamtenlaufbahn eingeschlagen: Man bot dem erst neunzehnjährigen Lehrer von der Widerstandsbewegung *Jeunes de la Libération nationale* einen hohen Posten in der Verwaltung des Regierungsbezirks, der Préfecture des Bouches du Rhône an. Aber vermutlich hätte ich auch bei vorhandener Kompetenz abgelehnt, so angeekelt war ich vom Schauspiel der plötzlichen Bekehrungen und der unwürdigen »Säuberungsaktionen«. Ich wollte zu der nach Norden ziehenden Armee. Aus dem Tagebuch, das ich einige Monate lang führte, geht jedoch hervor, daß es nicht aus Heldentum war. Ich wollte mir beweisen, daß ich nicht feige war, und ich wollte, daß man mir später, wenn ich gegen Haß und Nationaldünkel sprechen würde, keinen Vorwurf machen könne, mich gedrückt zu haben.

Aber bevor ich richtig in die 1. Armee aufgenommen wurde, beauftragte man mich zunächst einmal, da ich ja offensichtlich Deutsch konnte, einen ersten Blick in die Papiere der Gestapo von Marseille zu werfen, die zwar von den Fliehenden angesteckt worden waren, aber wegen ihrer massiven Dichte nicht richtig gebrannt hatten. Ich hätte mich bereichern können, wenn ich die Liste jener Schecks in die Tasche gesteckt hätte, die die deutsche Geheimpolizei Industriellen von Marseille ausgestellt hatte. Aber ich übergab sie brav meinen Vorgesetzten. Niemand hat je von diesen Schecks gesprochen. Professoren und Lehrer, die für Pétain und für den deutschen Sieg eingetreten waren, mußten ihre Stelle verlassen. Ich war also gut vorbereitet auf das, was ich später in Deutschland feststellen mußte!

Vor meiner endgültigen Verpflichtung erlaubte man mir, meine Mutter kurz wiederzusehen, die unterdessen in Monte

Carlo untergekommen war. Ich traf jedoch im Krankenwagen dort ein. Ein Autobus hatte mich auf meinem Fahrrad von hinten angefahren. Erst im Oktober kehrte ich mit meiner Mutter nach Marseille zurück und ging dann noch bis zum Frühjahr am Stock.

Von der Armee konnte nun keine Rede mehr sein, doch wurde ich als ein einem Oberleutnant gleichgestellter Zivilist eingesetzt: Bis zur Auflösung der militärischen Pressezensur im Juli 1945 (zwei Monate nach dem 8. Mai!) war ich militärischer Zensor der Zeitungen von Marseille – und lernte eine Unmenge über Journalisten und nächtlichen Zeitdruck. Auch über die Schwierigkeit zu entscheiden, was eine Weisung bedeutet wie: »Nichts durchlassen, was die Zuversicht der Bevölkerung vermindern könnte.«

Als »lieutenant assimilé« durfte ich im Offizierskasino essen. Manchmal brachte ich meiner Mutter etwas von meiner Zuteilung mit. In Marseille wurde im Winter 1944/45 gehungert. Die deutschen Kriegsgefangenen – das erfuhr ich damals nicht – traf es viel mehr als die Bevölkerung, aber wer wollte später, im Nachkriegsdeutschland wissen, daß Frankreich ausgehungert war, weitgehend durch die deutsche Besatzung? Meine Mutter war stellvertretende Leiterin eines vom Roten Kreuz eingerichteten Militärkrankenhauses. Die Leiterin, eine wunderbare Frau, die bis heute, mit 86 Jahren, eine Freundin meiner Familie geblieben ist, war die Mutter einer meiner Privatschülerinnen.

Es waren ziemlich harte Monate: Von 22 Uhr bis zwei Uhr morgens in den Druckereien; tagsüber Studium . . . Ich hatte im Herbst die Möglichkeit wahrgenommen, in einer Sondersitzung für Vichy- oder Besatzungsopfer meine *licence* (Erstes Staatsexamen), für die man bis in die sechziger Jahre nur vier Semester brauchte, in Germanistik zu machen, was mir nach nicht allzu strengen schriftlichen und mündlichen Prüfungen in Aix-en-Provence auch gelang. Als Kompensation für die verlorene Zeit durfte ich dann sofort mit der Forschungsarbeit für das *diplôme d'études supérieures* beginnen, was ungefähr einer heutigen deutschen Magisterarbeit entsprach. Ich beendete sie im November in Paris, wo wir Unterkunft gefunden hatten, bevor wir dann nach Saint Germain zurückkehrten und in ein kleines Haus innerhalb des Parks des ehemaligen Kinderheims zogen. Wir wohnten dort zu dritt: Therese, die manche unserer Sachen als ihr Eigentum gerettet hatte, war wieder bei uns.

Germanistik

In Frankreich studiert und unterrichtet man nur ein Fach, mit Ausnahme des anfänglichen Studium generale. Bis in die achtziger Jahre gab es eine schöne Kontinuität zwischen Lyzeums- und Universitätslaufbahn. Durch einen nationalen Wettbewerb – die *agrégation* – wurde man in jungen Jahren als Studienrat Beamter auf Lebenszeit. Wenn man ehrgeizig war, begann man dann unter der Obhut eines Universitätsprofessors eine langwierige Doktorarbeit, die habilitierte. Fast alle französischen Professoren haben als Gymnasiallehrer begonnen.

Für mich war die Germanistik der bequemste Weg, rasch zu einem würdigen Beruf zu kommen. Ich sprach gut Deutsch, obwohl ich mehr im Französischen »beheimatet« war. Ein seltenes Glück hat es gewollt, daß ich beide Sprachen immer akzentfrei gesprochen habe. Dies hat mir nicht nur bei der *agrégation* den Elsässern gegenüber Vorteile gebracht, die beide Sprachen mit Akzent sprachen, es hat auch meiner deutsch-französischen Arbeit in Frankreich mehr Glaubwürdigkeit verschafft, als wenn ich Französisch mit deutschem Akzent gesprochen hätte. (Dafür haben mir meine Oxford-Freunde immer ironisch vorgeworfen, im Englischen hätte ich null Prozent englischen Akzent, denn mein Akzent sei zu einem Drittel französisch, zu einem Drittel deutsch und zu einem Drittel amerikanisch, was nicht verwunderlich ist, da ich ja nur an amerikanischen, nicht an englischen Universitäten unterrichtet habe.)

Mit der deutschen Grammatik allerdings hatte ich Schwierigkeiten. Doch zeigte sich der Examinator in Aix bei der mündlichen Prüfung für die *licence* recht nachsichtig, weil ich die Sprache ansonsten beherrschte. Deutsche Literatur studiert man an einer französischen Universität nur anhand einzelner Autoren und Werke, wenn auch zeitübergreifend. Ich muß gestehen, daß nur wenige deutsche Schriftsteller meine privaten Ermunterer, Traumerfüller oder Tröster geworden sind, so wie es Racine oder Giraudoux, Stendhal oder Martin du Gard wurden und geblieben sind.

Deutsche Kultur – das war für mich in erster Linie stets deutsche Musik. Aus Frankfurt hatten wir viele Platten mitgenommen, die ich in Saint Germain und dann in Saint Raphaël oft aufgelegt habe, mit der normalen jugendlichen Begeisterung für das Orchester, aber auch bald schon aus Liebe zur Kammermusik, teilweise unter literarischem Einfluß. In einem der großen Romane von Aldous Huxley, *Point counter point* (deutsch: »Kontrapunkt des Lebens«), geht es am Schluß darum, ob nicht der Beweis für die Existenz Gottes im Adagio »Heiliger Dankgesang« von Beethovens 15. Quartett zu suchen sei. Und in der Tat ist diese Musik, neben dem zweiten Satz von Schuberts Quintett mit zwei Celli, eine Art Einführung in die Mystik.

Daß ich, obwohl Atheist, immer eine enge Beziehung zum Geistig-Religiösen, vor allem in seiner christlichen Form, gehabt habe, beweist die Wahl des Themas meiner Diplomarbeit von 1945. Ich weiß nicht, ob mir mein Professor in Aix, Victor Michel, das Buch empfohlen hatte oder ob ich es unter den Werken gefunden habe, die meine Eltern aus Frankfurt mitgenommen hatten – Goethe in der 40bändigen Jubiläumsausgabe, den ganzen Heine, den ganzen Schiller, den ganzen Lessing, den ganzen Novalis und auch den ganzen

Ibsen, dessen Stücke mir immer viel bedeutet haben –, jeden-
falls beschloß ich, über den Roman von Gerhart Hauptmann
Der Narr in Christo Emmanuel Quint zu schreiben. (Die
Arbeit ist 1952 als Beitrag in einer Zeitschrift erschienen.)

Um den Roman zu verstehen, dessen Handlung am Ende
des vorigen Jahrhunderts in Hauptmanns Heimat Schlesien
spielt, mußte ich mich natürlich auch in den anderen Werken
des Dichters sehr genau auskennen. Aber da Quint – der nicht
zufällig Emmanuel heißt – ein Heiliger oder (und) ein Neuro-
tiker ist, der der wiedergekehrte Heiland sein will, mußte ich
zusätzlich auch die schlesische Religiosität der Zeit und das
lebendige Erbe der Herrnhuter Brüder des Grafen Zinzendorf
erforschen. Hauptmann verspottet seinen Helden und läßt
ihn zugleich das echte Evangelium gegen die Scheinchristen
verkünden wie auch Tolstois Lehre für ein christlich ge-
prägtes, friedliebendes Leben. Tolstoi hatten seine Mitmenschen, so Hauptmanns Nachruf, bei seinem Tod 1910 (und
zwei Jahre vor dem Erscheinen des Romans) ebenfalls für
einen Narren gehalten . . .

Ich hatte bereits in Saint Raphaël das *Leben Jesu* von Ernest
Renan gelesen und seine Art bewundert, Jesus zu vermensch-
lichen. Auch verstärkte die Arbeit für mein Diplom meinen Hang, sowohl theologische wie religionspsychologische
Schriften zu lesen. Daher ist es auch nicht verwunderlich, daß
ich 1947/48, als es galt, ein Thema für die langwierige Habili-
tationsarbeit zu finden, diese Richtung beibehalten wollte. Da
mein Doktorvater Edmond Vermeil selbst Calvinist war und
über Troeltsch geschrieben hatte, lehnte ich den ersten Vorschlag ab, Dilthey als Studienobjekt zu wählen, folgte aber
seiner Empfehlung, den Pietismus als eine der festesten Wurzeln des Tübinger Stifts unter die Lupe zu nehmen.

Aber was waren die Wurzeln des Pietismus? Sehr unvorsichtig – weil im 17. und 18. Jahrhundert so unbelesen –
beschloß ich, mich über Philipp Jakob Spener zu habilitieren.
Daraus ist nie etwas geworden, und ich habe mich schließlich

46

erst 1970 als Politologe auf Grund zwei meiner Bücher habilitiert (dank der Studentenrevolte von 1968, aus der ein neues Universitätsgesetz hervorgegangen ist, das – wie in Deutschland – die »Sammelhabilitationen« zuließ). Aber ich hatte fast alle der zahlreichen Schriften des Gründers des Pietismus gelesen, manchmal lächelnd. Zum Beispiel, wenn er als Pfarrer vor jeder Beförderung Gott befragt und dieser ausnahmslos ja sagt. Oder wenn Spener in seiner enormen Korrespondenz nur einmal seine Frau erwähnt, die ihm – wie man noch vor nicht langer Zeit sagte – elf Kinder geschenkt hatte: »Sie hat mich nie gestört«, schreibt er einem Freund. Doch mein Lächeln erstarrte, als ich eine lange Abhandlung zum Thema »Darf man am Sonntag Holz hacken?« las und zu Speners Antwort gelangte: Ja, wenn man den Befehl bekommen hat, denn Sünde und Schuld können nur beim Befehlsgeber liegen, nie beim Befehlsempfänger und -ausführer! Und wenn der Befehl lautet, Menschen zu töten? Es gibt wirklich religiöse Quellen des deutschen Gehorsams!

Neben der Habilitationsschrift mußte man noch eine wissenschaftlich-kritische Arbeit vorweisen können. Die meine sollte eine doppelsprachige Ausgabe von Goethes *Bekenntnisse einer schönen Seele* sein. Aber es kam nur zu einem längeren Zeitschriftenbeitrag *Der junge Goethe und der Pietismus*, der in der Sondernummer 1949 von *Etudes germaniques* zum 200. Geburtstag des Dichters erschien. Ich wurde auf diese Weise mit der weinerlichen Schwärmerei vertraut, mit der Behauptung, man würde in dem Blut des Heilands baden, seine Wunden küssen, jedenfalls sein Haupt mit Tränen übergießen – Tränen, die mit der Freude verbunden waren, dank seines Leidens des ewigen Heils sicher zu sein, wobei der Tod natürlich die Erlösung, die Befreiung darstellte. Manchmal verklärt Johann Sebastian Bach mit seiner Musik solche Texte, so in einer der schönsten Kantaten, *Ich habe genug*, wo es heißt »Ich freue mich auf meinen Tod«. Manchmal wäre der Text unerträglich, wenn er nicht glücklicherweise durch den wunderbaren Chorgesang unverständlich gemacht würde. So am Ende der *Johannis-Passion*, wenn der Chor erleichtert feststellt, daß Jesus tot ist und man also gerettet ist, was der tote Heiland zwar nicht mehr mit Worten verkünden kann, aber dadurch bestätigt, daß er sein Haupt wie in einem Nicken zur Seite hängen läßt!

Goethe stand auf dem Programm der Kandidaten des Agrégation-Wettbewerbs von 1947. Den Diplomen nach hätte ich bereits 1946 antreten können, aber damals galt noch die Vorschrift, daß man seit zehn Jahren französischer Staatsbürger sein mußte, um beamtet zu werden. Ich habe also das Jahr 1945/46 anders verbracht – nicht nur als Journalist, sondern als Schüler einer *khâgne*, einer jener Nach-Abiturklassen, in denen sich Frankreichs Elite auf selektive Wettbewerbe vorbereitet. Die Besten kommen in die *grandes écoles*, deren Absolventen ihr Leben lang Erwählte bleiben.

Ich wollte an die Ecole normale supérieure, die bescheidenste, aber glorreichste: Höhepunkt der Intellektualität, aber ohne Zugang zu hohen Gehältern. Ich scheiterte 1946, hatte aber in den Monaten davor Philosophie, Geschichte und andere Geisteswissenschaften ein wenig praktizieren dürfen. Die *agrégation* bestand aus einem »Schriftlichen«, nach dem zwei Drittel der 170 Bewerber ausschieden. Nach dem Mündlichen wurden nur sieben *agrégé*. (Die Zahl hängt heute immer noch einerseits von der Strenge der Jury ab, andererseits von der Anzahl der Stellen in den französischen Gymnasien, die das Ministerium genehmigt.) Darf ich stolz verkünden, daß ich erster wurde?

Was war verlangt worden? Beim Schriftlichen: zwei Abhandlungen, eine auf französisch, eine auf deutsch (»Goethes erotische Mystik am Ende von *Faust II*.«), jede in siebenstündiger Klausur zu schreiben; ferner zwei vierstündige Übersetzungen (französisch-deutsch, deutsch-französisch). Welches Deutsch gefordert wurde, geht klar (oder auch unklar!) aus dem ersten und dem letzten Satz des Textes unter dem Titel

»Wesenselemente der Dürerisch-deutschen Charakterwelt« hervor. Es war ein Auszug aus *Huldigungen und Kränze* von Thomas Mann:

Kreuz, Tod und Gruft! Das ist ein weiteres Wesenselement der Dürerisch-deutschen Charakterwelt, innig verschränkt mit jener »Männlichkeit und Ständigkeit, jenem Rittertum zwischen Tod und Teufel: Passion, Krypten-hauch, Leidenssympathie, faustische Melancolia, idyllisiert auch wohl zum frommen Stubenfleiß rezeptiven Friedens, dessen Butzen malende Fenster-sonne den Totenkopf wärmt und dessen demütiger Kleinlichkeit Ewigkeits-blick und Größe gewahrt ist durch Sanduhr und lagernden Löwen.

. . .

Ach, und was spielt noch alles an ur-ererbter, an nationaler und tief natürlicher Unzulänglichkeit, an winkligem Ungeschick hinein in diese kraus-exakte, versonnene, kindlich greisenhafte, skurril-dämonische, un-endlichkeitskranke Welt deutscher Kunst, schamvoll und redlich dennoch zutage liegend: Philisterei und Pedanterie, grübelnde Mühsal, Selbstplage, rechnende Ängstlichkeit – zusammen wieder und in eins fließend mit jener Unbedingtheit, zähen Ungenügsamkeit, Hochbedürftigkeit, welche die Tap-ferkeit zeitigt: dies Nichts sich schenken, dies Aufsuchen der letzten Schwie-rigkeit, dies lieber ein Werk verderben und weltunbrauchbar machen, als nicht an jeder Stelle bis zum Äußersten gehen.

Nicht nur, daß ich solche Verallgemeinerungen nie habe ver-tragen können – es ist auch diese Sprache, die mir nicht lag und nicht liegt. Meinen Studenten der Germanistik habe ich später beigebracht, wie man als »tief« gelten kann. Vor allem durch Substantive! »Ich hebe mein Glas langsam hoch«, das ist trivial. »Mein langsam-zögerndes Emporheben des Gla-ses« klingt schon besser. Und Doppelwörter! Doppelwörter, wenn es geht, mit zweimal demselben, einmal mit germani-scher, einmal mit romanischer oder griechischer Wurzel: »Das Human-Menschliche bei Goethe . . .«, es bedeutet nichts, aber wie erhaben es klingt!

Das Mündliche sah eine von mir besonders gefürchtete mit-telhochdeutsche Texterklärung vor; glücklicherweise hatte ich in den langen Wochen nach dem Schriftlichen hart gear-beitet, um mir wenigstens den Anschein eines Wissens anzu-eignen. Eine andere Texterklärung (ich zog eine schöne Stelle von Novalis' *Heinrich von Ofterdingen*) erlaubt dem Kandidaten, gewissermaßen als Lehrer zu den sieben Professoren der Jury zu sprechen. Das gilt auch für die beiden halbstündigen Referate (ebenfalls nach je sieben Stunden Vorbereitung). Auf französisch bekam ich »Die geistesgeschichtliche Bedeutung des Themas Brudermord im Drama des Sturm und Drang«, auf deutsch »Rilkes Kampf um die Lebensbejahung«.

Man soll nun nicht glauben, daß wir allwissend zu sein hatten. Es gab ein recht begrenztes Programm. Es war nützlich, *Wallenstein* zu kennen, aber nur *Die Räuber* gehörten zum eigentlichen Thema. Nur Rilke und nicht George. Nur Literatur? Ja, nur Literatur, kein 1848 und kein Bismarck. Nur entfernte Vergangenheit? Ja, nur entfernte Vergangenheit. Man schrieb 1947. Es geschah einiges im zerstörten Deutschland. Die Zerstörung hatte Ursachen. Hitler . . . Aber was hat der mit Germanistik zu tun?

Die Arbeit für den Wettbewerb war trotzdem sehr bereichernd. Rilke brachte mich zu liebender Bewunderung, aber auch zum Staunen. Letzteres bei einer Untersuchung, die ich nach der *agrégation* zu Ende führte und die dann veröffentlicht wurde. Es ging um Rilkes Übersetzung des berühmten Gedichts von Paul Valéry *Le cimetière marin*. Es waren mir – neben wunderschönen, exakten Stellen – echte Fehler aufgefallen. Ich suchte nach einer Erklärung und sagte mir schließlich, daß Rilke manches einfach nicht verstanden hatte, weil es nicht seiner Geisteswelt entsprach. Auf der einen Seite, bei Valéry, die Beschreibung der inneren Distanz zu sich selbst, der »nagende Wurm« des Denkens, der das eigene Ich analysiert; auf der anderen Seite die Naturverbundenheit, die Verschmelzung von Mensch und Umwelt, von Leben und Tod. Anhand zahlreicher Zitate beider Dichter konnte ich meine Analyse untermauern, die ich in den siebziger und achtziger Jahren nur fortzuschreiben brauchte, um deutsch-französische Vergleiche im Bereich des »Schutzes der Schöpfung« zu ziehen.

Nach der *agrégation* hätte ich mir im Prinzip eine Stelle an einem Gymnasium auswählen sollen. Aber ich hatte das Glück, mit meinem Habilitationsprojekt in eine Privatstiftung – die Fondation Thiers – aufgenommen zu werden, die mit staatlichen Geldern funktionierte und jedes Jahr drei bis fünf hoffnungsvolle Anwärter auf die Hochschullaufbahn rekrutierte. Ich habe in den drei Jahren, die ich am Rond Point Bugeaud, der heute Place Konrad Adenauer heißt, verbracht habe, nicht allzuviel über Spener gearbeitet, denn es gab anderes zu tun. Aber ich habe enorm viel gelernt von meinen Freunden, die Historiker, Soziologen, Philosophen, Juristen und Ökonomen waren.

1950 ging ich zur UNESCO nach Deutschland, was in ein anderes Kapitel gehört. Von 1951 bis 1955 war ich dann, dank des Wohlwollens der Germanisten der Sorbonne, (einziger) Assistent in Germanistik an der Philosophischen Fakultät der Universität Paris.

Dem deutschen Publikum muß erklärt werden, was ein *assistant* ist. Man ist Assistent an der Universität, nicht bei einem Professor. Wie ist doch da der französische Professor zu beklagen, der keine Assistenten als Handlanger zur Verfügung hat! (Meine Erfahrung ist, daß es mir später mehr Zeit gegeben hat, selber Bücher zu schreiben, als wenn ich die Arbeit von Assistenten zu überwachen gehabt hätte.) Ich war eher ein Dozent, der sich mit Begeisterung um die Studenten kümmerte – in Vorlesungen, Übungen, Arbeitsgruppen und auf Ausflügen in den Wald von Saint Germain (mit viel Völkerball). Mit einer großen Schwierigkeit: Ich war 26 bis 30, und die Studenten waren in der Mehrzahl Studentinnen; es galt, jeglicher Versuchung zu widerstehen, um die schöne, freundschaftliche Atmosphäre nicht zu zerstören ... Sprachübungen und Schallplatten hören (bei Weihnachtsliedern im Hörsaal konnte ich die Studenten erkennen, die schon einmal deutsche Weihnachten erlebt hatten ...), Kurse über Romantik, über Luther, über Heinrich Manns *Untertan* – ich durfte so ziemlich alles, wenn es irgendwie mit dem Programm des Studium generale, der *licence* oder der *agrégation* zusammen-paßte.

An der Habilitation konnte ich wirklich nicht arbeiten, und ich entdeckte bald die Schwäche der Universitätssysteme: Nur das wissenschaftliche Erzeugnis bringt die Professur, nicht die Intensität der pädagogischen Arbeit. Aber es waren schöne Jahre. Unter anderem, weil sich viele Studenten von mir ausbeuten ließen, das heißt, mich bei der deutsch-franzö-sischen Arbeit unterstützten, und sei es nur durch das Bün-deln und Verpacken des Informationsblatts *Allemagne*.

1945–1948: Die doppelte Mitverantwortung

Dem Elfenbeinturm, der Selbstabkapselung habe ich nie zu widerstehen gehabt. Bereits in Marseille bestand eher die umgekehrte Versuchung: dem Studium nicht genügend Zeit zu widmen, weil es die Möglichkeit gab, die Mitbürger – und sei es nur ein ganz klein wenig – durch Zeitungsartikel zu be-einflussen. Dank eines Freundes konnte ich einige Beiträge in *Vérité*, einer kurzlebigen Wochenzeitung der Widerstands-bewegung Mouvement de Libération Nationale, veröffent-lichen. Aber nicht über Deutschland.

Mein erster Artikel in der Pariser Presse war ein längerer Nachruf auf Gerhart Hauptmann in der christdemokrati-schen Wochenzeitung *Carrefour*. Damals, im Juni 1946, lag mir allerdings weniger daran, die literarischen Leistungen des Nobelpreisträgers zu würdigen, als seine Einstellung zum Nazi-Regime gerecht zu beschreiben:*

... Die Nazis sehen in ihm den Pazifisten und Humanisten, und er selbst spürt deutlich, daß mit Hitler ein Deutschland triumphiert, das alles andere als das Vaterland seiner Träume darstellt. Doch er glaubt sich zu alt, um zu

* Vollständiger Text in *Mit Deutschen streiten*

emigrieren, er hängt zu sehr an seinem friedlichen Leben und an seiner wunderbaren Bibliothek ... Er resigniert, aber er erniedrigt sich nicht ... Während der nun folgenden zwölf Jahre tritt Hauptmann nur einmal mit einer Rede an die Öffentlichkeit. Sie ist an die Deutschen in Übersee gerichtet und enthält den zweideutigen Aufruf, der Kultur ihres Vaterlandes treu zu bleiben. Hauptmann verabschiedet sich darin von ihnen mit einem einfachen »Lebt wohl« und nicht mit dem zwangsläufigen »Heil Hitler«. Nie jedoch hat er aufgehört, neue Werke zu veröffentlichen. Nie hat er gegen irgendeinen Akt des Hitler-Regimes protestiert. Es hat ihm dazu der Wille, wenn nicht der Mut gefehlt, seine Ruhe und sein Wohlbehagen der Verteidigung von Ideen zu opfern, die doch im Grunde die seinen geblieben waren ... Trifft das alles nicht auf viele Deutsche zu, ja auf ein ganzes Deutschland ... auf diejenigen, die durch ihre Passivität die Verletzung von Verträgen und den Schrecken der Konzentrationslager möglich gemacht haben? Heute muß es bitter dafür bezahlen ...

Als »Hauptmann-Spezialist« hatte ich zum Tod des Dichters die Chance bekommen, solches schreiben zu können. Im übrigen war ich 1946 darauf angewiesen, durch Zeitungsartikel meinen Lebensunterhalt zu verdienen – auch ohne besonderen Anspruch auf Weltveränderung! Dies gelang auf zweifache Weise. Ich erhielt die Rundfunk-Chronik in *Tour-à-tour, L'hebdomadaire de la famille* (Die Wochenzeitung für die Familie). Damals entdeckte ich die Macht der »öffentlichen Meinung« über die Herausgeber. Da ich wegen des Studiums kaum Zeit hatte, Rundfunk zu hören, waren meine Artikel nicht besonders prägnant. Der Direktor bestellte mich zu sich und sagte mir, meine Mitarbeit entspreche nicht seinen Erwartungen. Ich schrieb also an einige Bekannte in verschiedenen Städten. Alle schickten Briefe an die Zeitung, in denen sie meine Rubrik rühmten. Der Direktor sagte mir daraufhin: »Das Publikum ist nicht meiner Meinung. Behalten Sie Ihre Chronik!«

Wichtiger für meine Zukunft war im Rückblick meine Mitarbeit am *Wochenkurier*, einer Zeitung, die das Kriegsministerium für die deutschen Gefangenen veröffentlichte. Im Frühjahr 1947 wurde er in *Neuer Kurier* umbenannt und fortan vom Kriegs- und Arbeitsministerium gemeinsam herausgegeben. Tausende von Kriegsgefangenen hatten das französische Angebot angenommen, als *travailleurs libres* (freie Arbeiter) in Frankreich zu bleiben, anstatt in das hungernde Deutschland zurückzukehren, und sie sollten mit Informationen versorgt werden. Es war gewiß unverfroren, in einem solchen Blatt über Frankreich zu schreiben, ohne dieses Deutschland zu kennen. Der Direktor, ein gutmütiger Reserveoffizier, und der Chefredakteur, ein aufgeschlossener, warmherziger, aufbauender Emigrant, Albert Preuß – später Vertreter des DGB in Frankreich und bis zu deren Eingehen im Jahre 1992 Herausgeber der Nachfolgezeitschrift *Pariser Kurier* –, waren mit einer Erkundungsreise nach Deutschland einverstanden, sobald ich mit der *agrégation* fertig sein würde.

Gleich nach der Verkündung der Resultate fuhr ich los. Laut *Ordre de mission* – auf Briefpapier und mit Stempel des Kriegsministeriums – war »Monsieur Alfred Grosser, agrégé de l'Université, rédacteur libre (freier Redakteur) au ›Neuer Kurier‹« beauftragt, auf eigene Kosten in allen Regionen Deutschlands, die ihm erreichbar sein würden, eine »Enquête« über die Lebensbedingungen in Deutschland durchzuführen, die nach seiner Rückkehr im *Neuen Kurier* veröffentlicht werde. Dank dieses Papiers erhielt ich dann von der Französischen Militärverwaltung einen blau-weiß-rot gestreiften zweisprachigen *Laissez-Passer or Pass*, der mich als Journalisten auswies. Ein weiterer Schein des Interzonal Facilities Bureau-US öffnete mir als »Personnel of the French Occupation Forces« alle Reisemöglichkeiten in der Amerikanischen Zone. Von britischer Seite erhielt ich eine wunderschöne Correspondent's Accreditation Card mit dem großen roten Aufdruck PRESS.

Die Reise dauerte vom 11. August bis zum 20. September. Sie führte mich nach Mainz, Koblenz, Trier, Neustadt, Baden-Baden, Karlsruhe, Heidelberg, Mergentheim, Ansbach, Crailsheim, Nürnberg, Erlangen, Pretzfeld, Frankfurt, Hannover,

Hamburg, Essen, Düsseldorf, Köln und wieder Koblenz. Mein ausführliches Tagebuch aus dieser Zeit macht es mir heute möglich, meine Erinnerungen aufzufrischen und zu ergänzen. Doch auch ohne dieses Hilfsmittel wäre mir immer klar gewesen, daß eigentlich die Kenntnisse und Erkenntnisse, die ich in jenen Wochen gesammelt habe, die dauerhafte Grundlage meines Wissens und meiner Einstellung zum Nachkriegsdeutschland waren.

Es galt, die Augen offen zu haben und offene Türen zu finden. In der französischen Besatzungszone erwies sich dies als leicht, weil ich von Landes- und Kreisbeamten nicht als Journalist, sondern als »universitaire« eingestuft wurde und als Germanist einen Anspruch darauf zu haben schien, vernünftige und offene Gespräche führen zu dürfen. Auch wenn die Fragen über den Alltag und die Grundlagen der Besatzungspolitik kritisch waren. Vor allem nach Kontakten mit den »Besetzten«, die dem Besucher ohne Machtfunktion offener gegenübertraten. Dem jungen deutschsprechenden, offensichtlich wohlmeinenden Besucher und »Untersucher« aus Frankreich erzählte man nämlich viel und gern. Man – das waren einerseits Regierungspräsidenten, Stadtdirektoren, Parteifunktionäre, andererseits junge Menschen, die ich durch Zufall traf oder auf Empfehlung aufsuchte.

Die zerbombten Städte waren bereits seit zwei Jahren in Bild und Schrift dargestellt worden. Wie aber konnte verwaltet, konnte – in jeder Hinsicht – wieder aufgebaut werden? Der Stadtdirektor von Essen und der Regierungspräsident von Rheinhessen gaben mir Einblicke in die Bestrebungen und Möglichkeiten der neuen deutschen Verwaltungen. Ein langes Gespräch in Trier mit dem Landrat von Montabaur brachte mir mehr: Dr. Alois Zimmer flößte mir Bewunderung ein, und der Kontakt mit dem CDU-Landespolitiker ist dann nie ganz abgebrochen. Überhaupt war ich beeindruckt vom intellektuellen und geistigen Vermögen mancher Parteileute. So vom Leiter des Büros der Kommunistischen Partei in

Mainz, den ich unangemeldet um ein Gespräch gebeten hatte. Oder bei der SPD. Ich wußte, daß die Zentrale in Hannover war und kannte den Namen Kurt Schumacher, zumal ihn die französische Presse als wüsten Nationalisten darstellte. Ich war enttäuscht, als man mir an der Tür sagte, er sei nicht da, aber die Nummer Zwei der Partei würde mich empfangen. Von Erich Ollenhauer hatte ich noch nichts gehört, aber es kam zu einem langen, umfassenden Gespräch über die SPD, über die wirtschaftliche, gesellschaftliche, geistige Lage sowie über die schlechten Beziehungen zu Frankreich und zur französischen »Schwesterpartei«. Glücklicherweise gab es dort einige positiv eingestellte Verbindungsmänner wie den jüdischen Emigranten Cohen-Reuß und den ebenfalls jüdischen Auslandsexperten der Parteileitung Salomon Grumbach. Das Emigrantenschicksal meines Gesprächspartners wurde nur am Rande erwähnt, dafür um so mehr die Tragödie von Kurt Schumacher: Im Juli 1933 bereits im KZ, verkrüppelt aus den Lagern befreit, war er nun wegen seines eisernen Willens, den allmächtigen Alliierten Freiheiten abzutrotzen, als Chauvinist verschrien.

Daß auch bei den Deutschen eine Anti-Hitler-Vergangenheit nicht notwendigerweise Respekt verschaffte, das konnte ich insbesondere in zwei kleinen Orten feststellen, in denen gerade ein erbitterter Wahlkampf stattfand. Konz und Karthaus waren vielleicht im Rheinland, vielleicht im Saargebiet – zumindest wie Frankreich dieses durch einseitige Entscheidung erweitern wollte. Der rheinland-pfälzische Innenminister Steffan wurde ausgepfiffen, niedergejohlt mit Sprüchen wie: »Konz zur Saar immerdar!« Der Grund war einfach: Dank des französischen Wunsches, das Saargebiet zumindest wirtschaftlich an Frankreich anzuschließen, waren dort die Verpflegung und das »soziale Netz« viel besser als im Rheinland. In den folgenden Jahren habe ich mich in Frankreich gegen die französische Saarpolitik und für Presse- und Parteienfreiheit an der Saar wacker geschlagen. Aber seit der Kundgebung in Karthaus weiß ich, daß der »freie Volkswille« auch vom Zeitpunkt abhängt, zu dem er sich kundtut! Am Schluß meiner Reise konnte ich mich in Koblenz (damals Regierungssitz) mit Minister Steffan über seine Erfahrungen als Niedergebrüllter unterhalten und seine Bitterkeit, vor allem als ehemaliger Widerständler, verstehen lernen.

Besuche bei und Gespräche mit Rektoren und Professoren in Heidelberg und Erlangen, mit Priestern und Pastoren, mit Lehrern und Landwirten erweiterten meinen Blick; weniger jedoch als die Begegnung mit zweierlei Opfern. Ich wußte zwar, daß der Verband der Verfolgten des Nationalsozialismus (VVN) einflußreiche Kommunisten in seinen Reihen hatte und somit den damals als solchen entstehenden »Westen« besonders scharf kritisierte, aber die Analyse der Mängel der Entnazifizierung und der nur eher begrenzten Verwendung der ehemaligen Opfer war recht klar und überzeugend. Viel neuer und bewegender für mich waren jedoch die Schilderungen der Vertreibung: Die Berichte von lokalen Vertretern der Vertriebenenverbände – bestätigt von vertrauenswürdigen »einheimischen« Bürgern – ließen mich eine Tragödie entdecken, die ich meinen Landsleuten darzustellen mir vornahm.

Zusammen allerdings mit dem Mangel an Solidarität unter Deutschen. In München wurden die aus Polen Vertriebenen als mit allen Unsitten beladene »Polacken« bezeichnet, ein Wort, das, wie oben erwähnt, bereits von gutbürgerlichen Juden Ostjuden gegenüber verwendet worden war.

Abstoßendes und sogar Anekelndes war überhaupt viel zu sehen, vor allem in den Städten. Am Nürnberger Wall wurde ich im Dunkeln Zeuge des Verkaufs (oder eher des Ausleihens) eines Mädchen durch ihre Mutter an einen amerikanischen Soldaten für ein halbes Pfund Kaffee. Der Verlust der Würde in der Not! Einiges in dieser Hinsicht hatte ich im besetzten Frankreich schon beobachtet, aber in Deutschland schien manches weiter oder tiefer zu gehen. Die Städte waren allerdings zerstörter, die Schwarzmarktpreise noch horrender, der zwei Jahre nach Kriegsende weiterbestehende Mangel extrem entmutigend. Auch durfte man nicht voreilig urteilen. Nicht jeder hatte Zugang zum Schwarzen Markt. In Mainz schenkte ich einem zerlumpten kleinen Jungen ein Bonbon. Andere Kinder hatten es gesehen. Sie bildeten einen Kreis und reichten sich das kostbare Süß weiter, nachdem jedes es einige Augenblicke gelutscht hatte. Als ich diese Szene in meinem Zeitungsbericht beschrieb, fügte ich hinzu: »Genauso wurden hinter Lagerstacheldrahtzäunen auch Zigaretten Zug für Zug geraucht.«

Nicht jeder Herumlungernde war entwürdigt. Der zwölfjährige »Galgenvogel«, der meinen Koffer am Trierer Bahnhof auf einen kleinen Karren laden wollte, war Schüler der sechsten Klasse. Er hoffte, eine Schlosserlehre machen zu können. Mit Botengängen half er dem Vater, das Haushaltsgeld für die sechsköpfige Familie aufzubringen. Der Vater verdiente als Dreher 160 Mark im Monat. An guten Tagen – mit ausländischen Reisenden und Expreßzügen – brachte der kleine Willi Witzmann mehr als 100 Mark nach Hause. Und aus zwei Gesprächen mit ihm und den Seinen habe ich mehr gelernt als durch manchen von »denen da oben«.

Willi war ein »Partikel« jener deutschen Jugend, über die ich am meisten erfahren wollte. Am 23. August geschah dies auf ganz besondere Weise: Ich wurde nämlich von Karl Jaspers in Heidelberg empfangen, in der kleinen Wohnung, die ihm eine evangelische Mission zur Verfügung gestellt hatte. Kaum jemand hat mich bis heute so stark beeindruckt wie er: sowohl durch seine körperliche wie seine geistige Statur. Bevor wir uns über seine französischen Kontakte unterhielten, bekam ich eine gute Antwort auf eine dumme Frage. »Was halten Sie von der deutschen Jugend heute?« – »Ich kenne meine Studenten, ich kenne andere junge Deutsche, aber *die* deutsche Jugend kenne ich nicht. Allerdings, wenn Sie unbedingt eine Gesamtübersicht brauchen, so ist es noch besser, nach einer wenn auch unvollständigen Enquête zu verallgemeinern, als vorgefaßte Meinungen zum Ausdruck zu bringen, die ohne Bezug zur Wirklichkeit sind.« Das war richtig und gut – nur daß Karl Jaspers selbst ungerechte, negative Verallgemeinerungen über die Bundesrepublik in den sechziger Jahren geäußert hat, nachdem er Heidelberg bald wieder verlassen hatte und auf Distanz nach Basel zurückgekehrt war.

Jugendliche habe ich nicht wenige getroffen; von den Pingpongspielern in Neustadt/Weinstraße, die ich zuerst durch mein Können überzeugte (der einzige Sport, den ich einigermaßen in Turnieren praktiziert hatte), bevor sie über sich erzählten, bis zu den Primanern einer Waldorf-Schule in Hamburg, mit denen ich beinahe einen vollen Tag verbrachte und die bei meiner Schilderung der Nazi-Greuel in Tränen ausgebrochen waren, mit der beschwörenden (und völlig glaubwürdigen) Versicherung, nichts davon gewußt zu haben. Die Schule war mir in Frankfurt empfohlen worden: Sie war von Anthroposophen, Rudolf-Steiner-Verehrern, zu denen auch Marianne und ihre Familie gehörten, gegründet worden.

Ich war ja nicht nur ein wissenwollender Franzose, diese Reise war auch ein Zurück zur eigenen Kindheit. In Laudenbach bei Bad Mergentheim besuchte ich die Familie von Therese. Die Gebrüder Heck fragten viel nach ihrer Schwester in Saint Germain. Ich stellte nicht allzu scharfe Fragen über das Leben der Familie seit 1933. Eher nebenbei erfuhr ich, daß Thereses Sozialversicherungsbeiträge über die Jahre regelmäßig aus Laudenbach bezahlt worden waren, was sie nun zu einer Pension berechtigte. Was ich in Laudenbach an Widersprüchlichem empfand, wurde mir im Rückblick in den achtziger Jahren durch den Film *Heimat* aufs neue klar.

In Frankfurt (eigentlich im Vorort Eschersheim) verlief mein Aufenthalt ganz anders. Es war, als hätten die langen Jahre der Trennung die Freundschaft nur vertieft: mit Marianne Vatter, die wie ihre Mutter Fotografin geworden war, mit dieser und ihrem zweiten Mann, dem Architekten Karl Molzahn. Auch Mariannes Freund und zukünftiger Gatte Fritz Ewald (später

Professor für Zoologie) war während meines zehntägigen Aufenthalts in Eschersheim oft mit dabei und äußerte scharfe und solide Meinungen. Ich war meist vom späten Vormittag bis zum späten Nachmittag in der Stadt, um Gespräche zu führen (und auch an unserem total zerbombten Haus vorbei in unserem ehemaligen Viertel etwas herumzulaufen). Ansonsten gab es endlose gegenseitige Berichte im selbstgebauten Haus oder im Garten. Nicht nur mein Wissen um Deutschland hat sich in diesen Tagen enorm vergrößert, mein Einfühlungsvermögen noch viel mehr. Was wieder nicht heißen soll, daß ich die jüngste Vergangenheit jedes Frankfurter Gesprächspartners mit Sympathie nachvollziehen konnte oder zornlos von einem Besuch bei der Frankfurter Ärztekammer zurückgekommen wäre, wo man sich anscheinend noch nie die Frage gestellt hatte, ob man 1933 zugunsten meines Vaters nicht die Stimme hätte erheben können.

*

Nach der Reise war ich fest entschlossen, nicht nur für den *Neuen Kurier* einen ausführlichen Bericht zu schreiben. Die Zeitung, von der ich träumte, war *Combat*. Sie war zunächst als Untergrundorgan der gleichnamigen Widerstandsbewegung erschienen und nach Kriegsende, vor allem durch die Leitartikel von Albert Camus, eine Art moralische Instanz in der Politik für manche Zwanzigjährige meiner Art geworden. Ich wollte zu Claude Bourdet gehen, dem damaligen Herausgeber, der einer der Mutigsten im Widerstand gewesen war und die Lager überlebt hatte. An seiner Stelle empfing mich der Chefredakteur. Ich erzählte etwas von meiner Reise und sagte, ich hätte mehrere Artikel anzubieten.

»Ich habe schon einen Bericht über die deutsche Jugend.«
»Aber nicht so gut wie meinen!«
»Ja, zeigen Sie mir mal Ihre Artikel.«
»Sie sind noch nicht geschrieben, aber in wenigen Tagen bringe ich sie Ihnen.«

Er sagte zu, und Ende Oktober 1947 wurde in der Tat meine Reihe »Jeunesse d'Allemagne« (absichtlich nicht »Jeunesse allemande«) veröffentlicht. Allerdings gekürzt: Ich hatte sieben lange Artikel geschrieben und mußte sie so bearbeiten, daß nur vier übrigblieben, die glücklicherweise nicht besonders kurz zu sein hatten.*

Die Reaktionen waren erstaunlich positiv – außer auf seiten der Besatzungsbehörden, weil ein Artikel den Besatzungsalltag recht kritisch schilderte. Auf französischer Seite erhielt ich viel Zustimmung, die mir schließlich meine Stellung im *Comité d'échanges* eintrug. Und auf deutscher Seite geschah etwas völlig Unerwartetes. Die Hamburger Jugendwochenzeitung *Benjamin* brachte eine Initiative zustande: Deutsche Jugendliche sollten als Akt der Sühne beim Wiederaufbau des französischen Dorfes Oradour-sur-Glane mithelfen, das von einer Waffen-SS-Einheit 1944 zerstört worden war – wobei alle Männer erschossen und alle Frauen und Kinder in der Kirche verbrannt wurden. Der Aufruf von *Benjamin* (zu dessen Redaktion der spätere Protagonist der *Spiegel*-/F. J. Strauß-Affäre, Conrad Ahlers, gehörte) begann folgendermaßen:

Die Zeit ist reif: Es weiche der Haß!

»Der andere Einwand ist schwerwiegender, weil er ein tiefes Unverständnis für die Lage der deutschen Jugend offenbart. Es ist zu früh – so scheint es manchen –, junge Deutsche nach Frankreich kommen zu lassen. Auf was will man denn warten? Etwa darauf, daß die Franzosen die Besatzungszeit vergessen haben, die Erschießungen oder die Lager? Man muß das Gegenteil hoffen, daß sie das niemals vergessen! Gerade in dem Gedanken daran sollten sie die jungen Menschen von drüben empfangen, um eine Wiederkehr ähnlicher Schrecken zu vermeiden. Voller Unruhe sucht die deutsche Jugend ihren Weg. Wenn sie sich isoliert und auf immer ausgestoßen fühlt, läuft sie die Gefahr, völlig entmutigt zu werden, um sich dann auf die erstbeste Ideologie zu stürzen, die ihr eine glänzende Zukunft verspricht – und wäre es auf Kosten anderer Länder . . . Ich möchte glauben, daß es noch nicht zu spät ist!«

* Voller Text in *Mit Deutschen streiten*

So schrieb der Sonderkorrespondent der französischen Zeitung »Combat«, Alfred Großer [sic!], am 31. Oktober dieses Jahres. Der Charakteristik, die Großer von der deutschen Jugend gab, brauchen wir kaum etwas hinzuzufügen. Aus zahlreichen Leserbriefen, aus vielen nächtlichen Gesprächen mit anderen jungen Deutschen wissen wir, wie sehr man sich bei uns danach sehnt, am Aufbau einer Welt der größtmöglichsten Freiheit und Gerechtigkeit mitzuwirken.

Das Dorf Oradour lehnte das Angebot von *Benjamin* ab, aber es gab in Frankreich wie in Deutschland viele positive Reaktionen. Für mich war natürlich das Anfangszitat eine große Ermutigung, und sei es nur dazu, weiterhin Journalismus mit moralischem Anspruch, Berichterstattung mit Aufzeigen der Widersprüche des Lesers zu verbinden. Im Schlußartikel ging es um die mangelnde Logik der französischen Haltung, die darin bestand, einerseits den vergangenen und den für die Zukunft zu befürchtenden deutschen Nationalismus anzuprangern, gleichzeitig den jungen Deutschen zu verweigern, mit dem Ausland Kontakt aufzunehmen und die Außenwelt kennenzulernen, um ihnen dann vorzuwerfen, sie nicht zu kennen.

Was ich während meiner Reise nicht entdeckt hatte, war, daß schon viel mehr Positives geschehen war, als ich glaubte. Im Sinne einer Mitverantwortung ohne allzuviel Bevormundung. Auch in der britischen Zone, wo der Jugendhof Vlotho, geleitet vom Engländer Nigel Spicer und dem ehemaligen deutschen Oberst Klaus von Bismarck, unter internationaler Zusammenarbeit jungen Deutschen den Blick auf die Welt ermöglichte. Noch mehr aber in der französischen. Es gab dort zugleich – und mitunter im Widerspruch zueinander – eine Kulturpolitik der französischen Beeinflussung, mit positiven, aber auch negativen Erscheinungen, und eine Jugendpolitik der aufklärerischen Öffnung, dank der ersten deutschfranzösischen Begegnungen. An der Spitze der Jugendarbeit stand Jean Moreau, ein Mann, der später in Marokko, dann lange Jahre bei der EWG in Brüssel, zielgerecht und zieltreu ähnliches leisten sollte. Und mit ihm eine bis heute im hohen Alter noch warmherzige, umsichtige, begeisterungsfähige Frau, Geneviève Carrez. Für die »culture populaire«, die Erwachsenenbildung, war ein ehemaliger Dachau-Häftling deutschen Ursprungs, Joseph Rovan, verantwortlich. Durch sie wurde ich zunächst über das Geleistete informiert und dann ab 1948 in manches eingespannt.

Bereits im Frühjahr wurde mir der Vorsitz einer Journalistenbegegnung in Speyer übertragen. An einem festlichen Abend spielte ein junger Mann am Klavier Jazz-Musik, während ich nur Augen hatte für eine besonders hübsche und sympathische junge Deutsche. Es stellte sich bald heraus, daß die beiden verheiratet waren, bereits einen Sohn hatten und daß er, Helmut Greulich, die Justiz-Chronik der *Rhein-Neckar-Zeitung* schrieb; mit viel Mut und sozialem Einfühlungsvermögen. Die Freundschaft ist immer geblieben, insbesondere als er zum Fernsehen ging und mit demselben Mut die Jugendsendungen *Direkt* und dann die medienkritische Reihe *Betrifft Fernsehen* beim ZDF schuf, von der noch die Rede sein wird.

Im Sommer 1948 hielt ich Vorträge bei verschiedenen deutsch-französischen Jugendtreffen an Mosel und Rhein, mit einem längeren Aufenthalt am Dolmetscher-Institut Germersheim, wo ich an einem Sommerkurs mit Vorträgen und Seminaren (u. a. über Camus, Sartre, Mauriac) teilnahm. Rektor Schramm wurde für mich ein Beispiel des negativen Deutschland. 1948 verbeugte er sich untertänigst (nicht von ungefähr heißt es auf deutsch »einen Diener machen«), ein Jahr später streckte er einem die Hand waagerecht entgegen, nach Eintreten des Wirtschaftswunders nur noch leutselig-herablassend von oben. Aber ich lernte viel von meinem viel älteren, etwas vergangenheitsbelasteten »Kollegen«, dem Philosophen Otto Friedrich Bollnow. Ich hatte jedenfalls genügend gesehen, um in *Le Monde* – mein erster Beitrag für diese Zeitung – eine nüchtern-wohlmeinende Bilanz zu ziehen.

Ich hatte 1947 aber noch nicht genügend gesehen, was außerhalb der Besatzung von Franzosen schon geleistet worden war. Vor allem von einem Jesuiten, Pater Jean Du Rivau, der in Offenburg eine auf Dauer bestimmte Einrichtung gegründet und mit der Veröffentlichung zweier Zeitschriften begonnen hatte, die bis heute ihrem anfänglichen Geist treu geblieben sind: *Dokumente*, zur Information der deutschen Leser über Frankreich, *Documents*, zu der der französischen Leser über Deutschland. Er und seine Mitarbeiter organisierten 1948 in der ehemaligen Abtei zu Royaumont, nicht weit von Paris, eine Begegnung zwischen deutschen und französischen Schriftstellern. Ich wirkte als vermittelnder Teilnehmer und Dolmetscher mit. Dabei entstanden eine herzliche Beziehung zu Emmanuel Mounier und eine dauerhafte Freundschaft mit dem von mir stets bewunderten – wenn wir auch später so manchen Disput miteinander hatten – Walter Dirks, Mitherausgeber der *Frankfurter Hefte*, die weitgehend auf derselben Linie lagen wie Mouniers Zeitschrift *Esprit*.

Mounier und Dirks waren echte Katholiken. Zugleich fand ich wieder Zugang zu den französischen Protestanten, und zwar durch eine Mitarbeiterin der evangelischen Wochenzeitung *Réforme*, die ich in Deutschland getroffen hatte. Nachdem ich mit dem humorvollen, frommen, herzlichen Herausgeber Pastor Albert Finet Freundschaft geschlossen hatte, wurde ich ständiger Mitarbeiter für deutsche Fragen.

Eine regelmäßige Medientätigkeit hatte ich bereits im März aufgenommen. Der staatliche französische Rundfunk hatte eine Deutschland-Abteilung eingerichtet, deren Leitung dem jüdischen Historiker Henri Brunschwig, Verfasser eines heute noch vielzitierten Buches über Staat und Gesellschaft in Preußen am Ende des 18. Jahrhunderts, anvertraut wurde. Er schlug mir vor, regelmäßig Sendungen für die deutsche Jugend zu machen, was ich auch tat, sooft wie möglich im Dialog, im allgemeinen mit dem Jugend-Team des Hessischen Rundfunks.

Der Frankfurter Medienwelt habe ich noch direkter angehört. Im August hatte ich die Chefredaktion der *Frankfurter Rundschau* aufgesucht. Nach einem Gespräch mit Karl Gerold und Erich Lissner entstand der Gedanke, mich zu einem der Korrespondenten in Paris zu machen. Zuerst kam ein Probeartikel über Sartre. Ich schrieb an Lissner: ». . . ich muß Ihnen leider verweigern, mein Geburtsdatum drucken zu lassen – da viele der Sachen, die ich mache, mir durchaus erschwert würden, wenn die Leute wüßten, wie jung ich bin.« Anfang Oktober schrieb mir Karl Gerold, daß es zu einem Vertrag kommen sollte. Aber es wäre schließlich zuviel Arbeit und der Fondation Thiers gegenüber auch nicht zu verantworten gewesen. So blieb es bei einigen Beiträgen über französische Politik.

Daß man in Deutschland nicht zu jung sein durfte, hatte ich bei meiner ersten Einladung nach Hamburg entdeckt. Bei Ankunft des Zuges fand ich den Gastgeber auf dem Bahnsteig, ging auf ihn zu und sagte meinen Namen: »Ach, Sie sind wohl der Sohn des Redners!« Ich selber war mir meiner jungen Jahre durchaus bewußt, als ich im Dezember 1948 zum erstenmal in der würdigen Alten Aula der Universität Heidelberg sprach. Allerdings verging jegliche mögliche Scheu bei der Herzlichkeit des Empfangs durch den Dekan der Philosophischen Fakultät. Daß er Germanist war, war nicht bemerkenswert. Aber daß er Schweizer war, zeigte eine Öffnung des Universitätssystems, die in Frankreich bis heute noch nicht ganz erfolgt ist. Professor Gerhard Hess ist dann ganz in Deutschland geblieben. Mein letzter Besuch bei diesem Freund fand kurz vor seinem Tod in Konstanz statt, wo er im Ruhestand lebte, nachdem er als Gründungsrektor die dortige Universität gestartet hatte.

Nicht immer habe ich mich jedoch mit einem Gastgeber angefreundet. Anfang September 1948 hielt ich eine öffentliche Rede in Freiburg. Der Oberbürgermeister sprach die einleitenden Worte und sagte: »Wir wissen, was Krieg bedeutet, seit unsere Stadt so schrecklich bombardiert worden ist.«

Meine ersten Worte mußten also lauten: »Da liegt für mich das Problem: Konnten Sie nicht verstehen, was Krieg bedeutet, als die Bomben auf Coventry und Rotterdam gefallen sind?« Ja, ich mußte so sprechen, denn sonst wäre ich mir und der Sache, für die ich sprach, untreu geworden . . .

*

Welche Sache? Diejenige, die sich für mich weitgehend in einem Verein verkörpert hat, der mich von 1948 bis 1967 viel »nebenamtliche«, »ehrenamtliche« Arbeit gekostet, mir aber auch Freude gemacht hat: das *Comité français d'échanges avec l'Allemagne nouvelle.*

Die Initiative kam von Emmanuel Mounier. Seit einigen Jahren gibt es in Frankreich eine heftige, manchmal mit Schlägen unter die Gürtellinie verbundene Debatte um die politische Stellung des Gründers des Personalismus zu Beginn der dreißiger Jahre und während des ersten Jahres der Vichy-Regierung, bevor seine 1932 gegründete Zeitschrift 1941 verboten wurde. Noch heute habe ich meine anfängliche Meinung nicht geändert. Mounier hatte zu jenen gehört, die zwischen den Weltkriegen von der parlamentarischen Demokratie und von der gesellschaftlichen Ungerechtigkeit in der Industriegesellschaft bitter enttäuscht worden waren. Aber diese Enttäuschung im Rückblick als faschistisch zu bezeichnen ist – jedenfalls für mein Empfinden – skandalös, vor allem wenn es sich um jemanden handelt, der die Person und ihre Freiheit in den Mittelpunkt seiner Philosophie stellte. Unter dem Vichy-Regime kam Mounier ins Gefängnis. Deutschland gegenüber wollte er keine Überheblichkeit zeigen, nachdem es besiegt war, denn er konnte die französischen Sünden nicht vergessen, insbesondere den Verrat an der Tschechoslowakei 1938 in München. Und daß jeder für den anderen mitverantwortlich war und dessen Zukunft mitbestimmte, das durfte nicht nur für Einzelpersonen wahr sein. Im Oktober 1945 ließ er bereits Joseph Rovan einen Beitrag in *Esprit*

veröffentlichen, dessen Überschrift »L' Allemagne de nos mé-
rites« (Das Deutschland unserer Verdienste – das heißt, das
wir uns verdienen werden) eigentlich alles über unsere zukünftige Arbeit aussagte. 1947 erschein eine Sondernummer
der Zeitschrift, in der Deutsche über das zerstörte Deutschland schrieben.

Im Frühjahr 1948 lud Mounier einige Männer – ich muß es
meinen Leserinnen gestehen: es waren leider keine Frauen
darunter, obwohl nicht wenige in Frage gekommen wären –
in sein Büro in der rue Jacob ein. Daß ich dabei war als junger
Germanist, der die konkrete Arbeit vollbringen sollte, verdankte ich einerseits meinen Artikeln in *Combat*, andererseits
dem Vorschlag eines meiner Germanistik-Professoren, Joseph-François Angelloz, wenige Jahre später Gründungsrektor der Universität Saarbrücken.

Die Gründung eines Komitees wurde beschlossen, und
Mounier beauftragte mich, vor jeglicher Publizität weitere
Persönlichkeiten zu gewinnen. Unter ihnen den alten Elsässer
Jean Schlumberger, dessen Familie das von Deutschland beherrschte Elsaß verlassen hatte, der als Schriftsteller mit André Gide die berühmte *Nouvelle Revue Française* ins Leben
gerufen hatte und dessen ethisch motivierte Leitartikel in *Le
Figaro* mich sehr beeindruckt hatten. Hatte Schlumberger
doch im Oktober 1945 geschrieben: »Nach dem Versailler
Vertrag haben wir nur zu oft eine fatalistische Defensivhal-
tung eingenommen. Wir überließen unseren Gegnern die
Initiative. Wir fragten nur: ›Was werden sie (die Deutschen)
noch erfinden, um die Ordnung zu zerstören?‹ Wer mutig die
ihm zur Verfügung stehenden Kräfte verwenden will, darf nur
eine einzige Frage stellen: ›Was können wir erfinden, um eine
Ordnung zu schaffen?‹« Er sagte gleich ja. Leider kam die
einzige Absage von seinem engsten Freund, dem von mir so
bewunderten Schriftsteller Roger Martin du Gard. Er schrieb
mir Ermutigendes, fügte aber hinzu: »Je les ai trop haïs.« (Ich
habe sie zu sehr gehaßt.)

Als wir im Oktober 1948 mit einer Kundgebung an der Sorbonne an die Öffentlichkeit traten, konnte Mounier mit der Zusammensetzung der »Gründungsmannschaft« zufrieden sein. Alle hatten – mehr oder minder – durch Hitler zu leiden gehabt. Manche an Deutschland in zwei Weltkriegen. Ich war tief gerührt gewesen wegen eines Jaworts, das ich nicht in solcher Spontaneität erwartet hätte. Es stammte von Rémy Roure, dem innenpolitischen Leitartikler von *Le Monde*: Er war Kriegsgefangener im Ersten Weltkrieg und KZ-Häftling im Zweiten gewesen; seine Frau war im KZ Ravensbrück umgekommen, einer ihrer Söhne war gefallen. Juden waren dabei, ein Dominikaner, ein Jesuit, ein Pastor, nämlich Albert Finet; Germanisten wie Edmond Vermeil und Robert Minder, die die Besatzung Frankreichs als Unterdrückung erlebt hatten; dazu das Philosophen-»Team« der *Temps Modernes*, Jean-Paul Sartre und Maurice Merleau-Ponty. Das Präsidium war fünfköpfig: Mounier, Vermeil, Roure und zwei Männer, die dem Widerstand viel bedeuteten: Vercors und David Rousset, dessen Buch *Les jours de notre mort* dem französischen Publikum das KZ-System – aber nicht das der Vernichtungslager – aus eigener Erfahrung darstellte, wie zur gleichen Zeit in Deutschland Eugen Kogon mit seinem *SS-Staat*.

Was nicht publik wurde, war das politische Vorspiel. Trotz seiner christdemokratischen und konservativen Mitglieder war das Komitee doch eher links angesiedelt. Links bis wohin? Wenn Mounier und auch der Chefredakteur von *Esprit*, Jean-Marie Domenach, einer Versuchung beinahe erlegen wären, so jener, die Teilung der Welt in West und Ost nicht als eine Wirklichkeit anzuerkennen und zu lange manche Kommunisten nur als Kameraden im Widerstand und nicht auch als von Stalin beherrschte Gegner zu betrachten. Auch war die französische KP damals noch sehr machtbegierig. So beanspruchte sie zwei der fünf Vorstandssitze. Wir hatten nur an einen gedacht. Es war Robert Antelme, der schon ja gesagt hatte. Auch er KZ-Überlebender, auch er Verfasser eines würdigen, ergreifenden Buches. (Daß er später im Rückblick vor allem als Mann von Marguerite Duras betrachtet werden würde, konnte wirklich niemand ahnen!) Mounier beauftragte mich, mit der KP zu verhandeln. Der Gesprächspartner war Edgar Morin, bald danach aus der Partei ausgestoßen und heute zu Recht geschätzter Soziologe und Philosoph. Unser sehr freundschaftliches Gespräch führte dennoch zum Bruch: Wenn nur ein Kommunist unter den fünfen, dann keiner. Und dabei blieb es auch, denn Mounier sah ein, daß man nicht nachgeben konnte – und sei es nur, weil die Zusammensetzung ja kein parteipolitisches Politikum darstellen sollte.

Der Name des Komitees war lange diskutiert worden. *Comité français:* Es sollte keine deutsch-französische Gruppierung geben, weil wir ja als Franzosen in Frankreich und in Deutschland wirken wollten. *Comité d'échanges*: Das Wort Austausch war wesentlich, um jeden Gedanken einer »rééducation«, einer bevormundenden Umerziehung, beiseite zu schieben. *L'Allemagne nouvelle*: Wir dachten keineswegs an die Zeitung *Neues Deutschland* der SED. Wir wollten mit unserer Formulierung zwei Dinge klarstellen: Erstens, daß wir nichts mit dem vorigen, dem alten Deutschland zu tun hatten; zweitens, daß es ein neues Deutschland bereits gab. Sorgfältig lehnten wir einen Vorschlag ab, »pour l'Allemagne nouvelle« zu schreiben, denn dabei wäre der Gedanke der schon vorhandenen Partner untergegangen.

Die Satzung des Komitees enthielt nur drei wichtige Punkte. Alles andere war den Standard-Satzungen der Tausende von anderen »associations loi 1901« (= e.V.) entnommen. Zunächst das Ziel: »Die Deutschen über die französische, die Franzosen über die deutsche Wirklichkeit aufzuklären und diejenigen Deutschen zu unterstützen, die die Überlebenden und wieder aufkommenden Elemente des Nazismus bekämpfen und bereit sind, an einer Aufbauarbeit innerhalb der internationalen Gemeinschaft mitzuwirken.« Dann zwei

Einschränkungen: Dem *Comité directeur* (Kuratorium) durfte niemand angehören, der wegen »collaboration« mit dem Feind verurteilt worden war; dem Büro (Vorstand, Generalsekretär und Schatzmeister) durfte niemand angehören, der für das französische Außenministerium, das »Commissariat« für deutsche und österreichische Angelegenheiten oder für die militärische oder zivile Verwaltung der Besatzungszone tätig war. Wir wollten eben beweisen, daß wir keine »Kollaborateure« waren – und auch, daß wir unabhängig sein würden, schon um frei kritisieren zu können.

Jean-Marie Domenach wurde Schatzmeister – ohne Schatz, denn wir hatten herzlich wenig Geld. Ich wurde als *secrétaire général* bestätigt, und alle fanden es schön und recht, daß mir meine Mutter zur Seite stehen würde, als Vollzeitsekretärin des Komitees, zunächst gar nicht, später halbtägig bezahlt. Daß eine wenn auch kleine Struktur entstehen sollte, war der Wunsch aller: Wie viele aus Intellektuellen zusammengesetzte Komitees sind doch nach zwei oder drei Unterschriftensammlungen spurlos verschwunden! Auch sollte wenn nicht eine Zeitschrift, so doch ein etwas kämpferisches Informationsblatt entstehen. Ich wurde als Herausgeber beauftragt, diesen Wunsch zu verwirklichen.

Die erste Nummer von *Allemagne, Bulletin d'information du Comité français d'échanges avec l'Allemagne nouvelle* erschien im April 1949. Achtzehn Jahre lang ist es zunächst glücklicherweise, dann leider, leider bei der Startauflage von 5 000 Exemplaren geblieben, wovon nur ein Teil an zahlende Abonnenten oder Mitglieder ging. Diese erste Nummer erscheint mir heute noch bemerkenswert in ihrer Art, Farbe zu bekennen. Zwei Leitartikel, einer von Rémy Roure zum Thema »Es wird kein neues Deutschland ohne neue Deutsche geben« – und daß diese sich vermehren und erstarken, liege auch an uns. Ein zentraler von Emmanuel Mounier. Eine energische Absage an jegliche Gefühlsergüsse und an jegliches Vergessen. Noch mehr an das Verzeihen: Nicht daß wir kein Verzeihen gekannt hätten, doch »jeder darf nur die Schläge vergessen, die er selber erlitten hat; die Leiden anderer stehen für niemanden zur Disposition«. Das Ziel war, nüchtern zu informieren über die Realitäten beider Länder (zu denen natürlich die jüngere Vergangenheit gehörte), und nicht, schöngeistige Verbindungen zwischen Leuten herzustellen, die sich als kultiviert bezeichnen.

Edmond Vermeil berichtete über die Gründung des Deutsch-Französischen Instituts in Ludwigsburg, das von Theodor Heuss und Carlo Schmid im Herbst 1948 ins Leben gerufen worden war. Zwei nicht gezeichnete Glossen stammten aus meiner Feder. »De la zone à la trizone« enthielt ein Versprechen, regelmäßig deutschen Beschwerden über die Besatzungspolitik Platz einzuräumen. »L'esprit du Höllhof« lobte das Experiment eines Besatzungsbeamten, das noch zu beschreiben sein wird. Alain Clément, der Deutschland-Korrespondent von *Le Monde*, gab eine Analyse der Bedingungen der Innenpolitik im trizonalen Deutschland, das noch nicht die Bundesrepublik war. Joseph Rovan berichtete über Vlotho. Der Artikel »Der Standpunkt eines Deutschen« war von Walter Dirks. Ein Plakat kündigte einen Vortragsabend an der Sorbonne an. Am 9. Mai – kein Zufall! – sollte unter Mouniers Vorsitz Eugen Kogon, »co-directeur des *Frankfurter Hefte*, auteur de *Der SS-Staat (L'enfer organisé* – so hieß die französische Ausgabe)« zum Thema »L'Allemagne d'aujourd'hui« sprechen. Des weiteren gab es bibliographische Angaben und Informationen zu den Begegnungen, die von anderen für die kommenden Monate geplant waren.

Arbeitsräume hatten wir am Anfang nicht. Viel geschah in unserer kleinen Wohnung in Saint Germain, aber bald stellte uns eine befreundete Organisation, das *Centre d'échanges internationaux*, ein Bürozimmer zur Verfügung. Einzige – freundschaftliche – Gegenleistung: Wir sollten bei der Kontaktsuche in Deutschland helfen. Im Laufe des Jahres 1949 war also die Arbeit voll unterwegs.

Wie es zum Einstieg kam, ist leicht zu schildern. Aber wie vor drei Jahren bei meinem vorigen Buch *Verbrechen und Erinnerung* (in der deutschen Ausgabe mit dem schlimmen, mir fremden Titel *Ermordung der Menschheit* versehen*) beschäftigt mich die Frage erneut, die ich mir damals und während der folgenden Jahrzehnte vielleicht nicht eindringlich genug gestellt hatte: Woher kamen diese Selbstverständlichkeit, dieser Mangel an Hemmungen, diese kaum als solche empfundene Selbstüberwindung, um nach Deutschland zu gehen, um mit Deutschen zusammenzuarbeiten, um für das weitgehend noch gar nicht erneuerte Deutschland in Frankreich gewissermaßen zu werben?

Am Anfang war alles spontan, unüberlegt. Nach der Befreiung von Marseille, im September 1944, besuchte ich regelmäßig das Krankenhaus, in dem ein Freund an einem Granatsplitter in der Leber unter schweren Leiden langsam dahinstarb. Ein paar Betten weiter lag ein verletzter junger deutscher Gefangener, dessen Wunden schnell heilten. Bei jedem Besuch sprach ich mit ihm, am Anfang kurz, dann länger. Er war froh, sich auf deutsch unterhalten zu können. Sein Schicksal war banal. Er war als Siebzehnjähriger eingezogen worden, war vorher in der HJ gewesen, sein Vater war in Rußland gefallen, ein Bruder war verschollen. Seine Gedanken waren noch im großen ganzen diejenigen, die ihm eingetrichtert worden waren: Das Wort SS erweckte keine Abscheu, es gab noch den Führer, obwohl der Glaube an den Sieg dahin war. Wir waren beide neunzehn, und während wir uns unterhielten, empfand ich keinerlei Abscheu. Meine Tagebuchaufzeichnungen zeigen eher, daß ich ihn als zu belehrendes, zu bekehrendes Opfer betrachtete. Dies mit einem

---

* Die für Juli 1993 vorgesehene dtv-Ausgabe wird richtig *Verbrechen und Erinnerung* heißen.

recht kühlen Wissensdurst. Auch notierte ich, daß ich meine Sprache genau überwachen müßte, sollte es mir gelingen – eine meiner militärischen Hoffnungen in jenen Tagen –, als Kundschafter der französischen Armee hinter die deutschen Linien geschickt zu werden: Ich hatte den Ausdruck »Siegfried-Linie« verwendet, den er nicht verstand, bis er herausfand, daß ich den befestigten Gürtel meinte, den er *Westwall* nannte. Wie hat es geschehen können, daß solche Gespräche stattfanden, nur wenige Tage nachdem wir über das barbarische Schicksal meiner Tante und meines Onkels informiert worden waren?

Später war mehr Abstand da, aber die Haltung war dieselbe. Insbesondere im Dezember 1948, bei meinem Besuch auf dem »Höllhof«. Es war ein ehemaliges Bauernhaus im Schwarzwald, das wirklich so hieß. Ein französischer Kreisdelegierter hatte dort Kurse für ehemalige HJ-Führer organisiert, darunter auch ehemalige jüngere Waffen-SS-Leute. Jeder Kurs dauerte zwei oder drei Wochen. Einzige Verpflichtung: mit den geladenen Gästen – Mitglieder des französischen und auch des deutschen Widerstands, Verantwortliche aus Gewerkschaften und Politik – zu diskutieren, einen halben oder einen ganzen Tag lang. Spätere Vergünstigungen dank des Kurses: keine. Philosophie der Einrichtung: Viele sind Vorgesetzte ihrer Kameraden geworden, nicht weil sie ideologischer dachten und sprachen, sondern weil sie starke Persönlichkeiten waren, die andere beeinflußten; also werden sie dies auch in Zukunft tun; natürlich ist es da besser, ihnen die Öffnung zur wirklichen Welt zu ermöglichen, als sie als Geächtete zur Bitterkeit und zur Revolte zu verurteilen. Konnte man ihnen vorwerfen, nicht weltoffen zu sein, und ihnen zugleich diese Öffnung verbieten?

Ich ging hin, weil mich Monsieur Robert eingeladen hatte. Am Beginn meines Referats kamen die Wörter nicht ganz leicht, weil ich beim Sprechen dachte, daß wohl keiner der Zuhörer wenige Jahre davor den Befehl verweigert hätte, mich als Juden zu töten, durch einen Schuß, durch Erschlagen oder durch Hineinstoßen in eine Gaskammer. Aber schnell war ich ganz bei dem Versuch der aufklärerischen Beeinflussung.

Ganz erklären kann man kein Betragen und gewiß nicht das eigene. Eine Erklärung, die man mir hätte in Frankreich geben können, die mir aber zum Glück so gut wie niemand gegeben hat, wäre die eines beibehaltenen Deutschtums gewesen, das mich deutschen Verbrechen gegenüber allzu nachsichtig gemacht hätte. Für mich ist das um so unsinniger, als ich den Freunden und Bekannten meines Vaters, die mir vorwurfsvoll aus Amerika oder England schrieben, immer geantwortet habe: »Ihr seid unnachgebiger als ich, weil Ihr nicht nur an das Barbarische denkt, sondern Euch mit berechtigter Bitterkeit als ausgestoßene, verstoßene Deutsche empfindet, während ich als Mitglied der nicht in Deutschland Großgewordenen mich voll als Franzosen betrachte und erlebe.« Es ist jedoch wahrscheinlich – und ich stelle die Frage ausdrücklich und eindringlich im Vorwort zu *Verbrechen und Erinnerung* –, daß die Unbefangenheit viel geringer gewesen wäre, wenn ich persönlich mehr gelitten hätte. Sicher ist es nicht, denn ich kenne Frauen und Männer, die trotz der erschauten und erlittenen Greuel ähnlich dachten und handelten wie ich.

Aber es hat den Vorwurf gegeben – es gibt ihn noch, was eingehender zu behandeln sein wird –, nicht genügend als Jude reagiert zu haben. Wenn dies bedeuten soll, daß es eine besondere jüdische Verwerfung alles Deutschen geben müsse, dann ist es mir immer ein leichtes gewesen, diesen Standpunkt zurückzuweisen. Oft mit dem absichtlich provokatorischen Vergleich zwischen Antisemitismus und Deutschfeindlichkeit. In einem wesentlichen Punkt jedoch fühle ich mich im Rückblick schuldig.

Vor einigen Jahren war ich zunächst überrascht gewesen, als ich die von mir sehr verehrte Politikerin Simone Veil mit

Schmerz und einiger Bitterkeit sagen hörte, in den Jahren nach dem Krieg hätte man die Tatsache der Vernichtung der Juden als unbequem beiseite geschoben. Als ich aber meine ersten Schriften überprüfte, mußte ich feststellen, daß ich in der Tat ständig von Buchenwald und Dachau gesprochen hatte und wenig von Auschwitz, obwohl der Massenmord dort doch ganz anderer Art und viel grauenhafter gewesen war. Vielleicht weil meine Vorbilder von Anfang an jene Männer und Frauen gewesen sind, die Hitler bekämpft haben, ohne von ihm zuvor als Feind bezeichnet und behandelt worden zu sein.

Wenn ich einem Publikum klarmachen will, was für mich die geistigen Wurzeln der europäischen Einigung waren, so gebe ich heute noch die Namen dreier Mitbegründer der vielleicht ersten europäischen föderalistischen Bewegungen der Nachkriegszeit an (obwohl ich immer Kritik an ihren politischen Vorschlägen geübt habe): den Franzosen Henri Frenay, vor dem Krieg Offizier, dann Gründer und Leiter der Bewegung *Combat* (1948 sofort im Kuratorium des Komitees), den Deutschen Eugen Kogon und den Italiener Altiero Spinelli, der in Mussolinis Gefängnissen gelitten hatte und noch kurz vor seinem Tod als Abgeordneter des Europa-Parlaments in Straßburg zum Initiator des Europa-Vertrags von 1986 werden sollte.

Eine andere mögliche Deutung meines vielleicht allzu unbeschwerten Einstiegs läge bei einer unbewußten Verdrängung meines deutschen Ursprungs, obwohl ich nie ein Hehl daraus gemacht habe. Es ist wahr, daß ich eine Französin geheiratet habe, die aus der Haute-Provence stammt und vor der Heirat noch nie östlich von Paris gewesen war. Aber war es so überraschend oder abwegig, daß ich mich in eine meiner Doktorandinnen verliebt habe (und sie sich auch glücklicherweise in mich!), die 1958 unter meiner Leitung ihre Dissertation über die Politisierung der Streiks in Frankreich nach 1945 begann, ein Thema, das mir lag, weil ich damals in Bologna an der amerikanischen John Hopkins University über französische Gewerkschaften unterrichtete? Daß sie, als sie Deutsch lernen wollte, gezwungen war, dies im Pariser Goethe-Institut zu tun, weil ich ihr zu Hause keinen Deutschunterricht gab, ist gewiß schlimm. Noch schlimmer die Tatsache, daß unsere vier Söhne zu Hause kein Deutsch beigebracht bekommen haben und nur einer von ihnen es später richtig erlernte. Ist das ein Beweis einer gewissen Verleugnung meiner Wurzeln? Ich glaube es nicht, obwohl ich nicht ganz sicher bin, aus guten Gründen den Söhnen wenig von der Familiengeschichte erzählt zu haben. Eine Geschichte, von der ich selbst nie viel gewußt habe – aber vielleicht habe ich wenig wissen wollen, um eine Art absoluten Neuanfang machen zu können. Warum sie alle vier katholisch getauft wurden, gehört eher in ein anderes Kapitel dieses Buches, obwohl man auch hier eine Verleugnung sehen könnte. Ich glaube eher, daß ich immer zukunftsbezogen gewesen bin und daß gerade in diesem Sinn mein Engagement in deutschen Angelegenheiten die Vergangenheit nur als Wurzel der Zukunft, nicht als zukunftsverneinende Rückbetrachtung benutzt hat.

Beweisen kann man nie, daß eine geistige Einstellung nicht irgendwie durch eine psychologische oder psychoanalytische Verdrängung bedingt wurde. Aber ich muß gestehen, daß die beiden Erklärungen, denen ich für die Beschränktheit meiner Vorbehalte den absoluten Vorrang gebe, mir bei weitem die überzeugendsten zu sein scheinen.

Einerseits die guten menschlichen Erfahrungen, die ich in der Anfangszeit ständig machen durfte. Wie hätte ich nicht den Wunsch gehabt, die Bestrebungen dieser Menschen zu unterstützen, ihre Enttäuschungen mitzutragen, stolz darauf sein zu dürfen, an ihren Erfolgen ein wenig teilgenommen zu haben? Die Liste wäre lang. Frankfurt ablehnen wegen der Verantwortung so vieler an unserem Exil? Aber als mich im April 1948 der Oberbürgermeister zum Gespräch über die Stadt empfing, so war der durch die Hitler-Haft krank gebliebene Walter Kolb doch auch ein Opfer gewesen – ein Mann, der nun mit Mut und Umsicht, trotz Skepsis und im Bewußtsein der Schwächen und Ungerechtigkeiten seiner Mitbürger, den Versuch machte, den Wiederaufbau der Häuser und der Geister positiv zu gestalten.

Nach der Wiedervereinigung wird in Deutschland erneut eine Behauptung verbreitet – besonders von Intellektuellen –, die mir immer als skandalös erschienen ist. Die Demokratie in der Bundesrepublik sei lediglich von den Besatzungsmächten – vor allem von den Amerikanern – eingeführt und auferlegt worden, also ohne Verdienst der Deutschen. Übrigens auch ohne daß man dafür den ungeliebten Amerikanern irgendeinen Dank schuldig wäre! An der Spitze der Länder, in den Rathäusern, in Parteien und Gewerkschaften, wie viele hart und selbstlos arbeitende Männer, denen sich heute alle Deutschen zum Dank verpflichtet fühlen sollten!

Als ich im Dezember 1986 die Festrede zum 40. Jahrestag des Hessischen Landtags in Wiesbaden halten durfte, verlas ich eine Stelle der damaligen Rede des Alterspräsidenten: »Der 19. Dezember 1946 wird in der Geschichte des Landes Hessen von größter historischer Bedeutung sein ... Wir danken es der verständnisvollen Förderung der amerikanischen Militärregierung, daß wir, in freier Wahl gewählte Vertreter der Bevölkerung Hessens, in so kurzer Zeit, nach dem ungeheuerlichsten Zusammenbruch, den wir in der Geschichte Deutschland erlebt haben, die Gestaltung unseres Schicksals in unsere eigenen Hände nehmen dürfen.« Gewiß war die Selbständigkeit nur eine sehr begrenzte gewesen, aber es muß doch gesagt werden, daß im Rückblick das Abseitsstehen moralisch schwieriger zu rechtfertigen war als das Mitwirken aus Mitverantwortung!

Moralisch? Es ist nun einmal so, daß ich von Kindheit an an gewisse Werte geglaubt habe und mit und von gewissen Werten gelebt habe; daß Menschen nicht nach Zugehörigkeiten mit Vorurteilen be- und verurteilt werden dürfen; daß jedermann sich verändern kann, wozu ihm der verständnisvolle Blick verhelfen mag. Genügt dies nicht, um die Spontaneität des Einstiegs zu erklären und zugleich zu rechtfertigen? Um so mehr als diese Grundeinstellung kein Verdienst ist, sondern ein Zusammenwirken von Temperament und Erziehung. Erziehung vor allem durch das Vorbild der Mutter.

In seiner Laudatio zu dem mir zuerkannten Friedenspreis sagte Paul Frank, 1975 Staatssekretär im Bundespräsidialamt: »Lebte sie noch, sie stände heute neben ihrem Sohn, den sie in seinen Bemühungen nicht nur nicht abhielt, sondern dem ihre Güte die unerschütterliche Gewißheit gab, daß er auf dem richtigen Weg war.«

Vor mir liegen zwei Dokumente. Ein »Besitzzeugnis«, ausgestellt am 24. August 1918: »Auf Allerhöchsten Befehl Seiner Majestät des Königs bezeugt die Generalkommission in Angelegenheiten der Königlich Preußischen Orden hierdurch, daß Seine Majestät dem Fräulein Lily Rosenthal in Frankfurt a. M. das Verdienstkreuz für Kriegshilfe zu verleihen geruht haben.« Das andere trägt das Datum 23. Januar 1962 und die Überschrift »Verleihungsurkunde«. »In Anerkennung der um die Bundesrepublik Deutschland erworbenen Verdienste verleihe ich Frau Lily Grosser, Frankreich, das Verdienstkreuz am Bande des Verdienstordens der Bundesrepublik Deutschland.« Es war unterzeichnet von Bundespräsident Lübke, wobei für uns das Gewicht mehr beim Amt als bei der Person lag.

Was war das Leben dieser Frau während der 44 Jahre gewesen, die zwischen den beiden Dokumenten liegen? Als 24jährige hatte sie, die sehr geborgen, gutbürgerlich lebte, die Tragik entdeckt und erlebt. Bis zu ihrem 18. Geburtstag hatte sie nicht ohne eine Gouvernante ausgehen dürfen. Da die Familie auf Kultur hielt, hatte sie oft mehrmals in der Woche Oper, Konzert oder Theater besucht. Das Büchlein, in dem sie alles notierte, ist erstaunlich, und sei es nur, weil während der Kriegsjahre offenbar alles weiterging wie vorher, auch mit

Werken französischer Komponisten: Massenet, Meyerbeer, Halévy und natürlich Gounods *Margarete* (Originaltitel: *Faust*) – 26. März 1916, 17. Juni und 18. Oktober 1917 – und Bizets *Carmen* – 16. April 1916, 25. Februar und 20. September 1917.

Im Büchlein steht nichts zwischen dem 3. Februar 1918 und dem 9. April 1919. Es gab dafür einen sehr persönlichen Grund: Der Verlobte, Max Koch, war an der Front gefallen. Einer meiner drei Vornamen – die beiden anderen sind die der beiden Großväter – erinnert an diese erste Liebe meiner Mutter, die immer eine Art Tochter geblieben ist für die alte Dame, bei der als »Oma Koch« meine Schwester und ich oft im Kronberger Garten gespielt haben. Die Heirat mit meinem Vater 1922 lag zwischen dem finanziellen Ruin der Eltern und der harten Zeit der großen Inflation. »Nach jedem Patienten kam dein Vater schnell aus dem Sprechzimmer, gab mir das Geld und sagte: ›Kauf schnell irgendwas. Bis morgen ist es ja doch nur noch die Hälfte wert!‹« Hitler – Emigration – Tod des Gatten – Notwendigkeit, sich mit noch nicht vierzig nur der Arbeit und den Kindern zu widmen – Krieg, Schließung des Heims, Flucht vor den Deutschen – Tod der Tochter … Das Wesentliche stand bereits am Anfang dieses Kapitels.

Und doch habe ich nie ein Wort des Hasses von ihr gehört. Sie wollte, daß ich die deutsche Sprache nicht verlerne und mich trotzdem voll als Franzose betrachte. So sprachen wir oft deutsch, wenn es um Gleichgültiges ging. Sobald es ernste Themen waren, sprach ich französisch und sie auch. Wenn ich von zu Hause weg war, insbesondere in Deutschland, schrieb ich ihr mindestens einmal pro Tag. Sie hat alle Briefe aufbewahrt, was mir natürlich bei der Niederschrift dieses Buches hilft. Wesentlich scheint mir aber, daß vom ersten bis zum letzten Brief aus Deutschland ich nur auf französisch geschrieben habe. (Randbemerkung: Da ich später meiner Frau auch immer im gleichen Rhythmus geschrieben habe, brauchte ich viel Zeit, wenn ich allein reiste.)

Von ihrer Jugend hat mir meine Mutter nie viel erzählt. So war ich überrascht zu lesen, was Theodor Heuss nach seinem Pariser Besuch als Altbundespräsident über sie an Tony Stolper schrieb:

(23. 1. 1960). »Sehr geglücktes ›intimes‹ Abendessen bei dem Gesandten Jansen mit den Ehepaaren François-Poncet und Speidel ... Ich holte mir nachher die Mutter des Prof. A. Grosser, eine Frankfurterin, die von allen gerühmt wurde, und mit Recht (Emigration gleich 1933 ...) ... Sie hat meine Rede in der französischen Übersetzung des Sohnes abgetippt und war begeistert, daß in meiner Rede Hallgarten drankommt, mit dem ihr Vater befreundet war. Auch Naumann für sie aus Kindheitsgesprächen völlig klare Figur. Solche Gespräche haben etwas sehr Bewegendes, weshalb ich davon noch zu Dir hinspreche ... *

Wie es Paul Frank gesagt hat, hat sie mich immer angespornt und selbst sehr viel Arbeit übernommen. Als meine Sekretärin, die auch meine Manuskripte tippte, noch mehr im Comité. Hier soll wieder Paul Frank das Wort überlassen werden. Nach ihrem Tod im September 1968 veröffentlichte *Die Zeit* einen langen, schönen Nachruf von ihm, begleitet von einem Foto aus ihrem letzten Lebensjahr. Da heißt es:

Im vergangenen Monat ist in Paris Frau Paul Grosser nach schwerer Krankheit gestorben. Sie dürfte dem großen Publikum beiderseits des Rheins weithin unbekannt geblieben sein. Viele junge Menschen jedoch, die in den letzten zwanzig Jahren den Wunsch gehabt haben, in Deutschland oder in Frankreich eine Austauschstelle zu finden, werden sich ihrer in Dankbarkeit erinnern ...

Im Jahre 1950 lernte ich Frau Grosser kennen. Es war in dem Jahr, als Wilhelm Hausenstein nach Paris kam, um als Vertreter der Bundesrepublik Deutschland nach dem Kriege die ersten Verbindungen zu knüpfen. Dies erforderte eine harte Tür-zu-Tür-Arbeit. Der feste Glaube an die Notwendigkeit der Aussöhnung und eine klare Haltung zur jüngsten deutschen Vergangenheit waren erforderlich.

... Der Gedanke, daß der Austausch zwischen Deutschland und Frankreich in *beiden* Richtungen lebendig sein müsse und daß es sich um ein neues Deutschland handele, lag der Arbeit zugrunde. Hier fand Frau Grosser als

* Theodor Heuss, *Tagebuchbriefe*, Stuttgart 1970

hauptamtliche Sekretärin ihr Betätigungsfeld ... 1946 hat Georges Bernanos über dieses deutsch-französische Verhältnis geschrieben: ›La plus haute forme de l'espérance, c'est le désespoir surmonté‹ – die höchste Form der Hoffnung ist die überwundene Hoffnungslosigkeit.

Das stille und bescheidene Wirken von Frau Paul Grosser hat die höchste Form der Hoffnung für einen Augenblick aufleuchten lassen.

Das Warum und Wozu ihrer Arbeit, Paul Frank hat es besonders prägnant in seiner Paulskirchen-Laudatio formuliert: »Damit sich die Jugend des Landes, das ihr das Liebste genommen hatte, mit dem Lande verstehe, das sie als freie Bürgerin aufgenommen hatte.«

Braucht weiter erklärt zu werden, warum ich so unbefangen einsteigen konnte und warum ich in einem nur auf französisch erschienenen Buch geschrieben habe, meine Lieblingsstelle im Neuen Testament sei ein Satz des Galater-Briefs (V,22), weil er bei mir immer die Erinnerung an meine Mutter wachruft? Es heißt dort: »Die Früchte des Geistes sind Liebe, Freude, Friede, Geduld, Güte und Sanftmut.«

II.

FÜR EIN NEUES DEUTSCHLAND

BERUF, BÜCHER UND BEGEGNUNGEN

»Berufung« und Beruf

Nichts ist für das Luthertum verhängnisvoller gewesen als die weitgehende Gleichsetzung von Beruf und Berufung. Wenn man seinen Beruf treu und redlich ausübt und daneben ein guter Gatte und Vater ist, so hat man seine menschliche und christliche Berufung erfüllt. Die Politik und das Regieren kann man dann getrost der Obrigkeit überlassen, die dazu berufen ist, den Beruf der Macht auszuüben. In Ernst Wicherts *Jeromin-Kinder* wie im Film *Heimat* von Edgar Reitz stellt der Autor gewissermaßen als Unterton die Frage: Wieso konnten solchen braven, ehrlichen Leuten solche Tragödien geschehen? Die Antwort ist, daß sie an diesen Tragödien nicht ganz unschuldig waren, da sie die Politik der fernen Macht willig überlassen hatten.

Nur ein ehrenwerter Germanist zu sein hatte mir von Anfang an nicht genügt. Nun, da ich das beglückende Gefühl hatte, ein wenig am Geschehen, an positiven Entwicklungen teilzunehmen, war die Versuchung völlig abhanden gekommen, als Berufung den Beruf eines Universitätsprofessors für Germanistik anzustreben. So einfach, wie ich es nun schreibe, war es allerdings nicht, denn die französische Germanistik war vielfältiger als die noch viel gegenwarts- und wirklichkeitsfremdere deutsche Romanistik.

Die meisten Universitäts- und Gymnasialprofessoren beschränkten sich in der Tat auf ein literatur- und geisteswissenschaftliches Deutschland vergangener Jahrhunderte. Als ich

1953 mein erstes Buch über Nachkriegsdeutschland veröffentlichte, gab es freundliche Reaktionen, die überwiegend betonten, ich hätte das gute Recht, eine solch interessante Schrift geschrieben zu haben, doch hätte sie aber natürlich nicht das geringste mit dem edlen Fach der Germanistik zu tun. Trotzdem gab es eine ganz andere Tradition: die der Nähe zur deutschen Realität mit ihren geistigen und materiellen Wurzeln, mit ihren gegenwärtigen Aspekten. Man konnte sich auf Charles Andler beziehen, der am Anfang des Jahrhunderts das wilhelminische Deutschland nicht nur seinen Studenten, sondern auch einer breiten Öffentlichkeit mit viel Wissen und guter Pädagogik einprägsam darstellte, wobei für ihn der »Pangermanismus« im Vordergrund stand. Edmond Vermeil war sein Schüler gewesen, hatte in der ersten Nachkriegszeit ausgezeichnete Analysen der Weimarer Republik veröffentlicht, ein großes Buch über die *Doktrinäre der deutschen Revolution*, das heißt die »linken Leute von rechts«, geschrieben und schließlich, kurz vor dem zweiten Krieg, ein wichtiges Buch, *L'Explication de l'Allemagne* (Die Erklärung Deutschlands), veröffentlicht, das dann prompt von der Besatzungsmacht verboten wurde. Vermeil ist später seinem Erklärungsmodell treu geblieben, das mich nie richtig überzeugt hat und gegen das ich oft an- und aufgetreten bin. Es ging ihm nämlich nicht nur um den berühmten »deutschen Sonderweg«, sondern um eine Art fatalistische Rückinterpretation der deutschen Geschichte. Da sie in Hitler gemündet hat, sind Luther, Nietzsche und Bismarck gewissermaßen Meilensteine auf dem Weg zum NS-Staat gewesen. Wenn dem aber wirklich so gewesen wäre, wenn also Hitler sozusagen den Gipfel der deutschen Geschichte dargestellt hätte, so hätte man, um seinen Einfluß zu vernichten, den ganzen Stamm durchschneiden müssen, um den Wipfel zu fällen – und somit Nachkriegsdeutschland entwurzeln müssen, mit allen Gefahren, und Konsequenzen, die eine solche Entwurzelung mit sich bringen mochte.

Aus wissenschaftlichen und aus politisch-pädagogischen Gründen habe ich mich immer dafür eingesetzt, daß Hitler als ein zwar dicker Ast, aber eben nur als ein Ast betrachtet werde, den man abhacken sollte, ohne das Wachsen anderer Äste zu behindern, die anderen Wurzeln desselben Stamms entsprachen. Um das klarzumachen, benötigte man aber ständig den Vergleich. Vergleich mit undemokratischen Entwicklungen in Frankreich, mit französischen wunden Punkten, wie die Massenerschießungen nach der Kommune oder wie manche mörderischen Ereignisse in den Kolonien. Dies setzte voraus, daß man viel vom eigenen Land, seiner Gesellschafts- und Geistesgeschichte wissen mußte, um dem Nachbarland gerecht zu werden. Leider war die Ignoranz der meisten, sogar der besten Germanisten über Frankreich und seine Realitäten eher unbegrenzt.

Dazu kam – in den Gymnasien wie an den Fakultäten – die zu Recht als unerfreulich erlebte Situation des Spezialisten. Er sollte Wissen über eine Nation verbreiten, die Ungeheuerliches vollbracht hatte. (Ich würde sagen: in deren Namen . . .) Die Älteren waren in den zwanziger Jahren mißtrauisch, aber doch hoffnungsvoll gewesen. Sie fühlten sich in ihrer Liebe zur deutschen Literatur, zur deutschen Philosophie durch den triumphierenden Nationalsozialismus zugleich enttäuscht und betrogen. Das Mißtrauen war also nach 1945 noch größer, was bei vielen zur Ablehnung jedes Kontakts, jeder Zusammenarbeit führte. Ab 1950 kam ein weiteres geistiges Phänomen hinzu, gegen das es später energisch anzugehen galt. Die Bundesrepublik erschien nicht als Erbe Hitlers, sondern als ein Hindenburg-Deutschland, dessen Feind – die DDR – beinahe automatisch positive Züge annahm, indem sie der Bundesrepublik im Namen des Antifaschismus entgegentrat.

Ich hätte versuchen können, mich innerhalb der Germanistik durchzusetzen, aber es ist anders gekommen. Bereits 1952/53 wurde mir ein Seminar über deutsche Gegenwartspolitik am Institut d'études politiques anvertraut, und 1953, nach dem Erscheinen meines Buches, wurde ich (immer in der Form einer Nebentätigkeit zur hauptamtlichen Germanistenstelle an der Sorbonne, d. h. an der Philosophischen Fakultät) Leiter der »Abteilung Deutschland« eines neugegründeten *Centre d'études des relations internationales* an der Fondation nationale des Sciences politiques. So kam es 1954 zur Herausgabe eines Bandes *Administration et Politique en Allemagne occidentale* (Verwaltung und Politik in Westdeutschland) und 1956 zu *Les Relations internationales de l'Allemagne occidentale*. Wichtiger war für mich, daß der Direktor des Instituts Edmond Vermeil, der den Kurs über Deutschland abhielt, 1954 aufforderte, auch die Zeit nach 1945 zu behandeln. Vermeil sagte, er könne es nicht, und schlug vor, mir das letzte Viertel seiner Vorlesungen zu überlassen, was dann auch geschah. 1956 (der Kurs fand jedes zweite Jahr statt) hatte sich Vermeil aus Altersgründen zurückgezogen und dem Direktor, Jacques Chapsal, für die Nachfolge zwei Namen zur Wahl vorgeschlagen. Den von Georges Castellan und den meinen. Castellan war ein Historiker, der sich über die deutsche geheime Wiederbewaffnung nach dem ersten Krieg habilitiert hatte. Die Entscheidung von Chapsal zu meinen Gunsten wurde zu einer Art Wendepunkt in meiner Tätigkeit. Von Castellan wird noch als Präsident der Vereinigung Frankreich–DDR die Rede sein.

An dieser Stelle möchte ich einiges über das Institut und die Fondation sagen. Die Geschichte beginnt 1871: Der preußisch-deutsche Sieg wird von prominenten Franzosen nicht nur der militärischen Macht Bismarcks zugeschrieben, sondern auch den deutschen Universitäten und der deutschen Verwaltung: Beide würden ihre Nachwuchskräfte viel wissenschaftlicher ausbilden und sie über die jüngste Geschichte, über Wirtschaft und Gesellschaft besser aufklären. So entstand die *Ecole libre des Sciences politiques*, wobei »libre« privat hieß. Und an dieser privaten Hochschule sind dann nach und nach die gesamten hohen Beamten Frankreichs ausgebildet worden, denn nur die, die diese Ausbildung genossen hatten, bestanden die schwierigen Wettbewerbe für die Diplomatenlaufbahn oder für die Finanzverwaltung. 1945 wurde die Schule »nationalisiert«. Einerseits erschuf Michel Debré, der für den Wandel verantwortlich war, eine besondere Verwaltungshochschule, die *Ecole nationale d'Administration* (deren Absolventen bis heute zu etwa 90 Prozent zunächst das Diplom des Instituts in der rue Saint Guillaume bestanden haben); andererseits entstand eine Nationale Stiftung der Politischen Wissenschaften, die Besitzerin der Gebäude und der Bibliothek der Ecole libre wurde und einen vielfältigen Auftrag bekam: zunächst – mit staatlichen Geldern – das Institut d'études politiques zu verwalten; dann die sozialwissenschaftliche Forschung voranzutreiben und die Resultate »in Frankreich, im Ausland und im ›Empire‹« zu verbreiten. In der Tat entstanden große Forschungszentren, ein Verlagshaus und anderes mehr. Der Verwalter der Fondation und der Direktor des Instituts waren stets identisch; ab 1947 übte Jacques Chapsal während mehr als drei Jahrzehnten diese Personalunion aus.

Der Lehrkörper des Instituts glich etwa dem der Berliner Hochschule für Politik bis 1933. Es gab keine Lehrstühle, sondern Lehrbeauftragte: Universitätsprofessoren, Gymnasiallehrer, Industrielle, hohe Beamte, Gewerkschaftler usw. Erst nach der Universitätsreform von 1968, die die Pariser Universität in dreizehn Universitäten aufteilte, wurde das Institut gewissermaßen zur vierzehnten, selbständig mit festen Stellen für ordentliche Professoren und mit dem Recht, den Doktortitel zu verleihen.

1954 bestand also keine Möglichkeit, hauptberuflich an die »Sciences po« zu kommen. Aber als 1955 meine vier Jahre Assistenzzeit an der Philosophischen Fakultät zu Ende gingen, tauchte eine Chance auf. Der Generalsekretär der Fondation, Jean Touchard, überzeugte Jacques Chapsal davon, daß man vom Ministerium die Schaffung des ersten *Troi-*

sième cycle (graduate program) der Geisteswissenschaften verlangen sollte. Bisher gab es solches nur in den Naturwissenschaften. Zwei bereits sehr bekannte jüngere Professoren, einer für französische, der andere für internationale Politik – Maurice Duverger und Jean-Baptiste Duroselle –, sollten nebenamtlich an der neuen Einrichtung wirken, und jedem sollte ein junger Noch-nicht-Vollprofessor als »directeur d'études et de recherches« zur Seite gestellt werden. Mit Duverger sollte der Historiker René Rémond kommen, der gerade ein bahnbrechendes Buch über die Geschichte der Rechten in Frankreich veröffentlicht hatte. Als Duroselle-Partner fiel die Wahl auf mich.

Aber die Entscheidung des Ministeriums war noch sehr ungewiß, als ich das »assistanat« verlassen mußte. Ich beschloß, auf den Erfolg des Vorschlags zu setzen und für das Jahr 1955/56 keine Germanistenstelle anzustreben. Ich ging als »Pendler« nach Bologna, wo ich vier Tage pro Woche verbrachte. 1954 hatte dort Grove Haines, ein Italien- und Europa-begeisterter Professor der Washingtoner School for Advanced International Studies der John Hopkins University, ein »Center«, ein Institut, eingerichtet für in der Mehrzahl amerikanische Professoren und Studenten, aber auch für Europäer. Zweck der Sache war die wissenschaftliche und dabei lebendige Vermittlung von Kenntnissen über Politik, Gesellschaft und Wirtschaft der europäischen Staaten und der internationalen Politik. Duroselle hatte den Anfang gemacht, konnte dann aber nicht fortsetzen. Er schlug mich Grove Haines als Nachfolger vor.

Wir sprachen lange miteinander. Er erklärte mir, daß er andere Leute in Duroselles Spezialgebiet einsetzen werde, daß er aber sicher wäre, ich könne zwei Kurse (je vier Wochenstunden) geben, den einen über deutsche Parteien und Gewerkschaften, den anderen über französische Parteien und Gewerkschaften. Als ich – mit wieviel Grund! – meine Qualifikationen bezweifelte, sagte er mir, das sei, bei meinen Voraussetzungen, nur eine Frage der harten Arbeit bis zum Beginn des akademischen Jahres.

Ich kann Grove Haines nicht dankbar genug sein, mir soviel Vertrauen geschenkt zu haben. Ohne es wären meine Bücher über Frankreich nie entstanden, und es hätte mir für meine journalistischen Kommentare an Stoff gemangelt. Auch war ich gezwungen, über Deutschland viel hinzuzulernen.

Das Beste an allem war jedoch das Bologna Center selbst. Ich habe von 1956 bis 1969 von Paris aus als »commuting professor« zweimal im Monat mit einer begrenzten Zahl internationaler, im allgemeinen hervorragender Studenten weitergearbeitet. Einer von ihnen, Reimut Jochimsen, ist dann selbst Professor in Freiburg, Kiel und – nebenamtlich – in Bologna geworden und hat eine politische Karriere in Bonn und Düsseldorf gemacht. Ein anderer, Alois Mock, hat mich später als Außenminister in Wien zu seiner Partei sprechen lassen. Bologneser *alumni* habe ich bei der Europa-Kommission in Brüssel wiedergesehen, an Botschaften, an Universitäten, in Außen- und Wirtschaftsministerien, in internationalen Konzernen. Letzter Vorteil für mich: Ich war gezwungen, auf englisch (bzw. auf amerikanisch) zu unterrichten, mit nur wenigen Lehrstunden auf französisch oder deutsch.

*

Am 1. Oktober 1956 war es soweit: Das Cycle supérieur d'études politiques konnte eingeweiht werden. Das Fach war Politische Wissenschaft. Fortan war ich also »Politologe«. Den einzigen echten Beweis, den ich finden konnte, um zu verkünden, daß es dieses Fach wirklich gab und daß ich nun ein autodidakter Fachmann sein würde, war die Tatsache, daß René Rémond und ich als erste in Frankreich dafür bezahlt wurden, um es zu sein. Bisher waren die französischen Spezialisten der Politischen Wissenschaft(en) als Professoren des Staatsrechts, der Geschichte oder der Soziologie in die akademische Hierarchie eingegliedert worden. Unsere Institution hat dazu verholfen, daß ab 1970 echte Lehrstühle für »Science politique« eingerichtet wurden mit Posten für unsere ehemaligen französischen »graduates«, die das Risiko auf sich genommen hatten, sich in einem Fach ausbilden zu lassen, das es offiziell noch nicht gab – und dies von Lehrern, die das nicht bestehende Fach nicht hatten studieren können. Im deutschen Gesetz über die Azubis heißt es, daß »Auszubildende in einer Ausbildung durch Ausbilder auszubilden sind«. Daß sich die Ausbilder selbst dabei ausbilden müssen, ist da nicht vorgesehen!

Für meine spätere Zuständigkeit im Fach kann ich einen Beweis abliefern: 1970 wurde ich Vizepräsident der International Political Science Association. Als solcher – und dies ist nun ohne Scherz geschrieben – sollte ich meine interessanteste Erfahrung im September 1972 machen: Ich leitete in Bukarest eine Tagung über Pressefreiheit. Sie erwies sich als viel ergiebiger als vorgesehen, denn es war eine Zeit, wo das Regime ein wenig toleranter war. Ich lernte dort auch, was »real existierender Sozialismus« war: Beim Abschlußessen saß ich neben der Gattin des Präsidenten der rumänischen Vereinigung. »Wie viele Kinder haben Sie? . . . Wie macht das Ihre Frau? . . . Was, keine richtigen Dienstboten? (Pause) Ja, natürlich, bei uns ist es ja viel billiger.« Ein anderer unseriöser Beweis: Ich gehöre seit Beginn nicht nur der französischen Vereinigung für politische Wissenschaft an, sondern auch den beiden deutschen!

Ich muß gestehen, daß ich nicht immer weiß, ob ich als Politologe forsche und schreibe oder als Historiker, als Moralist und als Internationalist. Darf ich gestehen, daß ich manchmal auch gern als Soziologe eingestuft werde? Nur eines schien mir übertrieben: vom Präsidenten der Elfenbeinküste, Félix Houphouët-Boigny, als »grand économiste« begrüßt zu werden; das war anläßlich einer Tagung in Abidjan, die ich im Januar 1962 leitete, um seine Minister und die Parlamentarier der Einheitspartei in »freiheitlicher Demokratie« auszubilden. Gelungen ist es mir nicht ganz, denn eine Woche nach der Tagung steckte eine Hälfte der Teilnehmer die andere Hälfte ins Gefängnis, und mein Mitvorsitzender, der Präsident des Verfassungsgerichts, wurde in seiner Zelle »geselbstmordet«. Ich denke immer daran, wenn ich in Frankreich oder noch öfter in Deutschland höre, daß unsere Demokratien nicht besser seien als andere Regime.

Ich unterrichtete also an »Sciences Po« die »undergraduates« über Deutschland, französische Außenpolitik, vergleichende Politik und leitete an der Fondation Forschungsseminare zu sehr verschiedenen Themen. Daß nicht nur René Rémond (heute Präsident der Fondation) und ich das angelernte Fach zwar ernst nahmen, aber nicht der Versuchung erlagen, es abzugrenzen oder abzukapseln, sondern daß man auch woanders die Fachsimpelei ablehnte, wurde mir 1964 besonders deutlich, als mich die Stanford University einlud, »Kratter visiting professor of modern European history« zu werden. Gordon Craig, der ein »Sabbatical« nehmen wollte, überließ mir sein Büro. Ich lehrte und hatte ein Doktorandenseminar über Frankreich und über Deutschland. (Warum Kratter? Wenige Jahre zuvor hatte ein Student dieses Namens in Stanford Geschichte studiert und seinem Vater, einem reichen Industriellen in New York, geschrieben, Nachkriegseuropa käme an der Uni wirklich zu kurz. Prompt zahlte der Vater für einen »endowed chair«, der jedes Jahr mit einem anderen europäischen Professor besetzt werden sollte. Während ich dort war, gab es einen zweiten Sohn, den wir geflissentlich auf alle anderen Mängel der Universität aufmerksam machten, aber Vati ließ keinen weiteren Lehrstuhl einrichten.)

Es war immer schwierig, in Deutschland und auch in Frankreich verständlich zu machen, daß ich institutionell nicht Deutschland-Spezialist war, sondern Politologe. Gewiß unterrichtete und schrieb ich über das Nachbarland, aber gewissermaßen als Spezialisierung innerhalb eines Faches. Als ich

65 wurde, durfte ich, wie alle französischen Beamten, die drei Kinder oder mehr hatten, ein weiteres Jahr tätig sein. Dann wurde mir – wie manchen hohen Beamten – zugestanden, noch drei Jahre im Amt zu bleiben, von denen ich aber nur eines genützt habe. 1991 wurde dann in kollegialer Wahl mein Lehrstuhl mit dem Direktor unseres Centre d'étude de la vie politique française, Pascal Perrineau, besetzt, der mit Deutschland nichts zu tun hatte. Damit es am Institut d'études politiques trotzdem eine echte Professur für deutsche Geschichte, Wirtschaft, Gesellschaft, Politik gebe (und nicht für *Deutschtum*, wie es die *Frankfurter Neue Presse* ankündigte!), hat mir 1992 die Bosch-Stiftung die Ehre erwiesen und die große Freude gemacht, in diesem Sinn auf fünf Jahre einen Alfred-Grosser-Lehrstuhl zu stiften, der jedes Jahr von einem anderen deutschen Kollegen besetzt werden soll. Die Freude und die Ehre verdrängen allerdings nicht ganz die Enttäuschung und sogar die Bitterkeit darüber, daß es im französischen Universitätssystem immer noch keine echte Laufbahn gibt für Dozenten, die sich einem zeitgenössischen Land widmen wollen. Das Resultat ist, daß es in Frankreich nicht einen einzigen Spezialisten für Belgien gibt, nur wenige für Italien, nur einen für die Schweiz, allerdings mehrere für außereuropäische Gebiete. Daß die mir folgende Generation der Deutschland-Experten es in der Germanistik etwas leichter hat, ohne daß die Grundprobleme gelöst wären, wird noch näher darzustellen sein.

Deutschland im Unterricht und in Büchern

An einem Institut, dessen Studenten zukünftige hohe Beamte, Manager, Medienleute, Politiker wie Sozialwissenschaftler sein können, liegt dem Unterricht über ein anderes Land der Versuch zugrunde, dessen Gegenwart zu erklären. Dazu gehört natürlich seine Geschichte als wesentliche Dimension der Erklärung. Um nicht nur Fakten aufzuzählen und um das Verstehen zu erleichtern, soll so häufig wie möglich verglichen werden. Es seien hier nur zwei Beispiele angeführt. Das erste: Für einen Franzosen ist die Weimarer Koalition zwischen katholischem Zentrum und Sozialdemokraten keine Selbstverständlichkeit, denn der Beginn des Jahrhunderts in Frankreich stand im Zeichen des harten Kampfes zwischen der Linken und der katholischen Kirche; es muß also die Bismarck-Zeit geschildert werden, in der die Katholiken durch den Kulturkampf und die SPD durch das Sozialistengesetz gemeinsame Verfolgte des protestantisch-konservativen Reiches gewesen waren. Das zweite: Bis vor wenigen Jahren gab es eine recht enge Verbindung zwischen DGB und SPD, mit letzterer als ideologisch härterer Partnerin, während in Frankreich die Gewerkschaftsideologie die klassenkämpferische war; da muß man auch auf die Zeit um die Jahrhundertwende hinweisen, als die SPD – der der Weg zur Macht verstellt war – sich in der ständigen Opposition gewissermaßen ideologisch austoben konnte, während die Gewerkschaften bereits den Alltag der organisierten Solidarität verwalteten; zur gleichen Zeit gab sich die französische Gewerkschaftsbewegung 1906 ihre gegen die Parteien gerichtete Charta, um einer parlamentarischen Verwässerung des Sozialismus durch die im Vorjahr entstandene große Partei vorzubeugen.

Es galt auch klarzumachen, daß die Vorstellungen, die bei den Studenten durch Elternhaus, Schule und Medien Deutschland betreffend geschaffen worden waren, zu sehr vereinfacht waren. Als ich 1976 anläßlich der Neueinweihung des Reichssaals in Regensburg sprechen durfte, äußerte ich mich kritischer über das damalige Reich und über die Geschichte des deutschen Parlamentarismus als in meinen Pariser Vorlesungen, in denen ich zeigte, welche Elemente der Demokratie es im föderalistischen Prinzip stets gegeben hat. (Zu Beginn der Feier bekam ich übrigens demonstriert, daß Demokratie und echte lokale Macht nicht notwendigerweise übereinstimmen müssen: Der [von mir sehr geschätzte] CSU-Landesvater Goppel, der SPD-Oberbürgermeister und der katholische Bischof verbeugten sich alle drei hochachtungsvoll vor dem alten Prinzen von Thurn und Taxis [dessen motorradfahrende Schwiegertochter dann allerdings das Prestige der die halbe Stadt besitzenden Dynastie erschütterte].

Wesentlich war auch die deutsche Verbindung zwischen Nation und Freiheit, zwischen Vaterland und Freiheit in der ersten Hälfte des 19. Jahrhunderts. Erst später kommt die Nation als Wert, der zusammen mit der Obrigkeit zu verherrlichen ist. Gewiß soll man die Zeit um 1930 durch ein Gedicht von Kurt Tucholsky erläutern:

> Es braucht ein hohes Ideal
> der nationale Mann,
> daran er morgens allemal
> ein wenig turnen kann . . .
> Wir dürfen nicht mehr massisch sein –
> wir müssen durchaus rassisch sein –
> und freideutsch, jungdeutsch, heimatwolkig
> und bündisch, völkisch, volkisch, wolkig . . .

Aber nur wenn man ihm zumindest ein Gedicht gegenüberstellt, nämlich das Lied von Philipp Jakob Siebenpfeiffer, das am 29. Mai 1832 auf dem Hambacher Fest gesungen wurde. Es beginnt mit den Versen »Hinauf, Patrioten! zum Schloß, zum Schloß!/Hoch flattern die deutschen Farben« (nämlich das Schwarz-Rot-Gold der Metternich-Gegner). Es endet mit: »Frisch auf, Patrioten, den Berg hinauf/Wir Pflanzen die Freiheit, das Vaterland auf!« Also beide Begriffe nebeneinander, wie es bei der Französischen Revolution der Fall gewesen war. Und die zweite Strophe zeigt, daß es eine Freiheit für alle Völker geben konnte. Wie oft habe ich sie 1981 zitiert, als die deutsche Politik und die deutschen Medien Jaruzelski eher lobten und Wałesa als »Unordnungsstifter« herabsetzten!

Wir sahen die Polen, sie zogen aus,
Als des Schicksals Würfel gefallen . . .
Vor des Czaren finsterem Angesicht
Beugt der freiheitliebende Pole sich nicht.

Auch die Paulskirche gehört zur erklärenden positiven Symbolik, weswegen ich es 1949 nicht ungern gesehen hätte, wenn Frankfurt Bundeshauptstadt geworden wäre. Bei jeder der fünf Gelegenheiten, die mich dort zum Rednerpult gebracht haben, dachte ich an den Irrsinn, die deutsche Geschichte als einen gradlinigen Weg zu Hitlers Triumph zu deuten. Aber natürlich gehört auch das Scheitern von 1848 zu den Antworten auf die zentrale, auf die notwendigerweise allbeherrschende Frage: »Wie konnte es geschehen?«

Daß viele Erklärungen in der Geschichte der Weimarer Republik zu suchen waren, war mir bewußt. Was wäre jedoch aus meiner zunächst recht laienhaften Information über die Jahre 1918 bis 1933 geworden, wäre nicht ein dickes Buch erschienen, das mich zutiefst beeinflußt hat? Es hieß *Die Auflösung der Weimarer Republik*. Im bibliographischen Essay am Schluß meiner *Bonner Demokratie* schrieb ich 1960 über die 1957 erschienene zweite Ausgabe: »Es handelt sich wohl um das methodisch gelungenste historisch-politische Buch, das in den letzten Jahren über ein zeitgenössisches Problem in Westeuropa erschienen ist.« Die Formulierung war sicher etwas anmaßend, aber meine Begeisterung war so groß, daß ich bis heute, obwohl der Altersunterschied gering ist, meinen Freund Karl Dietrich Bracher als meinen Lehrer begreife. Ich habe ihn in seiner Berliner Zeit am (Forschungs-) Institut für politische Wissenschaften von Professor Stammer kennengelernt. 1992 bin ich froh und stolz darüber, daß mein Institut auf meinen Vorschlag beschlossen hat, ihm den Doctor honoris causa zu verleihen für sein Wirken in den Bereichen Politologie und Zeitgeschichte.

Am meisten interessierte mich – für mich, für meine Studenten und auch für meine deutschen Publikümer – der

Übergang von Weimar zu Hitlers Allmacht, das heißt vor allem die Periode vom Frühjahr 1932 bis zum Sommer 1933. Nicht nur die Ereignisse, sondern auch ihr Spiegelbild in der deutschen und ausländischen Presse sowie die Auswirkungen dieses Bildes auf das Geschehen. Dank der Hilfe von Marlis Steinert – später Professorin in Genf und Autorin hervorragender Bücher über die Hitlerzeit – und von Jean-Marie Vincent, heute Professor an der Universität Paris VIII-Vincennes/Saint Denis und damals mein erster erfolgreicher Doktorand* –, die beide deutsche, französische, englische, amerikanische Zeitungen durcharbeiteten, konnte 1959 mein kleines Buch *Hitler: die Presse und die Entstehung einer Diktatur* erscheinen, das zwar eine italienische und eine portugiesische, aber keine deutsche Ausgabe bekam. Dies trotz der schönen, langen Besprechung von Benno Reifenberg in der *Frankfurter Allgemeinen*, der besonders das Kapitel über die *Frankfurter Zeitung* lobte, das ausgewogen sein konnte, weil es auf soliden, nicht nur auf Selbsterfahrungen beruhenden Analysen vom selben Benno Reifenberg hatte zurückgreifen können.

Das Fazit, zu dem ich damals gekommen bin, habe ich mich nie zu verändern veranlaßt gefühlt. Die Schuld der Hugenberg-Presse (mit dem späteren Erstaunen, daß einer der Hauptverantwortlichen für Hitlers Machtergreifung nach dem Krieg unbehelligt bleiben und 1950 still und ruhig sterben durfte); die Verantwortung Stalins und der ihm völlig untertänigen kommunistischen Parteien, insbesondere der KPD, mit ihrer Verteufelung der Sozialdemokraten und ihrem deutschen Hypernationalismus (ja, auch *L'Humanité* mußte noch im Januar 1933 für das große Deutschland plädieren!); die Doppeldeutigkeit der letzten Wahl, bei der es noch eine Auswahl gab,

---

* Die Studien- und Forschungsdirektoren an der Fondation durften Doktorväter für das *doctorat en études politiques* sein (Äquivalent der deutschen Dissertation, während das *doctorat d'Etat* zu dieser Zeit der Habilitation gleichkam). Da das Institut bis 1974 keine Doktortitel verleihen durfte, fand die Verleihung an der Sorbonne statt, mit gemischter Jury.

nämlich die vom 5. März 1933, die schon unter Terror stattfand: In Deutschland galt es zu sagen: »43,9 Prozent für Hitler, das ist enorm!« In Frankreich: »Sogar als er die Macht
hatte und Polizei und Propaganda schon kontrollierte, hat
er noch nicht einmal die 50 Prozent erreicht: Wie ist es mit
dem Mythos des Von-einem-ganzen-Volk-zur-Macht-getra-
gen-worden-Sein?«

Das Wesentliche aber war und blieb die unterschiedliche
Beurteilung des 30. Januar und des 23. März. Ich konnte und
kann gut verstehen, daß viele am Tag, an dem Hitler Chef
einer Koalitionsregierung wurde, aufrichtig geglaubt haben,
daß er »gezähmt« werden könne, daß die Brutalität seiner
Leute nachlassen würde, sobald er an der Regierung sei. Aber
als am 23. März der Reichstag aufgefordert wurde, dem Er-
mächtigungsgesetz die notwendige Zweidrittelmehrheit zu
geben, da war doch klar, daß es sich nicht um eine Verfas-
sungsänderung handelte, sondern um die Abschaffung der
Verfassung. Artikel 1 besagte, daß die Reichsregierung nun
die Reichsgesetze beschließen könne, was das Ende des parlamentarischen Regimes bedeutete. Artikel 2 sagte, daß diese
Gesetze von der Reichsverfassung abweichen könnten. Die
Bedeutung dieses Artikels war zwei Tage zuvor mit einem
enormen Mut von der bis 1933 einflußreichen *Vossischen
Zeitung* folgendermaßen dargestellt worden:

Der Satz, daß die von ihr beschlossenen Gesetze von der Reichsverfassung
abweichen können, bedeutet die *Beseitigung jeder rechtsstaatlichen Garantie* . . . Darüber hinaus wäre eine solche Gesetzgebung weder an den Satz
gebunden, daß alle Deutschen vor dem Gesetz gleich sind (Art. 109); noch
daß die Richter unabhängig und dem Gesetz unterworfen sind (Art. 102) . . .
daß alle Bewohner des Reichs volle Glaubens- und Gewissenheitsfreiheit
genießen, daß die Kunst, die Wissenschaft, die Lehre frei sind (Art. 142).
Alles das sind nicht etwa Neuerungen der Weimarer Verfassung. Sie sind
Gemeingut aller modernen Völker geworden, seitdem am 4. Juli 1776 die
Vereinigten Staaten von Amerika ihre Unabhängigkeitserklärung verkündet
haben . . . Unmittelbar betroffen von dieser Suspension würde namentlich
auch das deutsche Berufsbeamtentum sein . . . Die Bedeutung des Entwurfs

nicht nur für das gesamte Staatsleben, auch für Leben und Gedeihen jedes einzelnen Bürgers kann daher gar nicht hoch genug veranschlagt werden. Um so größer ist die Verantwortung des Reichstags, wenn er über diesen Entwurf beschließt.

Das glaube ich bis heute. Deswegen meine ständige Ermahnung bei Reden vor Gläubigen der freien Marktwirtschaft als Garant der freiheitlichen Demokratie, sich daran zu erinnern, daß am 23. März 1933 alle Parteien, die sich auf die Wirtschaftsfreiheit beriefen, Hitler ihr Ja-Wort zur Abschaffung aller demokratischen Freiheiten gegeben haben. In Abwesenheit der schon des Reichstag verwiesenen Kommunisten kam das einzige Nein von der SPD. Im Namen der Fraktion erklärte Otto Wels: »Wir deutschen Sozialdemokraten bekennen uns in dieser geschichtlichen Stunde feierlich zu den Grundsätzen der Menschlichkeit und der Gerechtigkeit, der Freiheit und des Sozialismus.« Heute noch betone ich bei diesem Zitat, daß er *und* gesagt hat, nicht *oder*!

Unter den – allerdings unter fürchterlichem Druck stehenden – Ja-Sagern war das Zentrum, waren Männer, die nach dem Krieg eine aufbauende, positive, lobenswerte Rolle spielen sollten. Aber hier muß – auf das nächste Kapitel vorgreifend – die Frage gestellt werden nach der Schuld oder besser nach der politischen Sünde dieser Männer im Vergleich zum Mitläufertum von weniger Bewußten oder zur späteren Mittäterschaft von damals ganz jungen und unwissenden Menschen. Reinhold Maier trat ans Rednerpult, um die Zustimmung der Staatspartei zu überbringen. Als demokratieschaffender Nachkriegs-Ministerpräsident in Stuttgart hat er sich nicht gern daran erinnert. Auch Ernst Lemmer, zukünftiger CDU-Staatsmann, gab in dieser Fraktion seine Stimme ab. Und Theodor Heuss, der in seinen letzten Jahren immer sehr freundlich zu mir gewesen ist, der sich aber in verärgertes Schweigen hüllte, wenn ich dieses Thema anschnitt. Nur ein einziger hat mir gesagt, sein ganzes politisches Engagement nach 1945 hätte als alleinigen Zweck, seine Todsünde vom

23. März 1933 etwas gutzumachen: Das war der damalige Wortträger der Bayerischen Volkspartei, Ritter von Lex, nach 1949 hervorragender Staatssekretär im Bundesinnenministerium, dann Präsident des Roten Kreuzes.

Nach der Geburt der Bundesrepublik galt es in Frankreich jedoch hauptsächlich, ihren Werdegang und ihre Gesellschaft darzustellen und zu erklären. Daher der Titel und das erste Kapitel meines ersten Buches, das ich 1952 geschrieben habe und das im Januar 1953 im Prestige-Verlag Gallimard erschienen ist – von wo es ungelesen zum Drucker geschickt worden war, weil der Gründungsvater Jean Schlumberger das – von ihm auch nicht gelesene – Manuskript empfohlen hatte. Edmond Vermeil hatte es durchgesehen und ein freundliches, aber doch recht distanziertes Vorwort geschrieben. Es hieß *L'Allemagne de l'Occident* 1945–1952 – Das Deutschland *des* Westens, weil es weitgehend durch die westlichen Sieger bestimmt worden war und ihnen nun gewissermaßen als Teil dieses Westens gehörte. Nicht zufällig nannte ich später das Buch von 1985 *L'Allemagne en Occident* – Das Deutschland *im* Westen –, denn diese Zugehörigkeit (in Frankreich wegen des vermuteten »Abdriftens nach Osten« in Frage gestellt) war da eine selbstgewählte.

Das erste lange Kapitel schilderte die wechselvolle alliierte Politik ab 1941. Mit Teheran, Jalta und Potsdam. Mit einer recht sorgfältigen Analyse der Problematik der Oder-Neiße-Linie und der Vertreibungen. Fazit: Gewiß war die endgültige Festlegung der Grenze einem zukünftigen Friedensvertrag überlassen, aber die Duldung der Vertreibung aus den polnisch verwalteten Gebieten – samt Aufnahme so vieler Flüchtlinge in der englischen und der amerikanischen Zone – entsprach einer Anerkennung der Endgültigkeit. Die ausdrückliche Anerkennung hatte nur de Gaulle in Moskau im Dezember 1944 ausgesprochen.

Die Grausamkeit der Vertreibung und das tragische Schicksal der Vertriebenen nahmen auch viel Platz im Kapitel

über die »Schuldfrage« und in dem über die Gesellschafts-
strukturen Westdeutschlands ein. Die verschiedenen Besat-
zungssysteme (mit harter Kritik am französischen), das Ende
des Vierer-Systems – ein schrittweises Ende, das ich mit der
Zwangsvereinigung von KPD und SPD am 24. April 1946
beginnen ließ –, die Grundlagen und die Entwicklung des
»Wirtschaftswunders«, das Wirken der Parteien innerhalb der
erst seit drei Jahren bestehenden Institutionen, die internationale Entwicklung und die Bedrohung der jungen Demokratie
durch die Wiederbewaffnung, schließlich eine Untersuchung
der französischen Einstellung zu diesem Deutschland mit
einem Appell, sich mitverantwortlich zu fühlen: ich versuchte,
alle Aspekte zu behandeln, und schloß mit mehr Sorge als
Zuversicht.

Die Rezensionen waren erstaunlicherweise ausnahmslos
positiv – aber die 4000 Exemplare wurden nicht alle verkauft.
Die ausführlichste und verständnisvollste Rezension kam zwei
Jahre später im *Christian Science Monitor*, als eine erweiterte
Übersetzung in New York erschien. Der nüchterne Titel der
Londoner Ausgabe *Western Germany from defeat to rearma-
ment* war zum Untertitel geworden. Der amerikanische Titel
The Colossus again (Der Koloß ist wieder da) war ohne meine
Zustimmung gewählt worden. Es gab zur gleichen Zeit eine
spanische Ausgabe – aber eine deutsche nicht. Ich bedaure
dies heute noch, denn ich glaube, das Buch hätte einige
Ernüchterung in die hitzige deutsche Debatte der Zeit über
Restauration und Wiederbewaffnung bringen können. Auch
hinsichtlich von Fragen wie »Vergangenheitsbewältigung«
und vergleichender Bewertung der Entwicklung der Gewerkschaften, der Kirchen, der Parteien.

Bei meinem Habilitationsverfahren hat mir später Raymond
Aron den Vorwurf gemacht, dasselbe Buch über Deutschland
mehrmals – mit Erweiterungen und neuen Entwicklungen –
und immer wieder geschrieben zu haben. Ich antwortete, daß
der Vorwurf weitgehend zutreffe, denn – sagte ich unbeschei-

den – im ersten Buch hatte ich bereits die Schlüssel zur Interpretation Nachkriegsdeutschlands benutzt, die sich später als immer noch brauchbar erweisen sollten.

Das zweite erschien bei Armand Colin 1958 gerade vor dem Sturz der Vierten Republik. Auf diese Weise hatte ich das Glück, daß der Vater von de Gaulles Verfassung der Fünften, Michel Debré, *La Démocratie de Bonn* benutzte: Der Artikel 4 über die Parteien ist eine abgeänderte Übersetzung des Artikels 21 des Grundgesetzes. Daß in der Stichwahl für die Präsidentschaft 1962 bestimmt wurde, nur die beiden Kandidaten mit den meisten Stimmen dürften bleiben, ist auf eine Analyse der verhängnisvollen Präsidialwahl von 1925 zurückzuführen, wo der Kandidat der demokratischen Parteien gegen Hindenburg gesiegt hätte, wenn nicht Ernst Thälmann das Recht gehabt hätte, für die KPD an der Stichwahl teilzunehmen. Die Struktur des Buches war der des ersten genau entgegengesetzt. Die Bundesrepublik war stabilisiert. Es war nun gut und richtig, mit dem Verfassungssystem zu beginnen, mit einem besonderen Platz für das Bundesverfassungsgericht, nicht nur, weil ich von den Leistungen dieses Organs besonders beeindruckt war, sondern weil ich beklagte, daß wir in Frankreich nichts ähnliches hatten und immer noch Demokratie mit Allmacht der Mehrheit gleichsetzten. Im Herbst 1958 entstand unser *Conseil constitutionnel*, der dann in den siebziger Jahren auch zu einem Wächter über die Grundwerte der Verfassung geworden ist. Diesmal hatte ich das Glück, daß der Karl Rauch Verlag in Düsseldorf sich für das Werk interessierte, so daß der dicke Band 1960 mit einem langen zusätzlichen Kapitel erschien als *Die Bonner Demokratie. Deutschland von draußen gesehen*. Es gab schmeichelhafte Rezensionen, insbesondere in der *Süddeutschen* und in der *FAZ*, aber einen ganz geringen Verkauf.

Beim dritten größeren Buch über Deutschland, das ich 1969 für Fayard vorbereitete, versuchte ich im voraus einen deutschen Verleger zu finden und hatte die Genugtuung, zwischen Fischer, Ullstein und Piper wählen zu dürfen. Da besuchte mich Christoph Schlotterer und überzeugte mich, zum Hanser Verlag zu kommen, der nun auch Politisches und Zeitgeschichtliches bringen wollte. Es entstand eine enge Freundschaft bis zu seinem frühen Tod im April 1986.* Er wurde wirklich *mein* Verleger, ohne daß ich ihn je so schlecht behandelt hätte, wie (scheuen wir nicht vor Vergleichen zurück!) Goethe Cotta, Thomas Mann Bermann-Fischer und Hermann Hesse Peter Suhrkamp schlecht behandelt haben. (Wann kommt endlich einmal eine Studie über das Leiden deutscher Verleger unter ihren Autoren? Nur vom Gegenteil wird immer gesprochen!) Wir entwickelten sodann eine Methode, die sich mehrmals bewährt hat. Während ich das Kapitel 2 schrieb, wurde Kapitel 1 übersetzt; ich überprüfte die Übersetzung, während ich Kapitel 3 schrieb, und so fort. Da im August in Deutschland gearbeitet wird und in Frankreich die Druckereien schließen, konnten beide Fassungen in derselben Woche in Paris und in München herauskommen. Bei *L'Allemagne de notre temps – Deutschlandbilanz. Geschichte Deutschlands seit 1945*, funktionierte dies zum erstenmal glänzend, nur daß dann die englisch/amerikanische Ausgabe *Germany in our time* viel besser übersetzt war!

Da der Hanser Verlag Gesellschafter des Deutschen Taschenbuch Verlags ist, sind dann meine Bücher auch bei dtv erschienen. Zunächst 1976 die *Geschichte Deutschlands seit 1945*, in einer ergänzten Neuausgabe und seitdem immer wieder neu aufgelegt, was für mich in doppelter Hinsicht beglückend ist: Meine anderen Bücher hatten keine langen Laufzeiten, und vor allem darf ich den Eindruck haben, meine Sicht der Dinge beeinflußt nicht wenige deutsche Leser bis heute, und sei es auch nur ein ganz klein wenig!

* Vgl. Christoph Schlotterer, »Der Freund Alfred Grosser«, und Alfred Grosser, »Der Freund Chistoph Schlotterer«, in: *Die Begegnung*, Bd. XIV, Berlin 1978/79

Darf ich trotzdem gestehen, daß ich meine Deutschland-Bücher nicht für meine besten halte? Die wissenschaftliche und intellektuelle Leistung scheint mir größer gewesen zu sein etwa 1961 für *La Quatrième République et sa politique extérieure* (Die Vierte Republik und ihre Außenpolitik. Keine deutsche Ausgabe) und für *Les Occidentaux* (gleichzeitig 1978 deutsch erschienen als *Das Bündnis. Die westeuropäischen Länder und die USA seit dem Krieg*). Vielleicht ist das nur ein Eindruck, weil das Sammeln von Wissen und Material über Deutschland allmählich über die Jahre erfolgte. Und zwar in recht unterschiedlichen Formen.

Es gab und gibt den persönlichen Kontakt mit Menschen verschiedenster Art in vielen Orten der Bundesrepublik und heute der »neuen Länder«. Darüber wird noch manches zu sagen sein. Es gab und gibt (allerdings weniger als zuvor) die ständige Benutzung von Büchern, vor allem der jüngst erschienenen, die deutsche Zeitgeschichte, Politik, Gesellschaft, Wirtschaft darstellen. Für meine Leser habe ich immer bibliographische Essays geschrieben, die aber von den Rezensenten leider nie erwähnt worden sind, obwohl ich die Bibliographie systematisch ordne und die meisten Bücher – sei es nur mit wenigen Worten – bewerte. Begonnen habe ich in *L'Allemagne de l'Occident* mit 320 verwerteten Titeln. Dann, ab 1954, habe ich regelmäßig in *Allemagne* eine Rubrik »A travers les livres allemands«, mit ca. 100 Titeln pro Nummer, gehalten. In dem kleinen, 1967 in Tübingen bei Wunderlich erschienenen Essay *Die Bundesrepublik Deutschland* füllte die systematische Bibliographie 55 Seiten, in der *Geschichte Deutschlands* waren es 27 in dtv-Kleindruck, in *Deutschland im Westen* 32 Seiten unter ständiger Auslassung fast aller in vorigen Bänden angeführten Werke. Ich habe nie behauptet, alle diese Bände von A bis Z gelesen zu haben. Aber ich habe die meisten in der Hand gehabt, habe sie geprüft und die möglichen strittigen Stellen untersucht. Die Verleger haben mir treu ihre Neuveröffentlichungen geschickt: Ihnen war lieber, alle Bücher prompt erwähnt und kurz analysiert, auch kritisiert zu bekommen, als sie mit zwei Jahren Verspätung unter vielen anderen rezensiert zu sehen. Für mich selbst habe ich die Erfahrung gemacht, daß man unglaublich viel lernt, indem man sich einen ständigen Überblick verschafft, nicht nur über Sachinhalte, sondern auch über die wechselnden Interessen der Autoren und Verlage.

Und dann gibt es das andere Gedruckte. Nicht so sehr die Zeitschriften, obwohl ich auf eine ganze Reihe abonniert bin, mehr noch die vielen Veröffentlichungen, die einen über eine besondere Gesellschaftsgruppe aufklären können: von der *Entscheidung*, Monatsschrift der Jungen Union, bis zu *Metall*, Wochenzeitung der IG Metall. Seit 1948 schneide ich jeden Tag deutsche Tages- (*FAZ, Süddeutsche*) und Wochenzeitungen aus (*Zeit, Spiegel, Parlament . . .*). Und wenn ich in Deutschland bin, oft nur für wenige Stunden, kaufe ich jedesmal Unmengen am Zeitungskiosk. Daneben lese ich viele französische Tages- und Wochenzeitungen. Offenbar ist Zeitungspapier für mich das, was Alkohol, Hasch oder Tabak für andere ist. Als wir kurz nach unerer Hochzeit in Taormina waren, litt meine Frau darunter, daß ich im schönen Sizilien erst wirklich glücklich war, als ich entdeckt hatte, wo ich wenigstens die Pariser Zeitungen kaufen konnte!

Mißlingen in direkter Politik

Durch Wissen und Wärme aufklärerisch beeinflussen – es könnte undankbarere selbstgestellte Aufgaben geben! Aber wäre es nicht besser, nicht wirksamer, sich direkt am Geschehen zu beteiligen? Gewiß, aber mir fehlten die Möglichkeiten, der Wille und die Begabung. Zweimal habe ich am Geschehen direkt teilgenommen; einmal gewissermaßen durch die Hintertür, das andere Mal im Beruf. Bei weiteren Versuchen wäre ich vielleicht erfolgreicher gewesen. Fest steht, daß ich die beiden Male gescheitert bin.

1949 ging es um die Zukunft der August-Thyssen-Hütte in Duisburg-Hamborn. Wie ich am 28. August 1949 in meiner (unangeforderten) Note an Außenminister Robert Schuman berichtete, hatte ich am 20. zur Eröffnungsveranstaltung der Bonner Vereinigung Deutschland–Frankreich gesprochen. Ein Besucher aus Düsseldorf war gekommen, um mich zu treffen. Karl E. Neumann, Direktor der Abteilung Rohstoffe bei den Vereinigten Stahlwerken, war schon zweimal bei mir in Paris gewesen. Er war eher sympathisch und hatte mir viele solide Informationen gegeben, was mein Unbehagen über seine Vergangenheit – die ich Robert Schuman nicht mitteilte – kaum schmälerte: Während der Besatzungszeit hatte er einen großen Teil der französischen Industrie »kontrolliert«. Er sagte mir nun, er wollte mich in Düsseldorf mit dem Vorsitzenden der Vereinigten Stahlwerke, Hans-Günter Sohl, zusammenbringen. Ich könnte übrigens bei ihm, K. E. Neumann, wohnen. So geschah es am 26., und zu meiner Überraschung hatte H. G. Sohl ein ganz genaues Anliegen: Er brachte einen langen Brief von Konrad Adenauer an Robert Schuman mit, den ich nach Paris mitnehmen und dem Außenminister direkt zukommen lassen sollte.

Der Brief war vom 25. datiert. Die ersten Bundestagswahlen waren gerade vorüber, Adenauer war noch nicht Kanzler, aber Vorsitzender der stärksten Partei, so daß er getrost – und etwas voreilig – schreiben konnte:*

Auf Grund der Wahlergebnisse werden wir mit einer Regierung rechnen können, die den Aufbau Deutschlands nach innen nach christlich-demokratischen Grundsätzen auf allen Gebieten des staatlichen und wirtschaftlichen Lebens fortführen und die es sich besonders angelegen sein lassen wird, die Beziehungen zu den Nachbarvölkern im Sinne Ihrer und meiner Bestrebungen zu gestalten.

Der Hauptteil der Note stammte von H. G. Sohl. Es ging um die Zukunft der den V. St. gehörenden August-Thyssen-

---

* Vollständiger Text des Briefes in: *Die Bonner Demokratie*, S. 524 ff.

Hütte, »die das modernste und leistungsfähigste Hüttenwerk Europas ist«. Das Werk stand auf der Liste der Demontagen. Die Demontage hatte sogar bereits begonnen. Der Vorschlag Adenauers war, »die Thyssen-Hütte zu internationalisieren, und zwar in der Form, daß die Anlagen, die auf der Demontageliste stehen, in alliiertes Eigentum überführt werden«. Sohl kommentierte, »alliiert« könne wohl »französisch« meinen.

Ich sagte zu und tippte ein vier Seiten langes Begleitschreiben, in dem ich die Argumente der V. St. aufzählte, die mir überzeugend schienen, und eine politische Analyse der Konsequenzen eines französischen Ja-Wortes wagte. Eine Demontage würde niemandem etwas bringen, da ein Teil der Anlagen zerstört werden würde, während der Rest für französische Stahlwerke kaum mehr brauchbar sein dürfte. Der Reparationseffekt sei also sehr gering, während auf sozialpolitischer Ebene die Zerstörung von etwa 12 000 Arbeitsplätzen verheerende Konsequenzen hätte. Auch würde das Bild Frankreichs, das mehr als Großbritannien und gegen die Bestrebungen der USA auf Demontage drängte, nachhaltigen Schaden erleiden. Und Mitbesitzer des Stahlwerks zu werden, wäre das nicht eine einträgliche Reparation? Daß es für H. G. Sohl vorteilhaft sein würde, war klar, aber für die Gewerkschaften auch. Politisch wäre ein Demontage-Stopp ein Antrittsgeschenk für eine Regierung Adenauer – zum Nachteil der SPD, falls diese die Opposition bilden sollte, aber dies sollte wenig wiegen im Vergleich mit den Vorteilen, vor allem hätte man hier den Ansatz zu einer »europäisierten« Stahlindustrie, auf die in Adenauers Note ja hingewiesen wurde.

In Paris übergab ich beide Dokumente Jean Wetzel, dem *Chef de cabinet* des Ministers, den ich kannte. Eine Antwort erhielt ich nicht – aber wenige Wochen später wurde in Washington von den drei westlichen Alliierten – unter Druck der Amerikaner – beschlossen, die August-Thyssen-Hütte von der Demontageliste zu streichen. Von ausländischem Besitz war keine Rede. Die Vereinigten Stahlwerke behielten das Werk. Die französische Außenpolitik hatte wieder einmal – hier in bezug auf Deutschland, aber dasselbe traf auch in der Kolonialpolitik zu – gezeigt, was ihr Grundübel war: Man machte unter Druck widerwillig viel größere Zugeständnisse als das, was einem in konstruktiver Form angeboten worden war. Immerhin durfte ich dann am 9. Mai 1950 den revolutionären Vorschlag von Robert Schuman, eine europäische Kohle- und Stahlgemeinschaft zu schaffen, als im Sinne des Adenauer-Briefes betrachten.

Dieser Versuch der Hintertür-Diplomatie brachte mir zwiefachen Ärger. Der eine wurde schnell bereinigt, denn er kam von meiner Mutter. Der andere ist nie ganz ausgeräumt worden: Er betraf den französischen Hochkommissar André François-Poncet. Ein langer Brief an meine Mutter vom 29. August zeigt mir, daß sie auf meine Ankündigung der Konsequenzen meines Gesprächs mit Sohl sehr hart reagiert haben muß. Ich versuchte, sie in meinem Schreiben davon zu überzeugen, (und zwar in einem unüblichen, schmerzhaft-revoltierenden Ton), daß ich die Botenrolle nicht nur aus »Wichtigtuerei« übernommen hätte; auch sei mir bewußt gewesen, daß Sohl und Neumann gewiß nicht dem Widerstand gegen Hitler entsprungen seien, aber auch, daß es wirklich nicht nur bei Jugendbegegnungen bleiben könne, wenn man die deutsch-französische Politik umgestalten wolle. Meine Betroffenheit hatte einen doppelten Grund: Ich fand die Vorwürfe ungerecht, war mir aber anscheinend doch nicht sicher, ob ich nicht auch weitgehend aus Geltungsdrang gehandelt hatte. Wie beglückend ist es doch für einen 24jährigen, den Eindruck haben zu dürfen, am großen politischen Geschehen teilzunehmen!

André François-Poncet war im Rückblick zu Recht erbost, übergangen worden zu sein. Doch hätte er sich vielleicht die Frage stellen sollen, warum dies geschah. Und zwar nicht nur, weil er eine große Koalition favorisierte – als wäre ein Zusammengehen von Adenauer und Schumacher eine echte Möglichkeit gewesen –, sondern auch weil er es mit der neuen deutschen Führungsschicht durch viel bösartigen Witz und durch herablassendes Gebaren weitgehend verdorben hatte, obwohl er als ehemaliger Botschafter in Berlin ja als einziger Hochkommissar über eine solide deutsche Erfahrung verfügte und als ursprünglicher Germanist die deutsche Sprache beherrschte. Obwohl oder weil? Als ich später ein Vorwort zur französischen Ausgabe der Memoiren von Heinrich Brüning schrieb, wurde mir bewußt, wie bitter der letzte demokratische Kanzler über die Versuche des französischen Botschafters berichtete, die Weimarer Republik zu schwächen. Was mich betrifft, so ließ er den Präsidenten des Comités schreiben, ich sollte aufhören, die französischen Behörden zu kritisieren und mich in manches einzumischen. Ich sollte an die Pflichten denken, die aus der Staatsangehörigkeit entstünden, die mir verliehen worden sei. Auf diese (in all diesen Jahrzehnten allein dastehende) Anspielung auf mein nicht angeborenes Franzosentum reagierten Edmond Vermeil und Jean Schlumberger mit einiger Heftigkeit.

Daß François-Poncet zu viel mehr Boshaftigkeit fähig war, habe ich später mindestens zweimal feststellen können. Einmal, als ich den sanften Wilhelm Hausenstein zornrot vorfand, weil ihm François-Poncet ein Buch geschenkt hatte, mit einer Widmung, die auch unziemlich gewesen wäre für einen anderen als für den Vertreter der Bundesrepublik Deutschland. Es hieß da ungefähr (ich zitiere aus der Erinnerung): »Für W. H., einen der wenigen anständigen Deutschen, die ich kenne.« Daß diese Episode in Hausensteins posthumen Pariser Memoiren nicht vorkommt, ist nur eines der Zeichen einer nach allen Seiten beschwichtigenden Bearbeitung des Manuskripts durch die herausgebende Familie. Die andere Episode spielte sich bei der Einweihung des Deutschen Hauses der Cité universitaire ab. In Gegenwart des deutschen Außenministers, des wohlwollenden, aufrichtigen, bescheidenen Heinrich von Brentano, sagte François-Poncet in seiner

Ansprache, das Gebäude zeige, wie wohlhabend Deutschland wieder geworden sei – dank des von den Amerikanern geschenkten Geldes!

*

1950/51 bekam ich dann eine sehr verantwortungsvolle Tätigkeit. Meine drei Jahre bei der Thiers-Stiftung liefen Ende September 1950 aus. Es war zwar zum 1. Oktober erstmals ein Assistentenposten in Germanistik an der Sorbonne eingerichtet worden, aber der war für einen älteren und verdienstvolleren Germanisten, und zwar für Pierre Grappin, gedacht, der ein echter Widerstandskämpfer gewesen war. Daher sollte es ihn 1968 besonders schmerzen, als ihn, nachdem er Dekan in Nanterre geworden war, die »revolutionären« Studenten als »Faschisten« beschimpften.

Ich suchte gerade nach einer Gymnasialstelle, als ich plötzlich ein schönes Angebot bekam. Die UNESCO hatte beschlossen, die Bundesrepublik in ihr Aktionsprogramm zu integrieren. Drei internationale Institute sollten in Deutschland eingerichtet werden. Die Gesamtverantwortung dafür wurde einem ruhigen, besonnenen, kühlen Kanadier, Dr. J. W. R. Thompson, übertragen. Dieser schlug mir im Namen der Organisation vor, für die Gründung des UNESCO-Instituts für Jugend tätig zu werden. Ein UNESCO-Büro war in Wiesbaden eröffnet worden.

Es war eine sehr verlockende Aufgabe. Ich wurde also ab 2. Oktober 1950 »spécialiste du programme« und konnte stolz – und oft recht wirkungsvoll – bei meinen Besuchen bei Behörden und Organisationen nach Bedarf die Bescheinigung vorzeigen, derzufolge ich »dem hohen Personal der UNESCO angehörte, das dem Diplomatischen Korps assimiliert« war. Da ich damit der Schweigepflicht unterlag, mußte ich das Generalsekretariat des Comité d'échanges aufgeben. Jedenfalls theoretisch: Mein interimistischer Nachfolger war nämlich nicht sehr tatenfroh, so daß in der Praxis manches wie zuvor lief, nur eben über Wiesbaden, wo ich in einer kleinen Pension im Nerotal wohnte. Die Monate vom Oktober 1950 bis Ende Juni 1951 waren mein längster Aufenthalt – eigentlich mein einziger längerer – im Nachkriegsdeutschland!

Viel bin ich jedoch nicht in Wiesbaden gewesen. Es galt nämlich, einen Ort für das Institut zu suchen, sein Programm, sein Gründungskuratorium und seine Leitung in Gesprächen oder, besser gesagt, in Verhandlungen mit deutschen und ausländischen Jugendbehörden und -organisationen vorzubereiten. In dem langen Memorandum, das ich am 22. Juni 1951 an meine Vorgesetzten geschickt habe, um ein ziemlich dramatisches Scheitern zu erklären, zähle ich all diese Gespräche auf und gebe ihren Inhalt wieder. Ich bin in der Schweiz gewesen, in Paris, in Dänemark, in Belgien, in Holland. In der Bundesrepublik hatte ich, wie draußen, nur gute und freundliche Kontakte, ohne zu ahnen, daß dieser oder jener Partner schließlich aus politischen Gründen ganz neue Standpunkte einnehmen könnte – ohne sich dabei von oft freundschaftlichen Beziehungen zu mir stören zu lassen.

Fest, stets ermutigend und worttreu waren die hohen Beamten in Bonn: der Schöpfer der auswärtigen Kulturpolitik der Bundesrepublik, Ministerialdirigent Rudi Salat, sowie Dr. Wende, Staatssekretär im Bundesinnenministerium, der alle vorteilhaften Züge der positiven preußischen Beamtentradition verkörperte, ohne die negativen zu haben. Die Ständige Konferenz der Kultusminister und das junge Deutsche Komitee für die UNESCO (für das der Historiker K. D. Erdmann verantwortlich arbeitete) waren nur am Rande beteiligt. Im Mittelpunkt stand der damals mächtige Bundesjugendring, als Dachorganisation der Jugendorganisationen. Sein Vorsitzender war Josef Rommerskirchen, ein kinderreicher ehemaliger Major der Wehrmacht, herzlich, aufgeschlossen, bereits fest in der internationalen Jugendarbeit engagiert. Er erwies sich nicht nur als hilfreich, es entstand sogar eine persönliche Verbindung, die auch während seiner späteren politischen Karriere nie nachließ. Er war zugleich Vorsitzender der Katholischen Jugend, so daß ich natürlich auch zur evangelischen, zu den Sozialisten und zur Gewerkschaftsjugend ging sowie zum Verband der Deutschen Studentenschaften.

Zwei Hauptpunkte waren zu regeln. Nicht die Inhalte des zukünftigen Instituts: Alle waren einverstanden, daß es zugleich ein Ort der Begegnung und ein Forschungszentrum für Jugendfragen sein sollte. Das Ja im Ausland zur Zusammensetzung des Gründungskuratoriums wurde von allen Deutschen als eine Selbstverständlichkeit zur Kenntnis genommen: sechs Ausländer und sechs Deutsche, plus der Vertreter des Generaldirektors der UNESCO. Darüber hinaus waren die internationalen und nichtdeutschen Organisationen damit einverstanden, daß der erste Direktor ein Deutscher sein sollte. Bei der Person des zu Ernennenden lag schließlich der Stein des Anstoßes. Teilweise durch meine Schuld.

Mit Hans Mertens gab es einen so hervorragenden Kandidaten, daß ich vor der ersten Zusammenkunft des Kuratoriums sicher sein wollte, daß er Zustimmung finden würde. Nur übersah ich dabei, daß es im letzten Moment Ablehnungen geben könnte, die mit der Person wenig zu tun hatten. Mertens selbst, Kriegsversehrter (er ging an Krücken), zunächst Mitarbeiter von Klaus von Bismarck auf dem Jugendhof Vlotho, war mit der internationalen Arbeit des Bundesjugendrings beauftragt und veranstaltete für den Sommer 1951 ein großes europäisches Jugendtreffen in der Nähe der Lorelei. Daß er der Katholischen Jugend angehörte, schien mir kein großes Hindernis zu sein, insbesondere seitdem ich vom Verantwortlichen für Jugendfragen der Belgischen Regierung, dem Sozialisten Marcel Hicter, folgenden Brief (in französischer Sprache) erhalten hatte:

Lieber Herr Grosser!

Ich schulde Ihnen ein Wort zu Hans Mertens, und ich schulde es ihm. In einem Land wie Belgien muß man nicht nur die Feindseligkeit, sondern sogar den Haß in Betracht ziehen, die die dominierenden Gefühle der Belgier gegenüber allem Deutschen bleiben . . . Die Deutschen hier, das ist Buchenwald und andere Orte des Vergnügens, das ist die Besatzung, das ist der Tod unserer besten Freunde.

Dieses vorausgesetzt, bin ich stolz darauf, der erste gewesen zu sein, der den Kontakt wieder aufnehmen wollte . . .

Hans Mertens ist der erste Verantwortliche deutscher Jugendbewegungen gewesen, dem ich begegnet bin, und dies ist ein Segen gewesen! Er hat mich so beeindruckt, daß ich meine Bestrebungen verstärkt habe, denn seine Haltung, seine Ideen, seine ganze Ausstrahlung, alles hat meine Sympathie erweckt und die Hoffnung, daß, da es einen Hans Mertens geben konnte, die deutsche Jugend nicht verurteilt war und daß wir unsere Beziehungen zu ihr vervielfältigen sollten.

Wenn heute *alle* belgischen Jugendbewegungen mit der deutschen Jugend Kontakt aufgenommen haben, so wegen des tiefen Eindrucks, den Mertens bei der Konferenz der World Assembly of Youth in Laeken auf alle gemacht hat . . .

Der Generalsekretär dieser WAY (westliches Gegenstück zur kommunistisch beherrschten Fédération Mondiale de la Jeunesse), ein Franzose, und seine Stellvertreterin, eine Engländerin, sagten mir ähnliches. In Genf, bei der Jugendabteilung des Weltkirchenrats wurde mir versichert, wie positiv bekannt er sei. Nur von einem Ausländer hatte ich kritisch-zurückhaltende Fragen erhalten. Es war Per Haekkerup, der dänische Generalsekretär der IUSY, des Internationalen Verbandes der Sozialistischen Jugend. Aber ich hatte keinerlei Ablehnung verspürt bei den deutschen Jungsozialisten, sei es bei ihrem Vorsitzenden, dem aus dem schwedischen Exil zurückgekehrten Erich Lindstaedt, noch beim an sich nicht parteigebundenen, aber doch SPD-nahen Gewerkschafts-jugendvorsitzenden Willi Ginhold.

Vom 17. bis zum 19. Juni tagte das Kuratorium in Wiesbaden. Auf deutscher Seite war eine Vertreterin der Evangelischen Jugend anwesend, leider nicht der erkrankte Rommerskirchen, sondern eine schlecht informierte Stellvertreterin, ferner Erich Lindstaedt, Willi Ginhold, der Vorsitzende des VDS, Roegner-Franke, und der Herausgeber der Zeitschrift des Bundesjugendrings *Deutsche Jugend*, mein trotz Wiesbaden dann langjähriger Freund (und Informant über die wissenschaftliche Jugendforschung) Martin Faltermaier. Als Ausländer kamen die Vorsitzende der italienischen katholischen Jugend sowie René Drèze, Präsident der belgischen Liberalen, Per Haekkerup, ein Vertreter des Weltkirchenrats, Rémy Montagne, Präsident des Verbands der französischen Jugendbewegungen (und der Katholischen Jugend), und Arnulf Pins, zugleich Vertreter der Amerikanischen Bewegungen und Vorsitzender der jüdischen Jugendorganisationen. Dieser wurde zum Vorsitzenden der Tagung gewählt, nachdem ich auf Weisung von und im Einverständnis mit der UNESCO auf diesen Vorsitz verzichtet hatte.

Die Tagung zog sich in die Länge und wurde unerfreulich. Es war bald klar, daß die Mehrzahl der Deutschen und einer der Ausländer, nämlich Haekkerup, Hans Mertens nicht wollten. Andere Kandidaturen wurden improvisiert, darunter die von Martin Faltermaier. Die Anhörung von Mertens verlief in beeindruckender Weise. Aber schließlich wurde eine Resolution verabschiedet, die die Bestellung des Direktors auf eine andere Sitzung des Kuratoriums verschob und für das Institut provisorische Maßnahmen (darunter eine vorläufige Finanzierung durch die Bundesregierung) vorschlug. Ob es das UNESCO-Institut in der vorgesehenen Form noch geben würde, war unklar, vor allem nach der sehr bewegenden Intervention von Arnulf Pins, der bis dahin den Vorsitz hervorragend geführt hatte:*

Ich spreche jetzt nicht als Vorsitzender, sondern als amerikanischer Vertreter im Kuratorium . . . Ich muß ganz ehrlich sagen, daß ich sehr besorgt *(upset)*

---

* Er sprach englisch. Ich übersetze aus der französischen Übersetzung, die ich für die UNESCO ausgearbeitet hatte, ins Deutsche.

bin über die Kommentare, die unsere deutschen Freunde hier gemacht haben. Sie haben uns aufgefordert, ihre Lage zu verstehen, aber sie müssen auch die unsrige verstehen. Ich bitte Sie einzusehen, daß es ein bemerkenswertes Resultat ist, wenn man die Weltlage und die jüngste Geschichte in Betracht zieht, daß dieses Institut hier in Deutschland gegründet wurde und dies mit sechs nicht-deutschen und sechs deutschen Kuratoriumsmitgliedern. Dies ist nicht ohne Schwierigkeiten und Widerspruch in unseren Heimatländern geschehen, wo wir das Projekt zu verteidigen hatten.

Nur ungern, aber weil ich es als eine Pflicht empfinde, muß ich folgendes hinzufügen: Sie haben zu Recht gesagt, wir sollten bei der Wahl des Direktors darauf bedacht sein, daß er in Deutschland annehmbar sei, aber Sie müssen auch in Betracht ziehen, daß er für das gesamte internationale Kuratorium annehmbar sein muß. Wenn wir nun nach Hause fahren und berichten müssen, daß die große Mehrheit der ausländischen Mitglieder sich auf einen Namen geeinigt hat und daß die Mehrheit der Deutschen diesen Deutschen abgelehnt hat, so werden wir viele schwierige Erklärungen zu geben haben . . .

Was waren nun diese Erklärungen? Die eigentliche blieb im Hintergrund: die mir in der Vorbereitung nicht genügend bewußte Rivalität zwischen WAY und IUSY; die Sozialistische Jugend erachtete die WAY als zu sehr unter amerikanischem und katholischem Einfluß stehend. Auch gab es die innerdeutsche Auseinandersetzung zwischen christdemokratischem/liberalem Regierungslager und sozialdemokratischer Opposition, was ich im Hinblick auf die schöne Einheit des Bundesjugendrings vernachlässigt hatte. Und Hans Mertens war besonders stark in bezug auf Frankreich und die anderen Länder des neuen Sechser-Europa engagiert, um nicht auf skandinavischer Seite Mißtrauen zu erwecken. Ein Mißtrauen, das alle Sozialdemokraten teilten, die in Skandinavien Zuflucht gefunden hatten, nicht zuletzt Erich Lindstaedt.

Für mich gab es aber noch eine andere Überlegung: Hatten wir, das heißt alle, die seit Kriegsende mit deutschen Jugendlichen zusammengearbeitet hatten, nicht unsere Freundlichkeit übertrieben? Hatten wir manche nicht allzusehr daran gewöhnt, bedingungslos und ohne Bedenken vom Ausland als Ebenbürtige behandelt zu werden – trotz der Vergangenheit? Lange hat diese Befragung nicht angehalten. Ich bin ganz im

Gegenteil in enger Beziehung geblieben mit dem Bundesjugendring, mit dem VDS, mit sozialistischen Jugendführern wie Heinz Westphal, späterer Vizepräsident des Bundestags, mit dem ich allerdings einen echten Streit haben sollte, und zwar über die Bewertung der Rede des Bundestagspräsidenten Philipp Jenninger zur Hitlerzeit.

Und da es anscheinend in meinem Leben – jedenfalls bis jetzt – nichts Negatives geben kann, das nicht auch bald schon positive Seiten zeitigt, so trug mir das Scheitern in Wiesbaden ein großes Plus ein. Nach einigem Zögern über die Machbarkeit des Instituts unter Beteiligung der Jugendbewegungen schickte mich die UNESCO als Vertreter, Sprecher und Verhandler zum Kongreß der World Assembly of Youth, der bald darauf auf dem Campus der Cornell University in Ithaca stattfand. Es kam so zu meinem ersten USA-Aufenthalt (mit sechswöchiger Rundreise nach dem Kongreß) und auch zu dauerhaften Beziehungen zu Menschen und Organisationen verschiedener Länder – was mir unter anderem 1958 eine längere Indien-Reise »einbrachte«.

Die UNESCO verließ ich jedoch nach einem Jahr. Nicht nur, daß ich mich nach der Auflösung des Wiesbadener Büros in der Erziehungsabteilung mit Sitz in Paris einigermaßen langweilte. (Obwohl ich einen interessanten sozialen Kampf versucht hatte: Schon damals mußte die Weltorganisation sparen; sie beschloß also – die unteren Gehälter zu kürzen! Ich rangierte im unteren Teil der »Oberschicht« und lancierte einen Protest der Wohlsituierten gegen die Ungerechtigkeit, die den Schwachen zugemutet wurde. Zwei oder drei »Höhere« unterschrieben. Die anderen sahen wirklich nicht, was das Problem war!) Ich durfte auch weder öffentlich reden noch schreiben, außer über Fragen, die mich nicht interessierten.

Da kam mir eine glückliche Fügung zu Hilfe. Bereits nach einem Jahr Assistententätigkeit wurde Pierre Grappin Professor an der Universität Metz, so daß sein bisheriger Platz frei wurde. Die fünf Professoren waren bereit, die Wahl auf mich fallen zu lassen, wenn ich nur versprach, die vier Jahre zu bleiben und nicht wieder »nach draußen« zu gehen. Ich versprach, wurde ernannt und hielt auch mein Versprechen.

*

Einen weiteren »Ausflug« hat es dann nicht mehr gegeben und keine direkte Einmischung in den politischen Entscheidungsprozeß. Nur einmal wäre es beinahe dazu gekommen. 1954 wurde in Frankreich der einzige Mann Regierungschef, dem ich je hätte dienen mögen. Ich habe Pierre Mendès France geholfen, so gut ich konnte, die deutschen Vorurteile gegen ihn zu zerstreuen. 1957 – über zwei Jahre nach seinem Sturz – durfte ich vor den Studenten der Universität Cambridge auch einmal an seiner Stelle über die algerische Tragödie sprechen. Als im Dezember 1954 die Hürde der Pariser Verträge vom 24. Oktober im französischen Parlament genommen wurde, erwog Mendès France, gleich danach seinen Mitarbeiterstab zu verändern. Seine und meine Freunde bei der ihn unterstützenden Wochenzeitung *L'Express* sagten mir, er wolle mich als Berater für deutsche Angelegenheiten in sein Team bestellen. Aber dann wurde alles von der Algerischen Frage überrollt, insbesondere die Regierung Mendès France im Februar 1955.

In diesem Jahr wurde mir klar, daß meine Stärke eher die nicht direkt engagierte Synthese war. Im Juni, dann im Oktober fanden zwei internationale Begegnungen statt, denen ich viel zu verdanken hatte. Die erste fand in Bruges (Brügge) statt, wo sich auf Einladung des belgischen Instituts für Internationale Beziehungen und mit Unterstützung der Rockefeller Foundation Politiker und Wissenschaftler aus zehn Ländern versammelt hatten. Thema: Deutschland 1955. Unter den deutschen Teilnehmern waren Arnold Bergsträsser und der Industrie-verbundene, aufgeschlossene, wirkungsvolle CDU-Abgeordnete Fritz Hellwig. Ich war »rapporteur général« und wurde am Schluß beauftragt, einen, wenn ich es wollte, eigenwilligen Bericht in Buchform zu schreiben, also die Beiträge in einer persönlichen Weise zu synthetisieren. Dies geschah dank der Unterstützung des Generalsekretärs des belgischen Instituts, der zugleich Direktor des European Center der Carnegie Endowment for International Peace war. John Goormaghtigh hatte mir 1953 geschrieben, weil er mein Buch in seiner Grundlinie gut und richtig gefunden hatte. Als wir dann immer enger zusammenkamen, begriff ich, was das bedeutete: Er war ein ganz junger belgischer Widerstandskämpfer gewesen, der lange Zeit in einem Nacht-und-Nebel-Lager gelitten hatte. Trotz der Überzeugung der meisten, er sei tot, hatte seine Verlobte auf ihn gewartet – und er war schließlich als eine 40 Kilo wiegende menschliche Ruine zurückgekehrt.

In Bad Neuenahr veranstaltete der Deutsche Rat der Europäischen Bewegung im Oktober die erste Deutsch-Französische Konferenz mit Politikern, Journalisten und Universitätsleuten. Der Bundespräsident hielt eine Eröffnungsansprache. In meinem einleitenden Referat bezog ich mich etwas kritisch auf das soeben Gesagte und wurde nachher darüber belehrt, daß man einen Präsidenten nicht direkt ansprechen, noch weniger kritisieren darf. Theodor Heuss nahm es anscheinend nicht übel. Die in Form von Stichpunkten gehaltene Einleitung stimmt mich im Rückblick melancholisch:* Hat sich seit 1955 wirklich so wenig verändert in den »Unterschieden, Mißverständnissen und Möglichkeiten zwischen Deutschland und Frankreich«? Manches könnte leider heute ziemlich unverändert wiederholt werden. Nur daß das Hauptproblem, das ich im Schlußbericht im Namen der Teilnehmer lange darstellen mußte, nämlich die Saarfrage, doch seit 1957 nicht mehr besteht!

* Texte in *Deutsch-Französische Konferenz Bad Neuenahr 1955*. Schriftenreihe des Deutschen Rates der Europäischen Bewegung, Bonn, Schimmelbusch Verlag, 1956

Von den zahlreichen internationalen Begegnungen, an denen ich später mit mehr oder weniger Begeisterung und Profit teilgenommen habe, soll hier nur eine erwähnt werden: eine zehntägige Princeton University Conference on NATO. Sie fand im Juni 1957 statt und ist mir nicht nur deshalb in Erinnerung, weil ich damals viel über amerikanische Universitäten gelernt habe, zum Beispiel, daß die Lautsprecheransage an die Teilnehmer, sie dürften im Swimmingpool der Universität baden, vorausgesetzt, sie hätten *keine* Badehosen an, nicht einen Irrtum darstellte: Aus hygienischen Gründen durfte nur nackt gebadet werden.

Vor allem bin ich bei dieser Tagung zwei Männern begegnet, die ich vorher, dort und nachher besonders bewundert habe. Der eine war Robert Oppenheimer, noch etwas angeschlagen von den schmutzigen Angriffen der McCarthy-Zeit; den anderen kannte ich bereits, aber es waren die Gespräche am Rande der Konferenz, die mich in den nächsten zehn Jahren, bis zu seinem frühen Tod, öfter mit ihm zusammenbrachten oder korrespondieren ließen: Welch ein Jammer für die Bundesrepublik, daß Fritz Erler nicht Außen- oder Verteidigungsminister werden konnte, als seine Partei 1969 zum erstenmal seit 1930 wieder an die Macht kam! Der Respekt, den ihm damals die amerikanischen Regierenden und die anderen Teilnehmer bezeugten, beruhte nicht auf den Titeln, die das Programm aufzählte (Member German Bundestag; District President, Biberach and Tuttlingen; Member of Landtag, Württemberg-Hohenzollern; Member, Consultative Assembly of Europe . . .), auch nicht auf seiner den meisten unbekannten Vergangenheit als früher aktiver Bekämpfer, dann Häftling des Hitler-Regimes. Er beeindruckte alle durch die seltene Kombination von Sachverstand, Zielbestimmtheit, Aufgeschlossenheit, Aufrichtigkeit und Toleranz. Dasselbe traf auch in der Bundesrepublik zu – bei den Eingeweihten mehr als bei den Medien, für die er nicht genügend politischen »Sex-Appeal« hatte. Obwohl er die Wiederbewaffnung bekämpft hatte, erfolgte die Ernennung der Generale Speidel und Heusinger an die Spitze der neugeschaffenen Bundeswehr erst nach einer diskreten Befragung und einem klaren Ja des respektierten SPD-Politikers.

Heuss-Besuch und Comité-Arbeit

Hans Speidel habe ich im März 1960 bei dem Heuss-Besuch in Paris zum erstenmal länger gesprochen. In der *FAZ* vom 12. stand unter einem größeren Bild des mit Hut in der Hand an den Soldaten vorbeigehenden Altbundespräsidenten:

Professor Theodor Heuss hat seinen Besuch in Paris mit einer Visite in den Nato-Hauptquartieren in Fontainebleau verbunden. Der deutsche Befehlshaber der mitteleuropäischen Landstreitkräfte, General Speidel – Schwabe wie Heuss und mit ihm befreundet –, hatte ihn dazu eingeladen. Beim Abschreiten von Ehrenformationen hat sich Heuss in seiner Amtszeit Übung angeeignet . . .

Aber nicht genügend, um sich nicht darüber Gedanken zu machen. Da ich neben ihm ging (was das *FAZ*-Bild leider nicht zeigte!), flüsterte er mir zu: »Wenn man Ihnen und mir gesagt hätte, daß wir eines Tages dies tun würden . . .« Für mich war es in der Tat ein merkwürdiges Gefühl, daß deutsche Soldaten vor mir salutierten, wenn auch als französischem Organisator des Aufenthalts. Was dieser bedeutete, hatte die *FAZ* bereits am 9. in einem Leitartikel »Der private Besuch« zum Ausdruck gebracht:

Professor Theodor Heuss hätte Frankreich sicherlich ebenso gern noch während seiner Amtszeit als Bundespräsident besucht wie jetzt als Privatmann. Was in den vergangenen Jahren in einem auf Formen bedachten Land wie Frankreich als politisch-protokollarischer Akt von großer Bedeutung nicht zustande gekommen ist, wird jetzt in gewinnender und zwangloser Art nachgeholt . . .
Der französische Staatschef, die Regierung und die geistig-politische Elite Frankreichs . . . haben dem Privatmann Heuss einen so liebenswürdigen,

herzlichen und zugleich achtungsvollen Empfang geboten, daß sich sein Aufenthalt wie eine Art privater Staatsbesuch ausgenommen hat.

Diese Einschätzung stimmte weitgehend. Am ersten Abend war Heuss am Pariser Ostbahnhof von einer Ehrengarde von fünfzig französischen Polizisten in Gala-Uniform salutiert worden. Es hatte Empfänge gegeben, insbesondere beim alten Pastor Marc Boegner, dem großen Mann des französischen Protestantismus, und bei seinem Besuch in Chartres erwarteten den Gast vor der Kathedrale der Bischof und der Bürgermeister. Bei den Mittagessen im Quai d'Orsay bei Außenminister Couve de Murville, dann im Elysée-Palast bei General de Gaulle waren Regierungsmitglieder, hohe Beamte und andere Würdenträger zugegen. Der Vortragsabend an der Sorbonne aber wurde zum Triumph: »Minutenlange Ovationen«, schrieb die *FAZ*, »sind dem früheren Bundespräsidenten Theodor Heuss zuteil geworden, als er am Dienstagabend in der Sorbonne über ›Friedrich Naumann und die deutsche Demokratie‹ sprach; viele französische und deutsche Gäste fanden keinen Einlaß mehr.«

Von den Kulissen aus gesehen war das Schauspiel immer noch schön, aber etwas weniger beeindruckend. Ich war sehr glücklich gewesen, als Heuss meine im Namen des Comité d'échanges abgegebene Einladung zu einem Vortrag positiv beantwortet hatte. Nicht sofort – er wollte sicher sein, daß Behörden und Medien ihn würdig begrüßen würden. Erfreulicherweise fand ich Unterstützung beim Auswärtigen Amt via deutsche Botschaft und, dank des herzlichsten und rührigsten aller französischen Botschafter in Bonn, François Seydoux, die Unterstützung des Elysée und des Außenministeriums. Auch finanziell: Bonn finanzierte Reise, Hotel und Diener für den nicht mehr jungen Mann, während Seydoux dem Comité die Summe verschaffte, die für einen Empfang und Nebenspesen notwendig war. Heuss in seiner sehr bewußten Bescheidenheit war über alles glücklich, war auch mit allen nett, leutselig, sogar herzlich, was glücklicherweise das Wahrnehmen gewisser Gegebenheiten verhinderte. Er hatte zum Beispiel einen Apéritif auf der Straßenterrasse des berühmten Café de la Paix am Place de l'Opéra getrunken, war von einigen deutschen Touristen erkannt und beklatscht worden; dies war dann in deutschen Zeitungen zum begeisterten Empfang des Altbundespräsidenten durch die französische Bevölkerung geworden, was auch so ungefähr die Meinung des Gastes selber war.

Der Sorbonne-Abend hatte ein Vorspiel gehabt: Die deutsche Botschaft wollte unbedingt, daß wir das Audi Max nehmen – mit seinen 3500 Plätzen. Ich blieb standfest. Der Vortrag fand im zweitgrößten Saal, dem Amphithéâtre Richelieu, mit seinen 800 Sitzplätzen statt. Ja, wir mußten 400 Leute draußen lassen (darunter der dpa-Korrespondent, dessen Empörung uns für die Verbreitung des Triumph-Gedankens sehr half!), aber der Große Hörsaal wäre doch halbleer gewesen, was einen sehr schlechten Eindruck hinterlassen hätte. Für mich persönlich war es natürlich schön: die Gespräche mit Heuss (obwohl ich sehr unter seinem Nicht-vor-3 Uhr-morgens-zu-Bett-gehen-Können zu leiden hatte, der ich doch gerne früh schlafe und früh aufstehe – übrigens ein Beweis dafür, daß ich kein richtiger Intellektueller bin!), die Begegnungen bei de Gaulle und am Quai d'Orsay, die Pressearbeit vorher und während des Aufenthalts, alles war in jeder Hinsicht befriedigend.

So befriedigend, daß der Heuss-Besuch eigentlich der Höhepunkt der Aktivitäten des Comités geblieben ist. Er zeugte auch dafür, daß wir uns in unserer Arbeit mit Deutschland auf die Bundesrepublik beschränkten. Eine erste Abgrenzung hatte es bereits zu Anfang der deutsch-französischen Begegnungen gegeben: Wenn ich erst sehr spät zum erstenmal in Wien gewesen bin, so weil wir Österreich absichtlich beiseite gelassen haben, und sei es nur, um uns von der offiziellen Regierungsstruktur des Commissariat aux Affaires allemandes et autrichiennes zu distanzieren. Österreich war eben nicht Deutschland, wenn ich auch in Büchern und später in Vorträgen in Wien oder Graz hervorheben mußte, daß der Wille, nur Opfer gewesen zu sein, die traurige Vergangenheit weitgehend vertuschte und verherrlichte. Die Comité-Arbeit zwischen 1949 und 1967 war zudem zwar mit Bezug auf, aber ohne Beziehungen zur DDR: Wir wollten nicht mit den Offiziellen und durften nicht mit den anderen. Dieses Thema wird noch ausführlich zu behandeln sein.

Als sich das Comité Ende 1967 auflöste, war es eine große Genugtuung, in der *FAZ* bald eine schmeichelhafte, ausführliche Bilanz lesen zu dürfen. Da hieß es (am 31. Januar 1968):

... Die Verdienste des Komitees und seines Mitteilungsblattes »Allemagne«, dessen hundertste Nummer die letzte war, für die Entgiftung und Verbesserung der deutsch-französischen Beziehungen müssen hervorgehoben werden. Was heute selbstverständlich erscheint, und zum Glück, war vor zwanzig Jahren ein Wagnis ... Eine der wichtigsten Forderungen des »Comité d'échanges« und seines Blattes bestand in einer möglichst sachlichen Unterrichtung über beide Länder ... Das Komitee vertrat in allen Wechselfällen, auch in strittigen historischen Fragen, immer einen wachsamen, ausgewogenen Standpunkt, der sich gegen jeden Fanatismus auf beiden Seiten wandte. Damit stand die Gruppe manchmal im Gegensatz zu offiziellen Meinungen oder einem großen Teil der Öffentlichkeit ... Der Grundsatz, der vor allem vom Generalsekretär vertreten wurde, war der: Man kann von den anderen keine demokratischen Tugenden verlangen, wenn man sie selbst nicht übt ...

Wegbereitend war das »Comité d'échanges« in seinem Bestreben, den Austausch und die Kulturpolitik über den herkömmlichen Rahmen auszuweiten auf alle Gebiete des gesellschaftlichen Lebens, von der Jugend bis zu den Gewerkschaften, von der Wirtschaft zu den Kirchen ...

In der Tat sind die Fragen, die wir in »Allemagne«-Beiträgen, in Vortragsveranstaltungen, in Begegnungen behandelt haben, wenig schöngeistig gewesen: Parteien, Presse, Wohnungsbau, Eingliederung der Vertriebenen, Judentum und Antisemitismus, Vergleiche zwischen Richtern, Gewerkschaften, Sozialisten, Liberalen, Kirchen, in beiden Ländern. Die Leitartikel, die ich ab N° 2 schrieb, waren nicht selten polemisch, etwa gegen die Form der Berichterstattung der Medien oder gegen Regierungspraktiken wie die Rekrutierung ganz junger Deutscher durch die Fremdenlegion oder die Entführung des »Algérie française«-Terroristen Oberst Argoud in München durch die französischen Geheimdienste. Die Vorträge an der Sorbonne haben bei sehr unterschiedlichem Publikumszulauf stattgefunden, so daß ich heute noch jedesmal zusammenfahre, wenn ich die große Uhr der Sorbonne schlagen höre: Halb neun, der Saal ist leer, Viertel vor neun, das akademische Viertel beginnt mit wenig Leuten drin ... Wie sag ich's dem herbeigereisten Redner, der dazu noch ohne Honorar spricht, weil wir kein Geld haben? Neun, nach dem neunten Schlag müssen wir beginnen, mit Erleichterung oder mit einem tiefen Seufzer der Enttäuschung!

Von der Rednerliste seien nur einige Namen genannt, von denen manche dem jüngeren Leser nicht sehr viel sagen werden: Victor Agartz, Alfred Andersch, Rudolf Augstein, Klaus von Bismarck, Heinrich Böll, Axel von Campenhausen, Bischof Dibelius, Walter Dirks, Theodor Eschenburg, Klara Fassbinder, Eugen Gerstenmaier, Hans Herzfeld, Gerhard Hess, Kurt Georg Kiesinger, Heinz Küppers, Eugen Lemberg, Bischof Hans Lilje, Hans Lukaschek, Hans Mertens, Theo Pirker, Otto Roegele, Josef Rommerskirchen, Ludwig Rosenberg, Helmut Schelsky, Carlo Schmid, Theo Sommer, Erwin Stein, Heinrich Strobel.

Zwei Veranstaltungen seien noch besonders erwähnt. Beide betreffen die Geschichte. Es gab ein Streitgespräch über die Ursachen des Ersten Weltkriegs, an dem auf der einen Seite der Sorbonne-Professor Jacques Droz, auf der anderen der alte Mitstreiter in deutsch-französischen Auseinandersetzungen, der Berliner Historiker und Politologe Gilbert Ziebura, diskutierten. Der Deutsche hob die deutsche Verantwortung hervor, der Franzose antwortete mit Vehemenz, daß der Gesprächspartner die französische Schuld unterschätze. Man stelle sich eine solche Diskussion in der Zwischenkriegszeit vor, mit der Flut gegenseitiger Schuldzuschreibungen!

Eine andere Veranstaltung hatte die Schulbücher zum Thema. Gesprächsteilnehmer und Publikum waren voller Respekt und Hochachtung für Professor Georg Eckert, Direktor des Braunschweiger Instituts für internationale Schulbuchforschung. Damals ging es um Leistungen im deutsch-französischen Bereich. Seitdem – vor und nach Eckerts Tod – hat das Institut noch mehr geleistet für die deutsch-polnischen und die deutsch-israelischen Beziehungen. Deswegen habe ich nicht verstehen können, warum ihm nie der Friedenspreis des Deutschen Buchhandels zugesprochen worden ist. Als Preisträger habe ich seit 1975 Vorschlagsrecht und habe auch das Institut mehrmals vorgeschlagen. Vergeblich. Es sei eine Institution, keine Persönlichkeit – aber das war ja auch bei der Preisverleihung an den Club of Rome der Fall!

Warum habe ich 1967 die Auflösung des Komitees beantragt und durchgeführt? Die Tatsache, daß die Kuratoriumsmitglieder sich nicht besonders für die Arbeit interessierten, war nicht neu. Den Hauptgrund konnte ich niemandem sagen: Meine Mutter war oft krank. Sie glaubte, es sei eine anhaltende Bronchitis. Es war Lungenkrebs. Ohne sie wäre nichts mehr richtig gelaufen. Sie ist dann im September 1968 nach einigen Wochen im Krankenhaus von Saint Germain, ohne viel leiden zu müssen, gestorben, nach einer letzten großen Freude, nicht über das aufgelöste Comité, sondern über die Ankündigung eines vierten Enkelkindes, nachdem sie unseren dritten, im Februar geborenen Sohn noch hatte sehen können.

Es war allerdings sowieso Zeit, die winzige Struktur des Comités aufzulösen: Die Initiatoren-Aufgabe war erfüllt, und es gab nun wirksamere Organisationen, um auf breiter Ebene die Austauscharbeit durchzuführen, insbesondere das 1964 entstandene Deutsch-Französische Jugendwerk, dessen Kuratorium ich dann lange Jahre angehört habe.

Auch hatten wir in Paris zwei deutsche Institutionen, die dieselbe Auffassung der Aufklärungsarbeit hatten wie wir. Ich weiß nicht, ob es an der Weisheit der Münchener Präsidenten und Generalsekretäre gelegen hat oder ob es ein Glücksfall war – jedenfalls ist das Pariser Goethe-Institut stets von umsichtigen und mutigen Männern geleitet worden, die ein vollständiges Deutschlandbild darstellen wollten, das heißt einerseits das schöngeistige, andererseits ein in positiven und negativen Zügen kontrastierendes, und zwar mit Unterstützung gerade derjenigen Franzosen, die sich mit Deutschland beschäftigten. Das ist nicht immer ohne Schwierigkeiten mit der Botschaft abgegangen, mit dem Auswärtigen Amt, von Franz Josef Strauß ganz zu schweigen, gegen dessen begrenzte und beschränkte Auffassung der Kulturarbeit im Ausland man öfter die Goethe-Institute im allgemeinen zu verteidigen hatte.

Hier nur eine Anekdote: Zur Zeit der französischen Besorgnisse über den Aufstieg der extrem-rechten NPD organisierte der Leiter des Pariser Instituts eine Diskussion vor vollem Saal zwischen französischen Deutschland-Experten, darunter auch erwiesene Freunde der DDR, die damals wie stets die Bundesrepublik des Faschismus bezichtigte. Einstimmig befanden die Redner, die NPD sei keine wirkliche Gefahr für die bundesdeutsche Demokratie. Das Auswärtige Amt hätte über ein solches wirkungsvolles Resultat glücklich sein sollen. Mitnichten! Der Leiter wurde gerügt und auf Anweisung aus Bonn gezwungen, ein Treffen zwischen den französischen Experten und einem Bonner Beamten zu organisieren, der ein Spezialist für Radikalismusfragen sein sollte. Zu unser aller Empörung erklärte er uns, es gebe keinen Antisemitismus mehr in der Bundesrepublik, da es ja kaum noch jüdische Geschäfte und Großunternehmen gebe. Der Direktor wußte nicht recht, ob er über die aus Bonn kommende antisemitische Antisemitismus-Belehrung weinen oder lachen sollte. Im allgemeinen gab es jedoch mehr

Unterstützung als Hindernisse aus der Botschaft für das Goethe-Institut.

Die andere Institution, die auf diesem Gebiet gar nicht vorgesehen war, war und bleibt das Heinrich-Heine-Haus der Cité universitaire. Nicht nur, daß dort zur Hälfte deutsche und nicht-deutsche Studenten zusammenleben – das Haus ist, mehr als jedes andere Studentenheim der Cité internationale, ein Kulturzentrum mit auch politischen Beiträgen von aus Deutschland kommenden Rednern und Debatten über heikle, die Bundesrepublik und Frankreich betreffenden Themen. Der vom Deutschen Botschafter präsidierte Verwaltungsrat, dem ich seit langem angehöre, hat immer die Freiheit des Direktors und das unter Mitbestimmung angebotene Programm respektiert und, wenn nötig, in Schutz genommen. Nicht gegen den Geldgeber, den Deutschen Akademischen Austauschdienst – dessen Toleranz und Freigebigkeit sind stets ungeschmälert geblieben –, sondern gegen Kritik aus Deutschland.

Nur einmal habe ich mich einer Veranstaltung gewissermaßen vom Direktor und von der Botschaft »aufzwingen« lassen: als Teilnehmer an einer von den Studenten organisierten Debatte. Zum Thema Nachrüstung nur Jo Leinen aus Saarbrücken und den Friedensforscher Alfred Mechtersheimer eingeladen zu haben, war kein Zeichen von Pluralismus, und so habe ich mich, um Schwierigkeiten mit dem Verwaltungsrat und höheren Instanzen zu vermeiden, aufs Programm setzen lassen, was ich auch heute, trotz des damaligen Protests einiger (nicht gerade gemäßigter) Studenten, immer noch nicht bereue.

In seinen deutsch-französischen Bestrebungen ist das Comité nie allein gewesen. Von der ständigen Tätigkeit der Gesellschaft für internationale Zusammenarbeit – mit *Documents* und *Dokumente* – ganz abgesehen, die Pater Du Rivau bis zu seinem Tod beseelt hat und die heute Joseph Rovan leitet, hat es in beiden Ländern stets Einzelpersonen und Einrichtungen gegeben, die das gleiche wie wir bewirken wollten. So meinte ich, als ich zu Beginn meiner Friedenspreisrede sagte, daß ich stellvertretend für all diejenigen Franzosen stünde, die sich durch Wort und Schrift für eine gegenseitige Verständigung eingesetzt hätten, und »noch mehr für die Unbekannten, die eine mühselige, zeit- und vor allem freizeitraubende Kleinarbeit vollbracht haben und noch vollbringen«. Um nun doch einen Namen zu nennen: eine Französin, die einen deutschen Lehrer und Lokalpolitiker geheiratet hat und seit vielen Jahren in Bremen eine stets sich erneuernde deutsch-französische Arbeit vollbringt. Und trotz allerlei Enttäuschungen (unter anderem als Frankreich sein Konsulat schloß trotz aller Bemühungen des Bürgermeisters) ist das Weitermachen für Michèle Menke eine solche Selbstverständlichkeit, daß ich mich etwas schäme, wenn ich selber von Zeit zu Zeit entmutigt bin.

Die eigentliche Partner-Institution ist immer das Deutsch-Französische Institut in Ludwigsburg gewesen, besonders seitdem ihm Robert Picht auch auf dem Gebiet der Forschung eine neue Dimension gegeben hat. Wichtig war und bleibt, daß es eine deutsche Institution ist, die selbst entscheidet, welche französischen Redner sie ihrem Publikum »vorsetzt« und wo sich auch der französische Redner – vor allem in den ersten Jahrzehnten – freier gefühlt hat als am Institut français in Stuttgart, das nichts dafür konnte, daß alle französischen Institute direkt vom Außenministerium abhängen und daß französische Behörden französische Selbstkritik grundsätzlich nicht mögen. Die Beziehung zu Stuttgart ist deshalb nicht immer die beste gewesen.

Die Herzlichkeit der Verbindung mit der ganzen Familie Picht konnte nicht darüber hinwegtäuschen, daß das Ludwigsburger Institut nach 1967 zunächst keinen eigentlichen französischen Partner mehr hatte. Dies hat sich erst 1982 geändert: Helmut Schmidt und Valéry Giscard d'Estaing hatten einen Beschluß gefaßt, der dann vom selben Kanzler, aber diesmal mit François Mitterrand verwirklicht wurde, nämlich in Paris eine Einrichtung zu schaffen, die über Deutschland forschen und informieren würde. Nur haben die französischen Präsidenten dabei vergessen – da es ja eine französische Einrichtung sein sollte –, der Neuschöpfung einen ständigen Posten im Staatshaushalt zu sichern – ganz im Gegensatz zur Weitsicht von de Gaulle und Adenauer bei Gründung des Jugendwerks. Allerdings war dieses eine offizielle Institution, während das Centre d'information et de recherche sur l'Allemagne contemporaine ein e. V. ist.

Der CIRAC darf auf zehn Jahre ständigen Aufstiegs zurückblicken, mit u. a. der Gründung und der Verbreitung eines Informationsblatts über die deutschen Medien und eines anderen über die deutsche Wirtschaft. Das Verdienst dafür kommt keineswegs dem Präsidenten zu, der ich bin und der nur dazu da ist, dem Generalsekretär, dann Direktor zu helfen: René Lasserre, der mit Umsicht, Energie, Wissen, Beharrlichkeit und Organisationstalent all das geschaffen hat und führt. Zugleich unterrichtet er an der Sorbonne Nouvelle (Paris III) Germanistik und am Institut d'études politiques Sozialwissenschaften. Es ist natürlich beglückend für mich, daß es jemanden wie ihn in der nächsten Generation gibt!

Das gleiche gilt für Henri Ménudier, der mit mir zusammengearbeitet hat, seitdem er als Zwanzigjähriger zum Comité kam und uns erklärte, es sei eben, weil sein Vater ein Opfer Hitler-Deutschlands gewesen sei, daß er bei uns mitmachen wollte. Heute ist er Professor für Germanistik an ebendiesem Institut d'études allemandes in Asnières, das von Pierre Bertaux als Ort der Lehre und Forschung über deutsche Gesellschaft und Politik gegründet worden ist, wobei die deutsche Literatur nicht ausgespart bleibt. Bertaux, der auch der erste Präsident des CIRAC gewesen ist, konnte auf ein wechselvolles Leben zurückblicken: Der Hölderlin-Spezialist (mit recht herausfordernden Thesen) war auch Chef einer Widerstandsgruppe, dann Präfekt in Toulouse, dann Chef der französischen Polizeibehörde gewesen, die etwa dem Verfassungsschutz entspricht.

Henri Ménudier und René Lasserre gehören derselben Generation an. Wenn es erlaubt ist, von »Jüngern« zu sprechen – mit eigenen Wegen, eigenem Willen, eigenen Gebieten –, so wären es diese beiden; ferner würde ich eine Französin deutscher Geburt dazu zählen, Renata Fritsch-Bournazel, nicht nur die einzige viersprachige (mit Russisch) unter uns, sondern die an ausländischen Institutionen bekannteste, soweit sie sich mit internationalen Beziehungen, insbesondere mit der »deutschen Frage« beschäftigen, sei es in Bonn, in Moskau oder in Princeton. Lasserre wirkt ganz besonders in Wirtschaftskreisen und Ménudier in den Medien, in den deutschen mehr noch als in den französischen. Ob sie, selbst mit dem Nachwuchs der folgenden Generation, genügend Einfluß in beiden Ländern haben werden, um das zu erreichen, was ich angestrebt habe, ist zumindest ungewiß, so enorm bleibt die Masse der falschen Vorstellungen und die Ignoranz in beiden Ländern. Aber auch sie glauben, daß man eben immer weitermachen muß.

Frauen und Männer

Der frühe Einstieg und die Vielfältigkeit des Einsatzes haben mir erlaubt, viele und sehr unterschiedliche Persönlichkeiten kennenzulernen, so daß »Deutschland« für mich zunächst einmal gewissermaßen die Summe all dieser Menschen ist. Manchen wird der Leser in den folgenden Kapiteln begegnen. Einige seien bereits hier erwähnt, insbesondere die der Kategorie der politisch Mächtigen.

Ich wähle mit Absicht und Vorsicht das Wort »Menschen«, denn ich erröte immer noch im Rückblick, wenn ich an ein Nachspiel der Friedenspreisfeier denke. Unter den Gratulanten erhob sich nämlich sofort eine zwar freundliche, aber kritische Stimme: Liselotte Funcke warf mir vor, die Formel »die Männer* und die Parteien, die die Bundesrepublik aufgebaut haben« verwendet zu haben. Sie hatte natürlich im Prinzip recht, vor allem in einem Deutschland, dessen Führungsschichten heute noch nicht gerade frauenfreundlich sind. Wie oft fühle ich mich verleitet, Reden vor Gremien der Wirtschaft, der Banken, der Industrie mit »Liebe nicht vorhandene Damen! Sehr geehrte Herren!« zu beginnen.

Nur gefällt mir heute immer noch keine der damals möglichen Ersatzformeln: »Die Frauen, die Männer und die Parteien«? Zwei Wörter, die dem dritten gegenüberstehen, und schon ist der Gedanke schlecht strukturiert. »Die Frauen und Männer und die Parteien«: auch nicht sehr schön. Aber die Kritik traf, obwohl ich mich immer geweigert habe, dem Ultrafeminismus nachzugeben. Das dritte Wort der Losung der Französischen Revolution ist »Brüderlichkeit«: Eine »Geschwisterlichkeit« entstehen zu lassen scheint mir unsinnig, und sei es nur, weil sonst am Ende des *Wilhelm Tell* ein unpoetisches »Seid ein einig Volk der Geschwister« stehen müßte!

Liselotte Funcke gehört zu den Frauen, die ich in der Bundesrepublik bewundert habe und bewundere und mit denen ich respektvoll-freundliche oder sogar freundschaftliche Beziehungen hatte oder habe; vor allem wenn sie Mut zeigen, wie es eben Liselotte Funcke mindestens zweimal getan hat: mit dem »Kirchenpapier« der FDP, von dem noch zu sagen sein wird, wie unproblematisch es für einen Franzosen war, und als Beauftragte für Ausländerfragen.

Der ständige Mut und die ständige Aufrichtigkeit, mit einer Mischung von politischer Intelligenz und einiger Naivität – sie sind heute immer noch bei Hildegard Hamm-Brücher zu finden. Zu Beginn der fünfziger Jahre gab es Freundschaft mit Luise Rinser und ihren beiden jungen Söhnen, dann war sie etwas verstimmt, weil ich einen ihrer Romane ohne Begeiste-

---

* *L'homme* bedeutet im Französischen Mann und Mensch zugleich.

rung gelesen hatte und damals wie heute unfähig bin, zu heucheln (jedenfalls in solchen Dingen . . .). Inge Aicher-Scholl war zunächst nur die überlebende Schwester, bis ich ihr Wirken entdeckte.

Als Annemarie Renger Vizepräsidentin des Bundestags wurde, stand mir oft ein anderes Bild vor Augen: Mit seinem einzigen Arm lehnte sich Kurt Schumacher auf die Schultern seiner Sekretärin, damit er auf seinem einen Bein zum Rednerpult humpeln konnte. Bei der Feier zum Volkstrauertag 1974 durfte ich sie besser kennenlernen. Und sie hat die Irritation überwunden, die ihr die Lektüre meines Essays über die Kanzler 1989 verschafft hat; ich zeigte darin, wie positiv es sich für Adenauer ausgewirkt hatte, daß Schumacher so war, wie er war, das heißt mit seiner Härte und seiner Intoleranz. Beeindruckt war ich auch, bevor und während sie SPD-Ministerin war, von Katharina Focke – die ich zuerst schätzte als Tochter von Ernst Friedländer, nach meiner Ansicht der Journalist, der in der Bundesrepublik wahrscheinlich am meisten für Europa geleistet hat.

Daß 1971 Marion Dönhoff die Wahl auf mich fallen ließ, um die Laudatio für ihren Friedenspreis zu halten, war beglückend, denn »die Gräfin« war in doppelter Hinsicht eine beispielhafte Persönlichkeit: als liberale, intelligente, weltbereisende Journalistin und als großmütige, vergangenheitsüberwindende Ostvertriebene, die ihren Verzicht auf ehemalige Güter zukunftsgestaltend zum Ausdruck brachte. Daß ich in den achtziger Jahren mit manchen ihrer Stellungnahmen und der der Zeit nicht übereinstimmen konnte, gehört in das Gebiet der politischen Differenzen, nicht der menschlichen.

Von vier befreundeten Frauen soll noch die Rede sein. Zwei echte Größen der CDU, obwohl die Partei sie nicht immer so eingesetzt hat, wie sie es verdient hätten – und obwohl die beiden vielleicht untereinander nicht die freundschaftlichen Gefühle empfinden wie ich für beide. Auch gegen die Seinen im Namen der eigenen ethischen Überzeugung auftreten können: diesen Mut hat ja Rita Süssmuth gerade in der Debatte um den Paragraphen 218 bewiesen. Und wenn die CDU es verpaßt hat, in der DDR, dann in den neuen Ländern zuzuhören und Verständnis zu zeigen, anstatt bevormundend Wahrheiten zu verkünden, so war das gewiß nicht die Schuld von Hanna-Renate Laurien, der es wie wenigen gelingt, feste religiöse und moralische Überzeugungen mit Aufmerksamkeit und Herzlichkeit zu verbinden. Bevor sie Präsidentin des Berliner Parlaments wurde, hatten wir die Gelegenheit, am Rande der regelmäßigen Diskussionssendung »Baden-Badener Disput« des SWF zu diskutieren. Dort habe ich auch Antje Vollmer kennengelernt, um dann auch an ihrem beruflichen Wirkungsort Bielefeld wieder einmal festzustellen, welche moralischen Grundlagen bei nicht wenigen Grünen der Einstieg in die Politik gehabt hatte und zu welcher schwierigen, oft enttäuschenden, aber notwendigen Sozialarbeit so viele junge (oder weniger junge) Deutsche bereit waren und sind – mehr als in Frankreich. Auch Universitätsprofessorinnen mit soviel politischem Mut und Engagement wie Gesine Schwan, zunächst für mich lediglich Gattin des vorbildlichen – weil zugleich kritisch-unvoreingenommenen und doch nicht vor Schlußfolgerungen zurückschreckenden – Denkers Alexander Schwan. Sie ist unter den wenigen SPD-Intellektuellen gewesen, die in den achtziger Jahren gegen ihre Partei recht gehabt und recht behalten hat, was verständlicherweise weniger Anerkennung als Ressentiments zeitigt.

*

Eine Gruppe ist mehr als die Summe der Menschen, aus der sie zusammengesetzt ist. Oder jedenfalls etwas anderes. Deswegen sollte ich auch von Begegnungen mit größeren und kleineren Diskussionsgruppen sprechen. Aber ich habe zu verschiedenartige erlebt. Allerdings mit der immer wieder gemachten Feststellung, daß man alles auch noch so Kritische vortragen darf, wenn die Gruppe, das Publikum wahrnimmt, daß die kleine Bosheit ein großes menschliches Wohlwollen verdeckt und daß auch die herbste Kritik nie herabsetzend gemeint ist. Zwei Erfahrungen aus den ersten Jahren zeigten mir, was alles möglich ist. Eine in München mit den Funktionären der Sudetendeutschen Landsmannschaft, obwohl mein Unbehagen nicht gerade gering war, nachdem ich Antworten auf die Frage nach der persönlichen Vergangenheit der Gesprächsteilnehmer erhalten hatte. Eine in Göttingen mit einer damals noch verbotenen »schlagenden Korporation«. Ich sagte, daß ich brennend daran interessiert sei, zu erfahren, warum ein junger Mensch so erpicht darauf sein könne, Narben im Gesicht zu tragen. Ich hätte mir diese Frage wegen ähnlicher Initiationsrituale bei afrikanischen Stämmen seit langem gestellt, aber noch nie Gelegenheit gehabt, nach Afrika zu fahren. Nach einigem Zähneknirschen lief dann die Diskussion ganz gut, obwohl ich auch heute noch nicht von meinem damaligen Standpunkt abgewichen bin, es gäbe doch andere Mittel, um seine Männlichkeit unter Beweis zu stellen.

Viele langjährige persönliche Bekanntschaften sind sehr früh entstanden, wie die nachfolgenden Beispiele zeigen. Als Gustav Heinemann 1969 Bundespräsident wurde, nahm er sich als Pressereferenten einen altgedienten, guten, später zu Recht oder Unrecht umstrittenen sozialdemokratischen Journalisten: Günter Markscheffel hatte ich 1947 in Mainz gesprochen und nie den Kontakt verloren. Bei der Comité-Arbeit und überhaupt bei der gesamten deutsch-französischen Jugendarbeit ist eine Art menschliche Infrastruktur der politischen Beziehungen entstanden. 1948 schuf ein Lehrer in Elz bei Limburg eine deutsch-französische Gruppe, bei der sich ein Gewerkschaftler engagierte. Als mich vier Jahrzehnte später Georg Leber in das Kuratorium des Internationalen Bundes für Sozialarbeit (Jugendsozialwerk) holte, konnten wir feststellen, daß es auch für ihn – an der Spitze des Verteidigungsministeriums oder des Zentralkomitees der deutschen Katholiken – eine Kontinuität mit jenen Anfangsjahren gegeben hatte. Politisch und geistig so verschiedene Männer wie der nicht gerade links orientierte Hans Maier, Organist und auch langjähriger bayrischer Kultusminister, sowie Iring Fetscher, Kämpfer für alle betont linken Themen und auch Universitätsprofessor, haben beide zu den ersten deutschen Studenten im Nachkriegs-Paris gehört und sind ihren französischen Kontakten treu geblieben.

Ich weiß, man soll sich nicht der Studenten rühmen, die man betreut hat. Ich will ja gar nicht so viele nennen: nur sechs! Axel von Campenhausen, »graduate«-Kommilitone (ein furchtbares deutsches Wort) meiner zukünftigen Frau, der trotz mancher gemeinsamer Tanzabende, trotz einer erstaunlichen Radtour durch Frankreich mit seinem unzertrennlichen Freund Hasso Rüdt von Collenberg – leider später als deutscher Diplomat in Vietnam ermordet – eine hervorragende Dissertation über katholische Kirche und Staat in Frankreich geschrieben hat. Er, der Sohn eines großen protestantischen Theologen, der selber zugleich Jura und Kirchenrecht lehren sollte, auch nach seiner Erfahrung als nicht gerade fortschrittlicher Staatssekretär in Hannover bzw. als Präsident einer merkwürdigen, unwahrscheinlichen Einrichtung: der Klosterkammer Hannover, die mit viel Geld alte ehemalige katholische Kirchengebäude und evangelische kirchliche Institutionen unterhält. Lothar Ruehl, schon ausgewiesener als (hinter einem Pfeiler Adenauer ablauschender) Journalist, hat sich als Pariser Korrespondent der Mühe unterzogen, zunächst das Diplom des Institut d'études politiques zu machen, dann eine bahnbrechende, wegen ihrer intellektuellen Respektlosigkeit von der französischen Obrigkeit allerdings kühl aufgenommene Doktorarbeit über die französische Verteidigungspolitik zu schreiben und als Buch zu veröffentlichen. Als er Staatssekretär im Bonner Verteidigungsministerium wurde, wußte er in Verhandlungen mit Paris über Frankreichs Strategie und Waffensysteme besser Bescheid als die meisten seiner französischen Gesprächspartner.

»Über was wollen Sie arbeiten?« – »Über Parlament und Außenpolitik in der Vierten Republik.« Kurzes Schweigen. »Ja, ich weiß, dem Thema ist ein Kapitel Ihres jüngsten Buches gewidmet. Aber das ist doch recht lücken- und fehlerhaft!« Das war der Anfang einer ständigen Freundschaft mit Gerhard Kiersch, der heute noch, trotz schwerer Krankheit, die Verbindung zwischen dem Otto-Suhr-Institut der Freien Universität Berlin und unserem Institut aufrechterhält. Um Frankreich kümmert sich Claus Zeller heute leider weniger, seitdem er sich nach langer Europa-Arbeit in Helmut Schmidts Kanzleramt und nach einer Botschafterzeit in Manila im Auswärtigen Amt auf Asien spezialisiert hat. Aber Interesse für und Kenntnisse über das Land, wo er unter anderem an der Forschung über Deutschland teilgenommen hat, sind bei ihm immer noch da.

Darf ich gestehen, daß ich am meisten die bewundere, die im Namen einer Ethik außerhalb der gewiß notwendigen »Normalität« ihre Karriere gemacht haben – wenn das Wort Karriere hier wirklich am Platz ist? Bernd Dreesmann war ein fröhlicher Student in Bologna; fröhlich ist er geblieben, was bei den menschlichen Qualitäten seiner Frau und Kinder nicht verwunderlich ist, wohl aber bei seinem zugleich wirkungsvollen und verzweifelten Einsatz an der Spitze der deutschen Welthungerhilfe. Von einer Dissertation über die – damals noch nicht recht bestehende – französische Verfassungsgerichtsbarkeit zum ständigen Engagement in und für Afrika im Namen der Europäischen Gemeinschaft oder als hoher Beamter des Bundesministeriums für wirtschaftliche Zusammenarbeit: Dieter Collofong und seine kirchlich-evangelisch engagierte Frau mit ihrem mauretanischen Adoptivsohn verkörpern in ihrem humorvollen Ernst so ziemlich alles, was mich auf die Barrikade bringt, wenn in Frankreich irgend etwas Negatives über »Die Deutschen« gesagt oder geschrieben wird. Oder wenn ein Walter Jens die Bundesrepublik als ein Metternich-Deutschland bezeichnet.

Am Anfang gehörte auch die erste Vertretung der Bundesrepublik in Paris – erst 1955 wurde sie zur Botschaft – zu diesem »menschlichen Kreis«. Gerade weil er kein Berufsdiplomat war, befand sich Wilhelm Hausenstein am rechten Platz. Seine Frau half ihm wunderbar dabei, Kontakte herzustellen – gewiß nicht nur durch die schlichte Tatsache, daß niemand ihr als jüdischer Belgierin vorwerfen konnte, vergangenheitsbelastet zu sein. Der Gesandte war Berufsdiplomat, und Gebhard von Walter erwies sich als effizient und, auf menschlicher Ebene, seiner Untergebenen würdig. Der Erste Sekretär, mit französischer Politik beauftragt, war Paul Frank, der gerade seinen Doktor – über die Währungsreform – an der Universität Fribourg (Schweiz) gemacht hatte. Der Sozialattaché (eine gute Einrichtung, solange auf diese Posten wirklichkeitsnahe Gewerkschafter berufen wurden), Jakob Moneta, der nachher für den Rest seines Lebens zur IG Metall gegangen ist, hatte bis kurz zuvor in einem Kibbuz in Palästina gearbeitet. Der Presse-Attaché, Hans Hauser, war auch kein Berufsdiplomat, wie jeder feststellen konnte, der ihn sprechen hörte und handeln sah. Ihre ersten Nachfolger vertraten noch denselben Stil, vor allem Alois Mertes, der zukünftige Staatssekretär, und Renate Osiander, deren Platz in diesem Kapitel eigentlich bei den anderen freundschaftlich bewunderten Frauen gewesen wäre.

Die folgenden vier Jahrzehnte brachten mir recht unterschiedliche Erlebnisse mit den deutschen Diplomaten in Paris, sowohl mit den Botschaftern wie auch mit den jeweiligen Nummern zwei und drei. Eine kontinuierliche Entwicklung hat es nicht gegeben. Es hing viel von der menschlichen Seite ab, und dabei waren nicht notwendigerweise die Brillantesten diejenigen, die am meisten für die Bundesrepublik und für die Deutschen erreicht haben. Wer erinnert sich noch an Botschafter Hans Ruete, obwohl er doch nach Paris die erste deutsche Vertretung in Warschau mit großem Erfolg eingerichtet hat? Alle (insbesondere Adenauers Biographen) sprechen von Blankenhorn, obwohl zur Zeit seiner Botschaftertätigkeit in Paris der Politische Direktor des Quai d'Orsay mir sagte: »Monsieur Blankenhorn oublie que moi aussi, j'étais en poste à Washington en 1939« (»vergißt, daß ich auch 1939 in Washington diente« – wo der deutsche Diplomat nicht gerade als Hitler-Gegner aufgetreten war).

Den Beweis, daß es keine geradlinige Entwicklung gegeben hat, erhielt ich Ende der achtziger Jahre: Hennig Horstmann war ein echter Nachfolger von Paul Frank und Alois Mertes, vor allem in seiner binnen kürzester Zeit phantastischen Kenntnis der französischen Politik und in der Gabe, Vertrauen zu schaffen. Nur daß er entspannter, freudiger war als seine fernen Vorgänger; aus Temperament, aber auch weil es in früheren Jahrzehnten so viele Vorbelastungen für jeden Deutschen, und nicht nur in Paris, gegeben hatte! Wobei die Vorbelastung eine Auffassung von Diplomatie zeitigen konnte, die bei vielen der wieder traditionell gewordenen Diplomaten verlorengegangen ist. Bei einem Seminar für West-, Ost- und Süddiplomaten, das ich 1962 in Clarens bei Montreux für die Quaker leitete, traf ich (oder genauer: trafen wir, denn meine Frau war mit dabei und die seine auch, so daß es eine Vierer-Freundschaft wurde) Edgar von Schmidt-Pauli. Er hatte leidvolle Erfahrungen hinter sich: 1937 Wehrmacht, dann Krieg, sowjetische Gefangenschaft von Anfang Mai 1945 bis 1950: Die besten Jahre waren sozusagen ausgefallen. Positives Fazit: Man wird Diplomat aus ethischen Gründen, um neue Kriege verhindern zu helfen, und nicht, um sich an einem zynischen Spiel zu beteiligen.

Dieser vergangenheitsbedingte deutsche Ernst, der keinen Unterschied kennt zwischen Gesinnungs- und Verantwortungsethik, weil der reine Protest nicht schöpferisch wirkt und das Schaffen nur auf Grund einer Gesinnung gestaltet werden soll, er hat sich für mich verkörpert in einem Mann wie Klaus von Bismarck. Die Widmung meines Buches La Démocratie de Bonn lautete 1958: »A Klaus von Bismarck et

Walter Dirks et à tout ce qu'ils représentent« (»Für K. v. B. und W. D. und an alles, was sie vertreten und darstellen«). Ich zitierte dies 1989, als ich, selbst Mitglied des Kuratoriums, ihn als Preisträger vorgeschlagen hatte und dann bei der ersten Verleihung des Carlo-Schmid-Preises die Laudatio auf ihn hielt. Carlo Schmid hatte als Politiker Intelligenz, Mut (z. B. bereits 1956 zur Oder-Neiße-Linie) und Toleranz bewiesen. Klaus von Bismarck hatte als Kirchenmann (an der Spitze des Sozialamts Westfalen, im Vorstand des Kirchentags), als langjähriger beispielhafter Intendant des WDR, dann als Präsident des zentralen Goethe-Instituts die gleichen Eigenschaften gezeigt; und er hat überdies eine große Verwaltung erfolgreich geleitet, mit geradezu unüblichem Respekt und Verantwortungsbewußtsein für seine »Untergebenen«.

Nicht berichten kann ich von beratenden Gesprächen mit denen ganz oben, denn da müßte ich schlicht erfinden. Ich habe wenig Talent im Umgang mit Würden- oder (und) Machtträgern: Die Scheu, mit meinen Fragen indiskret zu sein, die Schwierigkeit, weder kritisch-aufdringlich noch untertänig zu sein, erwiesen sich als echte Barrieren. Wie es auch gekommen sein mag: fest steht, daß ich nicht sehr oft in Bonn gewesen bin und auch selten genug in Regierungspalästen in Paris. Aus freiem Willen, aber auch weil mein Rat nicht gebraucht wurde. Ich will nicht den Fuchs vor den zu hoch hängenden Trauben spielen: Ich wäre gern häufiger belehrt oder zur Beratung herangezogen worden. Und hätte gern öfter Gespräche geführt wie das einzige, zu dem mich General de Gaulle am 6. Februar 1962 in den Elysée-Palast geladen hat. Für mich war er zunächst die Stimme, die uns während der Besatzungszeit via Rundfunk aus London Hoffnung und Stolz gespendet hatte. Nun, da er seit 1958 wieder an der Macht war, war ich angenehm überrascht zu sehen, wie er die von ihm bekämpfte Europa- und Deutschlandpolitik der Vierten Republik übernahm.

Er hatte mein gerade erschienenes Buch über diese Republik und ihre Außenpolitik gelesen und wollte mit mir darüber sprechen. Ich war erstaunt darüber, in welchem Maße er Kritik akzeptierte, mit Ausnahme seiner Haltung zu den USA 1944/46, deren negativen Aspekt er aufs neue verteidigte. Er sprach vor allem über Europa, aber ziemlich gegen das gemeinschaftliche. Jean Monnet sei »ein Vaterlandsloser *(apatride)*. Ich sage das nicht herabsetzend, ich stelle nur fest.« Und über Deutschland: »Es ist endgültig geteilt, aber natürlich ist nichts je endgültig *(définitif)*. Wenn es nicht geteilt gewesen wäre, hätte es kein vereintes Europa gegeben. Übrigens wissen Sie besser als ich, daß es immer zwei Deutschland gegeben hat. Das andere ist Preußen.« Einwurf: »Aber die deutschen Politiker denken nicht nur an die Wiedervereinigung. Sie denken auch an die Freiheit der Ostdeutschen.« – »Ja, gewiß. Übrigens darf nicht öffentlich gesagt werden, was ich soeben über die Einheit gesagt habe.« Ich war von seiner Würde und der Mischung von Ernst und Ironie tief beeindruckt. Ich konnte gut verstehen, wie er Gesprächspartnern die Illusion geben konnte, er sei voller Verständnis für ihren so wichtigen Standpunkt.

Eugen Gerstenmaier habe ich einmal sprechen dürfen kurz vor und kurz nach einem Tête-à-tête mit dem französischen Präsidenten: Eine halbe Stunde hatte genügt, um seine Einstellung zu de Gaulle völlig zu verändern.

Etwas überrascht war ich von Adenauer, dem ich am 5. Juli 1962 bei einem Empfang in Paris vorgestellt wurde. Er kannte mich nicht, so daß der Botschafter erklärend hinzufügte, General de Gaulle habe mein Buch über die Vierte Republik sehr gemocht. Der alte Mann reagierte wie ein errötendes Mädchen, das erfährt, daß es etwas noch nicht kennt, was der Geliebte liebt: »Ich will das Buch gleich auf meinem Nachttisch haben.« Als hätte er es auf französisch überhaupt lesen können!

Dies war meine einzige Begegnung mit Adenauer. Ludwig Erhard hatte ich als Wirtschaftsminister gekannt. Insbesondere erinnere ich mich an ein Mittagessen für französische Industrielle. Die Botschaft hatte mich gebeten, seine Rede zu dolmetschen, was einen Verzicht auf das gute Essen bedeutete: Während er absatzweise redete, galt es zuzuhören, und er durfte essen, während ich übersetzte. Ein paar Tage später kam der Dank. Ein Botschaftsattaché brachte mir eine schöne schwarze Aktentasche, die ein Buch von Erhard enthielt. Kurz danach bekam die Tasche einen Riß. Ich ging zu unserem Schuster, der auch Sattler war. Er nahm das Ding in die Hand – und gab es mir zurück mit einem trockenen: »Tut mir leid. Ich repariere nur Leder.« So lernte ich einen neuen Aspekt des deutschen Wirtschaftswunders kennen! Für die französische Ausgabe eines anderen Erhard-Buches habe ich dann ein Vorwort geschrieben, was ich auch später für eine gute Zusammenstellung von Helmut Schmidts Reden getan habe.

Die Beziehungen zu Bundespräsident Carstens sind verschiedenartiger, aber auch anekdotisch gewesen. Ich hatte viel Hochachtung vor seiner Leistung als Staatssekretär im Kanzleramt zur Zeit der Großen Koalition, und er wußte dies. Aber kurz nach seinem Amtsantritt als Staatsoberhaupt bekam ich in seinem Namen einen sehr irritierten Brief, weil ich seine Rede zum 40. Jahrestag des Kriegsbeginns im Fernsehen kritisiert hatte. Ich hatte gesagt, seine Worte deuteten eher auf eine Naturkatastrophe hin, die über Deutschland und die Welt hereingebrochen sei, als auf Hitlers Willen zum Krieg. Meine Gefühle Carstens gegenüber waren seit dem Abend seiner Wahl etwas ambivalent. Das Fernsehen hatte ein Porträt über ihn vorbereitet. Mit manch schlimmen Stellen. Nur ein Beispiel: »Was liest du da, Liebste?« fragt er seine Frau. »›Wahlverwandtschaften‹? – Bedeutend, bedeutend!« Aber seine Auswahl der Musik für die Sendung entsprach so sehr meiner Leidenschaft (das posthume Schubert-Quintett mit zwei Celli), daß ich doch das Ganze sehr schön fand.

Es war auch die Musik, die sein Urteil über mich wieder positiv gestaltete – nämlich als er erfuhr, daß Yehudi Menuhin den Friedenspreis auch auf meinen Vorschlag hin erhalten hatte. Und er hatte meine Empörung über *Die Zeit* geteilt, die die Preisverleihung mit einem dummen, herablassenden Artikel – mit dem Titel »Der Fidler« – herabgewürdigt hatte. Als wäre Menuhin nicht geradezu eine Art Mystiker des Friedens! Bereits direkt nach dem Krieg hatte er sich schützend vor Furtwängler gestellt und in Deutschland gespielt; später fuhr er nicht etwa wie Isaac Stern nach Asien, um dort westliche Musik (zu Recht) zu verbreiten, sondern um die indische und japanische Musik den Europäern näherbringen zu können! 1990 kam es zu einer letzten, zufälligen, aber guten Begegnung mit dem Altbundespräsidenten in Dresden; gemeinsam erschauerten wir über das Ausmaß der dortigen Probleme.

Aber wirklich persönliche Beziehungen hatte ich nur zu zwei anderen Präsidenten. Walter Scheel kannte ich schon lange vorher. Es soll noch näher erklärt werden, warum ich seine Reden als Bundespräsident so hervorragend gefunden habe, vor allem wenn sie die Vergangenheit betrafen. Aber er war und ist ja eine Frohnatur, was ihm weniger Prestige verlieh als dem ernsten Gustav Heinemann.

Für Richard von Weizsäcker empfinde ich Hochachtung, und ich habe im Gespräch mit ihm immer viel gelernt, wenn ich auch im Frühjahr 1992 nicht alle seine Ansichten über das deutsche Parteiwesen zu teilen vermochte. Eine der schönsten Stunden in Deutschland war für mich die Verleihung der »schärfsten Klinge« der Stadt Solingen 1987 (mit einem echten Degen!), weil die Laudatio von einem Sohn der Stadt, Walter Scheel, gehalten wurde und Bundespräsident von Weizsäcker im Hubschrauber aus Bonn herübergekommen war, was zu einem humorvollen Dreiergespräch führte.

Auch von Kurt Georg Kiesinger soll natürlich noch im Kapitel Vergangenheitsbewältigung die Rede sein. Aber ich möchte es vorwegnehmen: Trotz Beate Klarsfeld habe ich nie einen Funken Ablehnung ihm gegenüber verspürt. In meinem Essay *Die Kanzler* habe ich eingehend dargestellt, warum mir sein Eintritt in die Partei weniger gravierend zu sein schien als die politische Sünde von Theodor Heuss am 23. März 1933 und warum die schlimme Stellung als Verbindungsmann zwischen Auswärtigem Amt und Goebbels-Ministerium mit weniger bewiesener Schuld beladen war als seine Verdienste vor und nach dem Krieg als Verbreiter guten Wissens im traditionell westlich-liberalen öffentlichen Recht. Als Experten der Außenpolitik im Bundestag, als vorbildlich demokratischen Parteisprecher, als universitätsfördernden Landesvater in Stuttgart hatte ich ihn schätzen gelernt. Daß er Kanzler der Großen Koalition wurde, die trotz ihres schlechten Rufes (keine der beiden Parteien erinnert sich gern an das positive Zusammenwirken!) viel geleistet hat, war bei seinem Sinn für Toleranz und Schlichtung kein Zufall.

Aber welche Freude doch im Fernsehstudio in Bonn, als am Wahlabend 1969 klar wurde, daß Willy Brandt Kanzler werden würde! Wenn ich Deutscher gewesen wäre, hätte ich gewünscht, diesem Kanzler zu dienen, so wie ich es 1954 bei Mendès France empfunden hatte. Die schnellen Entscheidungen in der Ostpolitik waren übrigens gut vergleichbar mit der Entscheidungskraft von Mendès France. Daß innen- und sozialpolitische Bereiche vernachlässigt wurden, war bald klar, aber wie tief habe ich doch den nach Auflösung des Bundestages einsetzenden Wahlkampf von 1972 mitempfunden. Am Wahlabend war ich, dank einer Einladung von Horst Ehmke, im Kanzler-Bungalow. Zufällig stand ich dabei, als der Sieg verkündet wurde und sich Willy und Rut Brandt mit Freudentränen in die Arme fielen, – nach einer mit Verleumdungen erfüllten Wahlkampagne. Ich irrte mich dabei über die Festigkeit ihrer 1948 geschlossenen Ehe und war enttäuscht, als sie sich 1979 scheiden ließen, was mich keineswegs daran hinderte, mit dem neuen Ehepaar Brandt freundschaftliche Beziehungen zu pflegen. Als Altbundeskanzler war Willy Brandt an allen Orten zu treffen, wo Nord-Süd-Beziehungen oder Flüchtlingsfragen besprochen wurden.

Mit Brandt und Schmidt zugleich gute Beziehungen zu haben, das war für den Außenstehenden kein Problem, vor allem wenn er, wie ich, den dritten der sich bekämpfenden, theoretisch brüderlichen SPD-Führer nicht mochte. Vielleicht kommt es daher, daß ich ihm nie persönlich begegnet bin, aber der Schimpfstil so vieler Parlamentsreden von Herbert Wehner hat mich schlicht angewidert, wenn ich auch bei so vielen Leuten hörte, wie wohlwollend »Onkel Herbert« sein konnte.

Helmut Schmidt war ich vor allem in Fernsehdiskussionen über strategische Probleme begegnet, mit dem sympathischen, aufgeschlossenen CSU-Politiker (selbstverständlich sind da die Beiwörter nicht . . .) Freiherrn von und zu Guttenberg als Drittem im Bunde. Dadurch, daß ich einige Mitglieder des bis zur Erschöpfung arbeitenden Teams kannte, wußte ich von der vorbildlichen Methode des Kanzlers Schmidt zur Entscheidungsfindung in der Außenpolitik. Über den Kanzler in der Terrorismus-Krise soll vor dem vierten Kapitel bereits angemerkt werden, daß er durch diese Krise gewissermaßen ethisch erhöht und auf Dauer mit den ethischen Grundlagen der Politik verbunden wurde. Das Lob, das ich ihm in einer Art Laudatio zu seinem 65. Geburtstag im *Sozialdemokratischen Magazin* spendete, war ebenso aufrichtig wie das für Willy Brandt aus analogem Anlaß fünf Jahre zuvor, im Dezember 1978, damals im evangelischen *Deutschen Allgemeinen Sonntagsblatt*. Daß ich zu beiden Jubiläen schrieb, war einem Zufall zu verdanken. Durch meine Beiträge zur Monatszeitschrift *Die Evangelischen Kommentare* hatte ich deren Chefredakteur Jens Fischer näher kennengelernt und mit ihm Freundschaft geschlossen. Er hat dann viele, zu viele Jahre Helmut Schmidt gewidmet, was erklärt, daß mich das Kanzlerbüro zur Zeit Schmidts mehrmals aufgefordert hat, beratende Expertisen zu verfassen.

Als 1982 die »Wende« kam, schrieb ich am 2. Oktober folgenden Brief:

Sehr verehrter Herr Bundeskanzler, lieber Herr Kohl!

Ich möchte meine herzlichen Glückwünsche zum Ausdruck bringen.

Es sind nun dreizehn Jahre, die vergangen sind, seitdem bei einem kleinen Abendessen in Paris, kurz vor Ihrem Amtsantritt in Mainz, von Ihrer möglichen Kanzlerschaft die Rede war. Ihr Weg ist seitdem gradlinig gelaufen, und Sie dürfen wahrhaftig auf diese Gradlinigkeit stolz sein!

Ich weiß, daß Sie ein Mann der Besonnenheit und der Mäßigung sind. Deswegen bin ich sicher, daß Sie den Kräften widerstehen werden, die auf Bruch, Härte, Verdammung ausgerichtet sind, und daß Sie sich auf all diejenigen stützen werden, die glauben, daß zur Zeit der internationalen Wirtschafts- und Finanzkrise das Spektrum der Anzusprechenden und Heranzuziehenden so breit wie möglich sein sollte.

Mit allen besten Wünschen – insbesonders natürlich für Ihren ersten deutsch-französischen »Gipfel« . . .

Während des besagten Pariser Essens im Jahre 1969 hatte sich Helmut Kohl tatsächlich als künftigen Kanzler dargestellt. Ich hatte dann im folgenden Jahrzehnt öfter mit dem Mainzer Landesvater, später mit dem Fraktions- und Parteichef zu tun – immer in der positivsten Form. Von seinem Wirken als Kanzler soll natürlich in den nächsten Kapiteln noch die Rede sein.

Von Intimität mit den Großen also keine Spur! Daß sie sich in ihrer hohen Funktion nur wenig persönlich »ausliefern«, wie das bei den vorher erwähnten Persönlichkeiten der Fall war, ist verständlich. Und von Freundschaft kann man sowieso nur sprechen, wenn ein solches Sichaufschließen beiderseits vorhanden ist. Manchmal gibt es so etwas wie einen Durchbruch. Und genau das ist mir mit Klaus von Dohnanyi widerfahren. Obwohl die Erinnerung an den Gesprächsinhalt keiner Notiz bedarf, habe ich mir dieses Datum notiert. Es war am 19. Februar 1987 im Hotel Bristol in Paris.

III.

»VERGANGENHEITSBEWÄLTIGUNG«

Stets im Westen, nun im Osten

Um was geht es?

Der Begriff war und bleibt umstritten. Das Thema ist weiterhin mit jenem »Denk ich an Deutschland« verbunden. Für mich natürlich, wegen meiner persönlichen Vergangenheit. Auch auf internationalem Gebiet – wegen des Deutschlandbilds draußen und wegen der vergangenheitsbedingten Reaktionen drinnen, sobald es um außenpolitische Entscheidungen geht. Und nun, mit neuer Lautstärke, die schwierige, hitzige, oft unerfreuliche Diskussion zwischen Deutschen über die doppelte Vergangenheit der »neuen Länder«: 1933 bis 1945 und 1945 bis 1990.

Die mannigfaltige Kritik kenne ich. Auch andere Bezeichnungen – wie »Aufarbeitung«. Ich bleibe dennoch bei »Vergangenheitsbewältigung«. Nicht trotz, sondern wegen der Vieldeutigkeit des Begriffs »Bewältigung«. Ich habe eine Masse Arbeit zu bewältigen, das trifft zu, denn ohne Anhäufung von Kenntnissen kann man die Vergangenheit nicht beurteilen und niemanden für sein Verhalten verurteilen. Jeder Deutsche sollte den Wunsch und den Willen haben, das Schicksal zu bewältigen, das die Verantwortlichen aus schwarzen Zeiten dem späteren Deutschland auferlegt haben. Jedes Opfer dieser Zeiten, sollte er nach Gerechtigkeit streben, muß den Zorn, muß das Ressentiment bewältigen, die aus seinem und der Seinen Leiden entstanden sind. Bewältigen heißt weder abschütteln noch verneinen, wohl aber Herr werden über. Bewältigen heißt somit frei werden von durch Nutzbarmachung für. Für eine Verwandlung – der Realität oder seiner selbst. Für eine Treue, eine Standfestigkeit in bezug auf die Werte, in deren Namen man die Vergangenheit beurteilt hat.

Allerdings macht dieser schillernde Begriff für mich nur Sinn, wenn er zur Wahrheitssuche verwendet wird. Die Wahrheit schlechthin gibt es nicht, aber es gibt einen enormen Unterschied zwischen denen, die nach mehr Wahrheit streben unter der wahren Voraussetzung, daß Dinge und Feststellungen existieren, die wahrer sind als andere, und denen, die im Namen einer vorgefaßten, vorgeglaubten Wahrheit ihre Untersuchung vollziehen und ihre Urteile fällen. Auf französisch ist meine Formel: »Penser juste, c'est-à-dire avec justesse et avec justice«. Das heißt ungefähr: »Richtig denken bedeutet mit Richtigkeit und Gerechtigkeit zugleich.« Mit wissenschaftlicher Logik und mit einer nach allen Seiten – auch sich selbst gegenüber – gleichen Bewertung. Gerade in der immer aufs neue aufflammenden Diskussion über die Geschichtsschreibung galt und gilt es, beiden Entstellungen entgegenzutreten: die Wirklichkeit nur durch das Prisma seiner be- und verurteilungsfähigen Ideologie zu betrachten und darzustellen; im Namen einer falsch definierten »Wissenschaftlichkeit« die ethischen Grundlagen zu übersehen, die notwendigerweise die Auswahl der Forschungsthemen mitbestimmt haben. Kühnl gestern, Zitelmann heute: Ich werde erklären müssen, warum ihr entgegengesetztes Versagen für mich bedeutungsvoller ist als der gesamte sogenannte »Historikerstreit«.

Also darf ich vorläufig die paradoxe Schwierigkeit beiseite lassen, mit der ich nie ganz fertig werden kann: Wahrheit macht frei, aber man muß schon einigermaßen innerlich frei sein, um nach mehr Wahrheit zu streben. Hier möchte ich lediglich im Namen der Wahrheitssuche warnen: den Leser, aber aufs neue, wie so oft seit meiner Jugend, mich selbst. Warnen vor der Vermischung der Begriffe: Warum Verantwortlichkeit benutzen, wo man doch auf deutsch wie auf englisch (leider nicht auf französisch) die klärende Unterscheidung zwischen Schuld und Haftung machen kann? Wobei »Schuld« auch nur mit Vorsicht zu gebrauchen ist. Durch die verschiedenen Inhalte der persönlichen Schuld, so wie sie Karl Jaspers in der *Schuldfrage* dargestellt hat. Durch die unterschiedliche Einordnung der Verantwortungsträger in menschliche Gruppen. Trug man als deutscher Kommunist die Last der sowjetischen Massenmorde der zwanziger und dreißiger Jahre mit? Ein SED-Würdenträger hat die Last der Verbrechen mitzutragen, die unter Ulbricht und Honecker begangen wurden. Nur dieser? Nicht auch die der tausendmal schlimmeren, die von Moskau aus verordnet wurden, auch woanders als in der DDR? Wie unsicher die Antwort ist, wird noch zu untersuchen sein.

Strafen, säubern, umerziehen ... Nach 1945 gab es viel Verwirrung mit diesen Begriffen. Seit 1990 ist sie erneut da, allerdings mit einem zusätzlichen Jargon: aufarbeiten, abwikkeln... Was? Von wem? Wofür? Und im Hintergrund ein großes Wort, das ständig mit Gelassenheit benutzt wird: das Recht. Als wäre dies eindeutig! Ich freue mich darüber, ich bin voller Genugtuung darüber, daß die Bundesrepublik Deutschland ein Rechtsstaat ist. In mancher Beziehung viel mehr, viel besser als die Französische Republik. Ich bewundere eine Justiz, die dem Verurteilten oder dem Abgewiesenen sogleich eine »Rechtsmittelbelehrung« gibt, damit er den von der »belehrenden« Instanz verkündeten Spruch beanstanden kann.

Aber die Bundesrepublik ist auch ein Land der verantwortungslosen, kalten, zuweilen haarsträubenden Juristerei. Als Beispiel sei ein Urteil des Bundesverwaltungsgerichts angeführt. Ein Asylant wurde abgewiesen und somit zur Ausweisung freigestellt. Ja, er sei gefoltert worden, aber da man in seinem Lande aus allen möglichen Gründen foltere, könne er nicht beweisen, daß es aus politischen war; also falle er nicht unter Artikel 16 des Grundgesetzes. Bei einer Fernsehdiskussion über Asylrecht wirkte ein Richter dieses Gerichts mit, und ich zitierte mit Empörung jenes Urteil. Zu Bischof Camphaus' und meiner Überraschung sagte er nun, *er* habe das Urteil geschrieben und stehe noch immer zu ihm. Und wie viele Hunderte, Tausende von Richtern haben im Unrechtsstaat – Drittes Reich oder DDR – das jeweilige Recht als »positives Recht« angewandt, dann gerne bereit, das »positive Recht« des Rechtsstaats anzuwenden und mit dessen Hilfe die zu verurteilen, die gestern dem Staat gedient haben, dessen treue Diener sie selbst gewesen waren?

Hier muß aber sofort etwas Wichtiges hinzugefügt werden, nämlich, daß der französische Richterstand (oder die Professoren des öffentlichen Rechts: Ernst Forsthoff war keine rein deutsche Erscheinung) nicht anders, nicht besser war. Diese Feststellung zu unterlassen würde eine Ungerechtigkeit gegenüber Deutschland bedeuten. Die Pädagogik der Wahrheit und der Gerechtigkeit bedarf des Vergleichs. Auch und sogar besonders, wenn man diese Pädagogik für sich selber verwendet.

Der ständige Vergleich

Der Vergleich ist von moralischer Beurteilung, von logischer Analyse, die zu einem moralischen Urteil führen soll, nicht zu trennen, vorausgesetzt natürlich, man strebt die Kohärenz an und ist nicht bereit, für sich selbst, für die Seinigen, eine andere Wertskala anzuwenden als für die anderen. »Wir auch, also . . .«; »Die da auch, aber doch anders und nicht so sehr, wie ihr . . .«; »Es ist so wie . . ., aber bei näherer Betrachtung gibt es Unterschiede, die keine gleiche Beurteilung zulassen . . .«; »Bin ich berechtigt, so zu denken, so zu urteilen, wo ich doch in anderen Fällen . . .?« Ich meine – vielleicht unbescheiden –, der Grundeinstellung, die in solchen Fragen zum Ausdruck kommt, immer treu geblieben zu sein. In der Laudatio von Paul Frank gab es eine kurze Stelle, die mich besonders stolz machte. Er zitierte fünf Wörter aus einer Fußnote meines Buches *In wessen Namen?*. Diese Anmerkung verwies auf eine Textsammlung von Heinrich Missalla *»Gott mit uns« – Die deutsche katholische Kriegspredigt 1914–1918*. Ich hatte das Buch »erschreckend« genannt, aber hinzugefügt, daß »sein französisches Äquivalent noch aussteht«. Es mußte beim französischen Leser der Eindruck vermieden werden, die französische Kirche hätte sich besser benommen!

Auf den Vergleich erpicht sein heißt, ein in bezug auf den Nazismus und auf die im Namen Deutschlands verübten Verbrechen oft gebrauchtes Wort energisch abzulehnen: »unvergleichbar«. Es ist ebenso widersinnig wie das Wort »undenkbar«. Von etwas zu sagen, es sei undenkbar, heißt, daß man es gerade gedacht hat. Von einem Gegenstand oder einem Ereignis zu behaupten, er/es sei unvergleichbar, heißt ja, daß man bereits verglichen hat und zu dem Schluß gekommen ist, daß er/es in seiner Vortrefflichkeit oder in seinem Grauen radikal anders ist. Die Andersheit, selbst die radikalste, kann mit Recht nur behauptet werden, nachdem sie festgestellt wurde. Festgestellt durch den Vergleich! Sonst handelt es sich um eine dogmatische Aussage, die man zwar anderen auferlegen kann, aber autoritär und ohne Überzeugungskraft. Will man die Verbrecher, ihre Landsleute, ihre Nachkommen vom radikalen Unterschied überzeugen, so muß man vergleichen. Dies gilt noch mehr, wenn man Opfer anderer Verbrechen dazu auffordert, die deutschen Verbrechen als in ihrem Wesen anders aufzufassen. Zum Beispiel die Armenier oder die Kurden.

Zum Vergleich mögen bestimmte Begriffe von Nutzen sein, aber manche oft verwendete schaden mehr, als sie nutzen, weil sie von vornherein den Begriff verzerren. Dies gilt in erster Linie für den Begriff »Faschismus«. Der Antifaschismus wird noch als politische Ideologie doppelt einzuordnen sein – insbesondere, wenn von Erich Honecker die Rede sein wird. Aber so zu tun, als seien Mussolini, Hitler und Franco auf ei-

nen Nenner zu bringen, das hieße, Abermillionen von Kriegs-
und Auschwitz-Opfern zu bagatellisieren, da sie ja zu einer
subsidiären Unterscheidung innerhalb einer wesentlichen Kategorie heruntergespielt würden. Auch den Begriff »Totalitarismus« betrachte ich mit Mißtrauen. Gewiß gab es einen
Willen – bei Hitler und bei Stalin –, nicht nur den »totalen
Staat« herzustellen, wie ihn Ernst Forsthoff beschrieb, sondern den Menschen total in Anspruch zu nehmen, seine
ganze Privatsphäre für die Macht zu vereinnahmen, was zum
Beispiel in Goebbels' Formel »Du bist nichts, dein Volk ist
alles« zum Ausdruck kam. Aber der Totalitarismus wurde nur
angestrebt. Er war nie voll verwirklicht. Wäre er es gewesen,
so hätte es nach 1945 (und nach 1989 in Osteuropa) keine
individuelle Schuldzuschreibung geben können, denn es hätten nur noch völlig entfremdete, umgewandelte Geister in
einer »nischenlosen« Gesellschaft existiert.

Also lasse ich die großen Begriffe lieber beiseite, um dafür
Fakten zu analysieren oder Verallgemeinerungen und Schlag-
wörtern kritisch zu begegnen. Ein für mich wichtiges Beispiel:
das vermeintliche Charakteristikum der deutschen »Unfähigkeit zu trauern«. Der Titel des 1967 erschienenen Buches von
Margarete und Alexander Mitscherlich – der nur sehr begrenzt dem Inhalt entspricht – ist wirklich zum Schlagwort
geworden. Mit wenig Berechtigung. Erstens, weil die französische, die britische, die türkische Fähigkeit, über die von der
eigenen Nation verschuldeten Opfer zu trauern, auch recht
begrenzt ist. Und zweitens, weil die Verkündung der Notwendigkeit der Trauer in der Bundesrepublik von Anfang an klarer
erfolgt ist als in irgendeinem anderen Staat. Das merkwürdige
ist, daß innerhalb und außerhalb Deutschlands alle paar Jahre
der Aufschrei kommt: »Endlich!«, als sei es das erste Mal, daß
eine Akzeptanz der Last der Vergangenheit festzustellen ist.
Gewiß ist Richard von Weizsäckers Rede zum 40. Jahrestag
des 8. Mai 1945 besonders beeindruckend, besonders ausführlich in der Auflistung der Verbrechen gewesen. Aber

Theodor Heuss hatte bereits 1949, als erster Bundespräsident, den Begriff der Kollektivscham geprägt, und zum 30. Jahrestag hatte Bundespräsident Scheel seine Landsleute auf das Bekenntnis zur Vergangenheit verpflichtet wie Weizsäcker. 1985 galt es mehr als 1975, für die Nachkommen zu sprechen. Daher die Formulierung: »Wir alle, schuldig oder nicht, ob alt oder jung, müssen die Vergangenheit annehmen. Wir alle sind von ihren Folgen betroffen und für sie in Haft genommen.« Scheel hatte etwas mehr für die Überlebenden gesprochen: »Wir vergessen nicht, daß die Befreiung von außen kam, daß wir, die Deutschen, nicht fähig waren, selbst dieses Joch abzuschütteln, daß erst die halbe Welt zerstört werden mußte, bevor Adolf Hitler von der Bühne der Geschichte gestoßen wurde . . . Warum geschah das alles? Warum diese furchtbaren Opfer? Die Antwort ist: Hitler wollte den Krieg, sein Leben hatte keinen anderen Zweck als den Krieg. Er verwandelte unser Land in eine riesige Kriegsmaschine, und jeder von uns war ein Rädchen darin. Das war erkennbar. Wir haben aber die Augen und Ohren geschlossen, hoffend, es möge anders sein . . .«[*]

Ich behaupte nun keineswegs, der Vergleich sei ein Beweis. Auch nicht, daß mich mitunter der Teufel des Vergleichs nicht doch zur Ungerechtigkeit geführt habe. Ich bin aber ganz sicher, daß es kein besseres Mittel als den Vergleich gibt, um entweder eine Härte etwas abzumildern und somit die Verweigerung des Nachdenkens zu vermeiden, oder um den Hörer oder den Leser provokativ dazu zu bringen, seine bisherigen Urteile in Frage zu stellen. Ersteres machte ich in meiner Rede zum Volkstrauertag 1974. In einer solchen Stunde den Deutschen Hartes zu sagen war nicht einfach. Es wurde u. a. gemildert, aber nicht verändert durch ein »Das ist

---

[*] Weitere Texte und ausführlichere Betrachtung im Kapitel »Die Vielfältigkeit des deutschen Gedächtnisses« in meinem Buch *Verbrechen und Erinnerung*

woanders nicht anders«, unter Hinweis auf etwas Französisches: »In Frankreich ist im 19. und 20. Jahrhundert nicht getrauert worden, als durch Frankreichs Verschulden Algerier starben. Und dann mußten viele Franzosen sterben, mußten viele Franzosen trauern, weil sie nie an die algerische Trauer gedacht, weil sie nie eine echte, das heißt nicht nur national bedingte menschliche Solidarität gelebt hatten.« In bezug auf Deutschland habe ich französische und jüdische Zuhörer oder Leser nicht ungern provoziert.

*

Im Juli 1992 kam es in Frankreich wieder zu einer Welle der nie ganz vollzogenen Vergangenheitsbewältigung. Ein halbes Jahrhundert zuvor hatten die Vichy-Behörden und die französische Polizei dem deutschen Wunsch entsprochen und in Paris Razzia auf Tausende von meist ausländischen Juden gemacht. Die Verhafteten, Frauen und Kinder wie Männer, waren vor ihrer Deportation nach Osten, von der es fast für niemanden ein Zurück geben sollte, im Vélodrome d'Hiver, der Halle der Sechs-Tage-Rennen, zusammengepfercht worden. Staatspräsident François Mitterrand wies die Aufforderung zurück, sich zur Schuld Frankreichs zu bekennen. Unterstützt von Robert Badinter, dem hochgeschätzten (jüdischen) Präsidenten des Verfassungsrats, unterschied er zwischen dem illegitimen Unrechtsstaat Vichy und der Republik, die nicht für die Verbrechen der letzteren zu haften hätte. Vichy sei in der Geschichte der Republik ja nur eine Klammer gewesen.

Ouest-France, unsere auflagenstärkste Tageszeitung, veröffentlichte auf Seite 1 einen recht harten Artikel, in dem ich fragte, was eigentlich Willy Brandt vor dem Denkmal des Warschauer Ghettos zu suchen gehabt habe. Die zwölf Jahre Hitler-Regime seien ja nur eine Klammer in der Geschichte Deutschlands gewesen, die vorher und nachher keine andere Ausrottung gekannt hätte. Und ich wies darauf hin, daß die Lager für politische Flüchtlinge von der Dritten Republik eingerichtet worden und daß die entehrende Klausel des Waffenstillstands, die ihre Auslieferung vorschrieb, im Namen der Republik unterzeichnet worden sei.

Der Vergleich war gewiß überzogen, aber die Leserbriefe wie auch die Reaktion von Badinter zeigten, daß es nützlich war, den Finger auf die Wunde zu legen – zur Selbstbesinnung und zu mehr Gerechtigkeit den Deutschen gegenüber. Es war jedoch nur ein Bruchteil dessen, was mir 1969 an meist empörten Briefen zugegangen war: Damals hatte ich in *Le Monde* einen längeren Leitartikel »Der Bischof und die Geiseln« veröffentlicht. Es ging um den Fall des Weihbischofs von München, der als Hauptmann Matthias Defregger den Befehl zur Erschießung von etwa zwanzig Einwohnern des Dorfes Filetto, die als Vergeltung für den Totschlag deutscher Soldaten durch italienische Widerstandskämpfer angeordnet worden war, zumindest weitergegeben hatte. Ich nahm nicht so sehr den Priester in Schutz, als daß ich an ungesühnte französische Verbrechen erinnerte.

Der Sturm in der Leserschaft betraf nicht die Repressalien in Algerien 1945 oder auf Madagaskar 1948, sondern eine kurze Stelle über einen Vorfall in Deutschland: »Als die französischen Truppen in die süddeutsche Stadt Reutlingen eindrangen, kam es zu einem Attentat und dann zu Geiselerschießungen. Der verantwortliche Offizier konnte seine Hochschulkarriere fortsetzen.«* Ich war mir meiner Sache sicher, allerdings ohne Dokumente. Ich hatte 1949 in Reutlingen Fragen gestellt, nachdem die Stimmung in einer Abiturientenklasse plötzlich eisig geworden war, als ich von Geiselerschießungen in Frankreich sprach. Was ich dann erfuhr, ließ Zweifel nicht zu. Ich wurde nun aber mit so vielen Dementis überschüttet, daß ich mich etwas verlegen fühlte – bis der lange, ausführliche Brief eines hohen französischen Richters eintraf, der 1951 beauftragt worden war, den Vorfällen von

* Vollständiger Text in *Wider den Strom*

1945 nachzugehen. Es sind in der Tat sieben Geiseln erschossen worden; ein Attentat hatte es aber nie gegeben, der Tod des französischen Soldaten war einem Motorradunfall zuzuschreiben gewesen. Dies Ergebnis ist nie veröffentlicht worden, und noch 1969 bat mich der Richter, seinen Brief nur zu meiner persönlichen Information zu benutzen. Ich schrieb 1977 in *Ouest-France* ähnliches zum Fall von Herbert Kappler, als der zu lebenslänglicher Haft verurteilte ehemalige Chef der deutschen Polizei in Rom aus dem Krankenhaus, in das er wegen eines Darmkrebs eingeliefert worden war, nach Deutschland entführt wurde.*

Viel wesentlicher für mich war das Eingreifen in die französische Diskussion, als Ronald Reagan und Helmut Kohl den Militärfriedhof von Bitburg besuchten. Es ging um die Gräber von Waffen-SS-Mitgliedern. Ich erinnerte in den Medien an den Prozeß, der 1953 in Bordeaux stattgefunden hatte. Er betraf das Verbrechen von Oradour. Die französische Öffentlichkeit entdeckte mit Erschrecken, daß ein Großteil der Soldaten und Unteroffiziere der Waffen-SS-Division »Das Reich«, die am Massenmord beteiligt waren, zwangsverpflichtete Elsässer gewesen waren. Aber, so betonte ich 1985 aufs neue, die anderen Soldaten waren auch keine Freiwilligen. Die Generäle und die Obersts der Waffen-SS stammten aus der SS, ihre Hunderttausende von Untergebenen im allgemeinen nicht. 1953 hatte das französische Parlament während des Prozesses ein schlimmes Gesetz von 1948 rückgängig gemacht, das in einem solchen Fall jedes Mitglied der Einheit schuldig sprach, wenn es nicht seine Nichtteilnahme beweisen konnte.

Es ist in Frankreich auch mehrmals darum gegangen, die deutschen Versuche der Vergangenheitsbewältigung dem türkischen Willen gegenüberzustellen, den 1915 begangenen Massenmord an den Armeniern zu leugnen. Insbesondere im Januar 1982, als ein junger Armenier vor dem Schwurgericht

* Vollständiger Text in *Versuchte Beeinflussung*

von Aix-en-Provence stand, weil er einen türkischen Diplomaten erschossen hatte. Seine Anwälte hatten mich aufgefordert, an den Vorsitzenden zu schreiben, der meinen Brief dann auch als eine Art moralisches Zeugnis verlas. Ich verurteilte den Terrorakt und verglich ihn mit dem Attentat vom 7. November 1938, das der junge Herschel Grynszpan auf den Botschaftsrat Ernst vom Rath in Paris verübt hatte, um dann zu betonen, daß der türkische Diplomat einer weitläufigen Nachfolge-Regierung diente und nicht einer verbrecherischen. Ich fügte aber hinzu:

Und doch versuche ich mir vorzustellen, was die Gefühle und die Reaktionen dieses oder jenes jungen Juden wären, der ständig das Grauen der Vergangenheit vor Augen hätte, wenn das heutige Deutschland anders wäre. Wenn es sich zum Beispiel, anstatt einen Verfolgten des Nazi-Regimes an die Macht gebracht zu haben, der dann vor dem Denkmal der Vernichtung des Warschauer Ghettos niederkniet, Regierende gegeben hätte, die behaupteten, in der Vergangenheit sei überhaupt kein Verbrechen begangen worden, und die auf die französische Regierung Druck ausüben würden, um die Errichtung eines entsprechenden Denkmals zu verhindern. (Was kurz davor in Marseille geschehen war . . .)

Es ist nicht leicht, in bezug auf die tragische Erinnerung an die Shoa, an die »Endlösung«, den richtigen Ton zu treffen. Ich will gewiß nicht behaupten, daß mir das immer gelungen ist. Meiner Grundlinie treu zu bleiben hieß zuweilen beschwichtigen – vielleicht zu sehr –, zuweilen vor harter Kritik nicht zurückzuschrecken – vielleicht mit zuviel Schroffheit. Ich glaube nicht, meine Rede in Frankfurt bedauern zu müssen, die ich bei der Kundgebung vom September 1987 gehalten habe. Es war eine Protestveranstaltung gegen die Entscheidung der Stadtverwaltung, nicht weiter zu diskutieren, bevor am Börneplatz neue Gebäude auf der Stelle des ehemaligen jüdischen Ghettos errichtet sein würden. Im Sinne der Veranstalter plädierte ich für eine Denkpause und einen jedenfalls vorläufigen Baustopp, damit eine würdige Lösung gefunden werden könne.

Oberbürgermeister Brück hatte mich vor der Veranstaltung, die im ehemaligen Dominikanerkloster stattfand, zu einem Gespräch eingeladen. Er sagte mir viel Richtiges, zeigte aber auch einen erstaunlichen Mangel an Fingerspitzengefühl, sogar an Gefühl, insbesondere als er betonte, Frankfurt habe ja schon sehr viel Geld für Juden ausgegeben. Trotzdem war der Grundtenor meiner Rede ganz im Sinne des Titels des Berichts, den die *FAZ* brachte: »Sieger und Besiegte darf es nicht geben.« Ich erinnerte daran, was die Frankfurter OBs, vom SPD-Mann Walter Kolb bis zum CDU-Mitglied Walter Wallmann, auf dem Gebiet der Vergangenheitsbewältigung schon geleistet hatten. Es war ein CDU-geführter Magistrat, der beschlossen hatte, den umstrittenen Ort von Dominikaner- in Börneplatz umzutaufen. Auch griff ich wieder zu Vergleichen; vor allem zu dem, den ich im Vorjahr in der Eröffnungsrede zu einer Frankfurter Ludwig-Börne-Ausstellung ausführlicher behandelt hatte: Jeder, der mit Schmerz an jüdische Ghettos denkt, sollte sich verpflichtet fühlen, alles zu tun, damit heute arme Ausländer in unseren Städten nicht unter ghetto-ähnlichen Bedingungen leben müssen.

Die Rede* wurde ohne Begeisterung aufgenommen, nicht so sehr wegen der Vergleiche als wegen der politischen Grundüberlegung, eine Lösung erfordere einen Kompromiß und nicht die Kapitulation der anderen Seite. Bei Reden ohne politisches Ziel bin ich sicher zuweilen zu hart in den Antworten auf Fragen, die moralisches Unverständnis zeigen. Am härtesten ist es wohl 1983 in Zürich vor der Israelitischen Cultusgemeinde zugegangen. Das Nachspiel war, daß deren Präsident mir einen langen Brief schrieb, in dem er mir versicherte, daß ich nicht eingeladen worden wäre, wenn man gewußt hätte, wie ich sprechen würde. Ich antwortete, daß

* Auszüge S. 90–95 im Fischer-Taschenbuch: *Der Frankfurter Börneplatz. Zur Archäologie eines politischen Konflikts*, hrsg. von Michael Best, Frankfurt a. M. 1988

dann die Einladung erfolgt sei, ohne mich zu kennen. Ich hatte nicht nur die israelische Politik kritisiert, sondern die Gemeinde auch darauf aufmerksam gemacht, daß sie sehr schweigsam gewesen sei, als die Schweizer Regierung während des Krieges viele deutsche Juden in den sicheren Tod schickte: Auf Schweizer Verlangen hatte es den J-Stempel in die jüdischen Pässe gegeben, und die deutschen Flüchtlinge mit diesem J wurden dann an der Schweizer Grenze abgewiesen. »Das Boot ist voll!« hieß es damals. Zu dieser Zeit hatte die jüdische Gemeinde ihrer jüdischen Zugehörigkeit eben nicht den Vorrang gegeben.

Wichtiger für mich war ein anderes Thema, das ich davor und danach oft behandelt habe – 1981, als Menachem Begin, Israels Ministerpräsident, Bundeskanzler Schmidt erbittert angriff, und später mehrmals, um Elie Wiesel zu kritisieren: Kein Deutscher ist in meinen Augen verpflichtet, im Namen der Vergangenheit alles automatisch gutzuheißen, was eine israelische Regierung tut. Ein junger Deutscher bewältigt die Vergangenheit, wenn er zwar Israel gegenüber Verständnis und Zurückhaltung zeigt, aber auch im Namen jener Grundwerte spricht und handelt, die der Nationalsozialismus verneint hatte.

Nach dem Fall der Berliner Mauer kamen allerdings die fundiertesten Antworten auf Wiesel keineswegs von mir. *Die Zeit* hatte die ausgezeichnete Idee, die Ausführungen des Friedens-Nobelpreisträgers über die Unziemlichkeit der Freude junger Deutscher am 9. November und über die Sorge, die nun im Ausland über Deutschland neu entstehen würde, gleich mit zwei Antworten zu drucken. Die eine stammte von dem französischen jüdischen Internationalisten Dominique Moïsi, die andere von dem in Israel geborenen und zum Deutschen gewordenen Münchner Professor Michael Wolffsohn. Beide zeigten, daß eine Freude über die wiederentstandene Freiheit keine Verhöhnung der Trauer für die Opfer der »Kristallnacht« vom 9. November 1938 bedeutete.

Ähnlich argumentierte ich am 6. November 1990 im jüdischen Gemeindehaus von Berlin. Vor ungefähr tausend Zuhörern fand eine von Heinz Galinski geleitete Podiumsdiskussion statt. Nun ist Galinski zwar im Juli 1992 verschieden, aber meine damalige Empörung ist nicht vergessen, als er sagte, ohne die jüdischen Gemeinden hätte niemand in Deutschland je von der »Kristallnacht« gesprochen. Man soll Tote ehren, aber nicht heiligsprechen. Ich hielt ihm spontan eine lange Liste von Veranstaltungen, Veröffentlichungen und Sendungen entgegen, die allein 1988 am 50. Jahrestag das Gegenteil bewiesen hatten. Auch wurde ich zum »Nestbeschmutzer«, wie mir eine ältere Frau zurief, als ich nach dem ständigen Gebrauch der Formulierung »die deutschen Juden« darauf hinwies, daß glücklicherweise die Hälfte der deutschen Juden hätte auswandern können und die Mehrzahl der Millionen Ermorderter Ostjuden gewesen wären, die von vielen vornehmen deutschen Juden verachtet worden seien.

Am 11. November sollte ich dann vor dem Kongreß der jüdischen Studentenvereinigungen Europas in Straßburg sprechen, aber ein Fluglotsenstreik verhinderte die Reise. So wurde nur ein schnell verfaßter Text dort verlesen, dem auch ein gemischter Empfang beschieden war. Es ging um neue Ängste vor dem wiedervereinigten Deutschland. Ich sprach vor allem von der notwendigen Solidarität mit allen Deutschen, die jeden Fremdenhaß bekämpften und nicht nur den Antisemitismus. Ich warnte vor einer Panikmache wegen acht Prozent Rechtsextremen in Bremen, wo wir doch in Frankreich einen solchen Prozentsatz für Jean-Marie Le Pen als seine große Niederlage mit Champagner feiern würden.

Zugleich gilt es stets, gegen den Mißbrauch der Kritik anzutreten, wenn der Beifall von der falschen Seite kommt. Am 25. März 1991 zeigte das Dritte Französische Fernsehen FR3 den Reportage-Film *Izkor* (»Erinnere Dich«) des jungen israelischen Filmautors Eyad Sivan. Ein ergreifendes Werk über die allzu ausgeprägte, allzu eintrichternde Schulerziehung zur Shoa-Erinnerung in Israel. Dort war und ist der Film nie gezeigt worden. Ich sollte eine Art Vorspann sprechen und bekam dazu acht Minuten Tête-à-tête mit den Fernsehzuschauern. Es war nicht leicht, zugleich den mutigen Film zu loben und zu versuchen, einer möglicherweise entstellenden pro-arabischen Benutzung vorzubeugen. Daß die Grundeinstellung des Films nicht nur der meinigen entsprach, erfuhr ich mit Freude etwas später. Der französische Anwalt Theo Klein, bis kurz zuvor Vorsitzender des französischen Dachverbands jüdischer Organisationen C.R.I.F., veröffentlichte ein Buch *L'Affaire du Carmel d'Auschwitz**, in dem er ausführlich die Verhandlungen schildert, die er, zusammen mit den Kardinälen Decourtray und Lustiger, mit polnischen Prälaten geführt hatte, um die Karmeliterinnen zu bewegen, das Gebiet von Auschwitz zu räumen, um den Anschein verschwinden zu lassen, die katholische Kirche wolle gewissermaßen die Erinnerung unter das Zeichen des Kreuzes stellen. In seiner warmen, nüchternen, mutigen Einleitung spricht er auch die jüdischen Leser an: »Unsere Trauer, unsere Toten, so heilig sie uns auch sein mögen, werden nie die Trauer und die Toten der anderen auslöschen; unsere Empfindsamkeit ist ebenso zu respektieren – aber nicht mehr – als die der anderen.« Und er übt Kritik an jenen jungen Leuten, die ihr Judentum (*judéité*) nur auf die ausschließliche und unnachgiebige Erinnerung an die Shoa begründen. »Man kann nur wirklich Jude sein, wenn man versucht, etwas zu übermitteln, und zwar Leben und nicht Tod.« Im Anhang steht eine kleine Geschichte, die mich besonders berührt und gerührt hat, weil sie so sehr meiner eigenen Grundeinstellung entspricht:

Zwei Brüder gehen nebeneinander. Pjotr sagt: »Iwan, ich liebe dich.« Iwan antwortet: »Wenn du mich liebst, sage mir, was mich leiden macht!« Pjotr fragt: »Wie kann ich wissen, was dich leiden macht?« Daraufhin Iwan: »Wie kannst du mich lieben, wenn du nicht weißt, was mich leiden macht?«

* Paris, Ed. Jacques Bertoin, 1991. Hoffentlich kommt bald eine deutsche Fassung!

Was bedeutet es, seine Mitmenschen als ebenbürtige, gleichwertige Menschen zu bezeichnen, wenn man sich der Erkenntnis der Leiden verschließt, die auf ihnen und ihrer als
wesentlich gelebten Zugehörigkeitsgruppe lasten? Zum Erkennen und Anerkennen dieser Leiden gelangt man aber
nicht ohne den Vergleich.

Geschichtsschreibung

Ich brauchte nie darauf aufmerksam gemacht zu werden, daß
die Vergangenheitsbewältigung in der Bundesrepublik oft die
Form einer Pflichtübung hatte. Eine Pflichtübung, die nach
innen weniger kostete, als sie nach außen einbrachte. Wer
könnte bestreiten, daß für Adenauer der Israel-Vertrag von
1952 weitgehend ein Mittel war, um für die junge Bundesrepublik eine Art internationale Hoffähigkeit herzustellen, um
die Gleichberechtigung zu erreichen, um sich der amerikanischen Gunst zu versichern? Weitgehend, aber nicht nur! Und
als drei Jahrzehnte später drei Fünfzig- oder Vierzig-Jahre-
Erinnerungswellen über die Bundesrepublik rollten, da waren Gewerkschaften und Regierungen, Kirchen und Parteien,
Stadtverwaltungen und Landtage keineswegs nur bemüht,
der schrecklichen historischen Realität flüchtigen Lippen-
dienst zu erweisen. 1983: die »Machtergreifung«; 1985: die
befreiende Katastrophe; 1989: die Entfesselung des Kriegs.
Ich glaube in Wort und Schrift an genügend Veranstaltungen
und Veröffentlichungen auf den unterschiedlichsten Ebenen,
an den verschiedensten Orten, für allerlei gesellschaftliche
Gruppen und Organisationen teilgenommen zu haben, um
gegen die anklägerische, verächtliche, zuweilen hämische Re-
duzierung auf die »Pflichtübung« auftreten zu dürfen.
Der Bezug auf die negativen Seiten der deutschen Vergangenheit konnte für mich recht verschiedene Formen annehmen. Es gab die Erinnerung an das Hurra-Geschrei des Rei-

ches Wilhelms II. Von unten mit Hilfe vom *Untertan* belichtet, wenn etwa der unheldenhafte Held des Romans vor dem Kaiser in Entzückung gerät: »Auf dem Pferd dort, unter dem Tor der siegreichen Einmärsche und mit Zügen steinern und blitzend ritt die Macht! Die Macht, die über uns hingeht und deren Hufe wir küssen! Gegen die wir nichts können, weil wir sie alle lieben.« Es gab auch die Ironie über einen gewissen Stil, der in der Frisch-und-fröhlichen-Heldenkriegs-Literatur seit den sechziger Jahren wieder da ist; so die Definition des Stahlhelms in den zwanziger Jahren als »Bund der schlachterprobten, unbesiegt heimgekehrten deutschen Frontsoldaten und der von ihnen zum Geist der Wehrhaftigkeit erzogenen Jungmannen«.

In diesem Sinne erging 1983 an mich eine ungewöhnliche Einladung. Der Bürgermeister von Rüdesheim am Rhein, Hubert Schlephorst, wollte, daß ich anläßlich einer »festlichen Stunde der Besinnung« zum Jubiläum »100 Jahre Niederwald-Denkmal« die Rede hielt. Er wollte seinen Mitbürgern und anderen Deutschen klarmachen, was die zwölf Meter hohe, 32 Tonnen wiegende Germania im Rückblick bedeuten mochte. Er traute es mir zu, daß ich unmißverständlich, aber nicht verletzend, ironisch, aber nicht herabsetzend und trotzdem ermutigend sprechen würde. Selten habe ich einen Auftrag so riskant und dennoch verlockend gefunden. Am 4. Juni tat ich also mein bestes. Mit vielen Hinweisen auf die gegenwärtigen Probleme, aber vor allem mit dem Versuch einer nüchternen Darstellung der geschichtlichen Entwicklung, auch der Tatsache, daß das begeisterte Hurra-Geschrei nicht überbewertet werden sollte: Das massive Denkmal war den Rheinländern von der Obrigkeit in Berlin auferlegt worden. Ich betonte auch, daß die betagte Dame auf dem Niederwald nicht, wie oft fehlinterpretiert, drohend nach Frankreich blicke, sondern südöstlich, so ungefähr in Richtung München, was höchstens zu politischer Interpretation verleiten dürfe. Es gab keinen Protest während der Rede und eine gute Diskussion mit dem sehr unterschiedlichen Publikum hinterher.

Die Erwähnung historischer Tatsachen mag der Besinnung dienen – ein Begriff, der direkt nach dem Krieg in Deutschland etwas überstrapaziert worden ist, der aber doch sehr sinnvoll bleibt. Und das geflissentliche Weglassen störender historischer Gegebenheiten sollte stets bekämpft werden. Als Beispiel des ersteren: eine wenig kämpferische Benutzung eines Zufalls. Im Mai 1984 hatte die Klosterkammer Hannover einige hundert Prominente zu einer Feier ins ehemalige Kloster Wennigsen eingeladen. Die Hauptrede sollte Hans Maier halten, dem sein Ministerpräsident Franz Josef Strauß zwei Tage vor der Veranstaltung aber eine Pflichtübung in München auferlegte. Mit Maiers Einverständnis ließ Axel von Campenhausen mich als Ersatz einspringen, so daß das erstaunte Publikum eine politisch ziemlich anders orientierte Rede vorgesetzt bekam; mit einem Hinweis, der auch für die Veranstalter neu war: Gerade an diesem Ort ist die SPD im Oktober 1945 von Kurt Schumacher und Erich Ollenhauer als West-SPD neu gegründet worden, einige Monate vor ihrem erzwungenen Verschwinden in der Sowjetischen Besatzungszone, wohingegen die CDU sich erst 1949 wirklich teilte und die Ost-CDU dann doch immer weiter bestand. Dies einem in der großen Mehrzahl CDU-orientierten Publikum zu sagen gehörte zu den wollüstigen Aspekten meiner rednerischen Geschichtsschreibung!

Weniger amüsant geht es bei der Bekämpfung der Weglassungen zu. Es war aus Zorn, daß ich am 4. Februar 1968 dem deutschen Botschafter in Paris auf französisch schrieb. Am Vorabend war das restaurierte Palais Beauharnais, die Residenz der deutschen Botschafter seit dem 19. Jahrhundert, eingeweiht worden. Den Gästen wurde dabei ein Büchlein überreicht, das die Geschichte des Gebäudes erzählte, mit einem Vorwort des amtierenden Botschafters. Ich nahm dazu folgendermaßen Stellung:

. . . Ich möchte Ihnen sagen, wie sehr mich diese Lektüre verletzt hat. Seit zwanzig Jahren versuche ich, trotz all dem, was meine Familie und ich selbst erlebt haben, in Frankreich das Bild eines neuen Deutschland durchzusetzen, weil ich glaube, daß es dieses neue Deutschland gibt. Nun geben mir der Beitrag des Grafen von Welczeck und auch die Zustimmung, die Ihr Vorwort zu enthalten scheint, Grund, daran zu zweifeln.

Hitler zu dienen war also ein diplomatischer Dienst wie irgendein anderer, die Verletzungen des Versailler Vertrags, die Münchner Erpressung durch Kriegsdrohungen waren normale diplomatische Handlungsweisen. Und vor allem, wie ist es möglich, vom Attentat gegen den Botschaftsrat vom Rath zu sprechen, ohne auch nur ein Wort über die »Kristallnacht« zu verlieren, die darauf gefolgt ist?

Je mehr ich darüber nachdenke, desto mehr bin ich bestürzt über die Ahnungslosigkeit, die in einem solchen Text (des Vorkriegsbotschafters in Paris) zum Ausdruck kommt.

Ich bitte Sie, meine Offenheit zu entschuldigen, denn es ist gerade diese Offenheit, die ich ein für alle Male in den Dienst der deutsch-französischen Aufklärungsarbeit gestellt habe.

Ich hörte dann aus der Botschaft, daß der Botschafter seinen Mitarbeitern die Frage gestellt habe, mit welcher Härte er mir antworten sollte und welche Sanktionen gegen mich zu treffen seien. Da die wichtigsten dieser Mitarbeiter jedoch die Meinung vertraten, meine Kritik an der Broschüre sei voll gerechtfertigt, geschah gar nichts, und es gab überhaupt keine Antwort. Aber die Broschüre wurde nicht mehr verteilt.

Die bereits erwähnte Kritik an der Rede von Karl Carstens zum 40. Jahrestag des 1. September 1939 führte, leider über verkürzende und vereinfachende Presseberichte, zu einem freundlich-vorwurfsvollen Brief des Leiters des persönlichen Büros des Bundespräsidenten: »Pressemeldungen ist zu entnehmen, daß Sie vor dem Verband der Geschichtslehrer Deutschlands im Zusammenhang mit Ihrer Kritik an der Darstellung der deutschen Geschichte auch auf die Ansprache des Bundespräsidenten . . . kamen . . . Falls die Wiedergabe (in der *FAZ*) korrekt ist, würde mich diese Äußerung befremden.« In einer langen Antwort stellte ich einiges richtig*, fügte aber hinzu:

* Eine kurze Richtigstellung erschien auch in der *FAZ* vom 22. 9. 1989.

163

Und doch war ich bei der Gesamtlektüre schmerzlich berührt, da es ja nicht nur Prof. Diwald gibt, sondern unzählige Behauptungen, denen meiner Ansicht nach in der Bundesrepublik immer mehr Glauben geschenkt wird. Der Krieg hat nicht nur begonnen. Er ist begonnen worden. »Eroberung neuen Lebensraums im Osten und dessen rücksichtslose Germanisierung«: so Hitler zu den Generälen bereits am 3. Februar 1933. »Es entfällt also die Frage, Polen zu schonen, und bleibt der Entschluß, bei erster passender Gelegenheit Polen anzugreifen ... Ich habe nur Angst, daß mir noch im letzten Moment irgendein Schweinehund einen Vermittlungsplan vorlegt«: so Hitler am 23. Mai und am 22. August 1939. Wie viele Deutsche wissen heute von solchen Sätzen?

Ich bestreite keineswegs die Ehrbarkeit vieler Deutscher in der Wehrmacht und habe dies bereits in meinen ersten Artikeln 1947 in Frankreich zum Ausdruck gebracht. Aber ich bin nicht sicher, ob nicht die Formel »Deutsche haben damals schwere Schuld auf sich geladen« dem Zuhörer, der damals erwachsen war, die Dinge nicht etwas zu leicht macht.

»Was hätte der Bundespräsident sonst noch tun sollen?« fragen Sie mich. Vielleicht haben Sie recht, und ich habe aus dem Text nicht herausgelesen, was darin enthalten war. Aber ich muß doch auf die Frage antworten: klarer im Sinn der Rede sprechen, die sein Vorgänger am 6. Mai 1985 in der Schloßkirche zu Bonn gehalten hat. Es hieß darin: (Nun folgte das oben angeführte Scheel-Zitat.)

Die Frage nach der Ehrbarkeit von Wehrmachtsangehörigen brachte mich auch mehrmals dazu, mit oder eher gegen Alfred Dregger zu polemisieren. Zum letztenmal im Oktober 1989. Der Vorsitzende der CDU/CSU-Fraktion hatte mir geschrieben, um meine Kritik an einer seiner Reden zur Oder-Neiße-Linie zurückzuweisen. Meine Antwort zu diesem Thema gehört ins folgende Kapitel. Aber der Schluß dieser Antwort soll schon hier wiedergegeben werden:

... Daher auch meine Distanznahme zu Ihrer Rede 1986 zum Volkstrauertag, in der Sie sagten, daß allen Toten Ehre zustünde. Aus gleichem Anlaß, vom selben Rednerpult, hatte ich 1974 Unterschiede aufgestellt zwischen Toten, »die ihr Leben absichtlich geopfert haben, um für etwas zu sterben, was uns heute noch als ein echter, hoher Wert erscheint ... Es gibt auch Tote, die sich aufgeopfert haben für eine Sache, von der heute wirklich niemand sagen würde – oder wenigstens niemand mehr sagen sollte –, daß sie eine gute und schöne Sache war. Und es gibt eine Unmenge Tote, die geopfert worden sind, ohne irgendeinen Willen zur Aufopferung zu haben.« Ich fügte hinzu: »Ich möchte mit Nachdruck sagen, daß die Trauer um alle von ihnen berechtigt ist, daß niemandem das Trauern verübelt werden sollte – vorausgesetzt, daß die Frage ›Wofür?‹ wenigstens umgestellt wird in ein ›Wie kann man neue, ähnliche Trauer verhindern?‹«

Ist nicht die heutige Antwort: Indem man der Freiheit jenseits der Trennungslinie zwischen West und Ost hilft, das heißt indem man nicht durch juristische – in Wirklichkeit politische – Ansprüche nationale Angstgefühle in Polen schürt, was die Gemeinsamkeit mit den dortigen Kämpfern für die Freiheit zutiefst erschüttert?

Im allgemeinen gibt es keine Polemik, sondern ein schönes Einvernehmen mit den Veranstaltern, wenn ich eine Rede mit Geschichtsbetrachtungen halte. Schön, weil ich oft voller Bewunderung bin für die, die im voraus wissen, daß ich gewissermaßen gegen ihr Publikum sprechen werde. Nicht so sehr, wenn die Veranstaltung ohnehin im Zeichen der zugleich positiven und schonungslosen Erinnerung steht. So 1983, als Magistrat, Parteien, kirchliche, gewerkschaftliche, Jugend- und Lehrer-Organisationen in Bochum gemeinschaftlich eine vorbildliche Ausstellung *Bochum unter dem Hakenkreuz* mit einer einleitenden Kundgebung organisierten. Vor allem, wenn die eigene, alleinveranstaltende Gruppe im Rückblick in Frage gestellt wird.

So durfte ich am 30. August und am 1. September 1989 zunächst in der Kölner Kirche Sankta Maria im Kapitol auf Einladung des katholischen Stadtdekanats, dann in der Dortmunder Westfalenhalle auf der Kundgebung des Deutschen Gewerkschaftsbundes über die Entfesselung des Zweiten Weltkriegs sprechen. In Köln erinnerte ich an die Versäumnisse und Vergehen der katholischen Kirche (die in Kapitel V aufgezählt werden sollen). In Dortmund ging ich auf die recht schmachvolle Kapitulation der Gewerkschaften im Frühjahr 1933 ein. Mit einem Zitat des Aufrufs des ADGB, »sich allerorts an der von der Regierung veranlaßten Feier festlich zu beteiligen«, nämlich an Veranstaltungen zu dem in einen »Feiertag der nationalen Arbeit« verwandelten 1. Mai. Was Hitler nicht daran gehindert hat, am nächsten Tag die Gewerkschaftshäuser besetzen und Gewerkschaftsführer verhaften zu lassen. Es ist doch angemessen, die Besinnung jeder Gruppe zu jenen Punkten wachzurufen, wo sie und nicht andere für spätere Katastrophen mitverantwortlich gewesen ist!

Ich bin immer sicher gewesen, daß eine Erweiterung, eine Ernüchterung des Geschichtsbilds meiner Leser oder Zuhörer von Nutzen sei, daß es in bezug auf die Vergangenheit einwandfrei Schlechtes und einwandfrei Gutes gab und gibt. Nachdem der *Holocaust*-Film im Deutschen Fernsehen gesendet worden war, wurde eine Umfrage veröffentlicht, die bei Fünfzehn- bis Siebzehnjährigen durchgeführt worden war. Unter den Antworten waren einwandfrei schlechte: »Er tötete Kinder, die behindert waren, damit das Land nicht ganz verdoofte.« – »Er hat auch gute Seiten gehabt: Er hat Lebewesen, die verstümmelt, gelähmt, blind, geisteskrank waren, töten lassen, weil diese Lebewesen doch nichts vom Leben hatten.« – »Ich glaube, daß er ein guter Mensch war. Nur daß er Jude war, störte die Menschen.« – »Ich glaube, er war ein Nazi. Aber was das war, das weiß ich nicht.« – »Er war Anführer der NSDAP-kommunistischen Partei.« (!)

Vor mir liegt ein Heft mit Informationen über den Schülerwettbewerb Deutsche Geschichte um den Preis des Bundespräsidenten, den die Körber-Stiftung seit 1974 unter dem generellen Titel *Spuren suchen* veranstaltet. Immer mehr Schulklassen nehmen daran teil. Etwa 30 000 Vorbereitungshefte wurden für 1992/93 vorbestellt. Die Schüler leisten echte Forschungsarbeit, insbesondere über ihren Heimatort. Über die Zeit von 1933 bis 1945, über die Fremden in ihrem Ort zu verschiedenen Epochen oder auch zum Thema, um das es im letzten Wettbewerb ging: »Mensch und Verkehr in der Geschichte«. Das nächste Thema *Denkmal: Erinnerung, Mahnung, Ärger* fragt nach dem zukünftigen deutschen Geschichtsbild: »Wie werden sich Buchenwald und Dachau, die Paulskirche und der Palast der Republik, die Liebknechtstraße und das sowjetische Ehrenmal in dieses Geschichtsbild einfügen?« Mit dem ausdrücklich geäußerten Wunsch, »das historische Selbstverständnis des neuen Deutschland« möge »auf- und abgeklärt sein«. Ich finde das gesamte Unternehmen seit achtzehn Jahren einwandfrei gut.

Natürlich gibt es Gefahren. Bei einem der Sorbonne-Abende des Comités ging es um die Politische Wissenschaft. Der ehrwürdige Direktor des Berliner Instituts, Otto-Heinrich von der Gablentz – dessen Sohn Otto einer der klügsten, engagiertesten, wirkungsvollsten Botschafter der Bundesrepublik werden sollte –, erklärte den erstaunten französischen Kollegen, das Ziel dieser Wissenschaft sei, die Überlegenheit der parlamentarischen Demokratie zu beweisen. Wir drückten unser Verständnis dafür aus, daß es im Nachkriegsdeutschland schwierig sei, Politische Wissenschaft nicht mit Politischer Bildung zu vermischen und zu verwechseln, aber wir sagten einstimmig und eindringlich, daß wir die Auffassung unseres Kollegen unwissenschaftlich fänden.

Unwissenschaftlich sind auch die Gläubigen, die im voraus wissen, was sie finden werden, um noch besser belegen zu können, was sie von vornherein geglaubt (sie sagen: gewußt) hatten. So verfuhr und verfährt Rainer Kühnl, wenn er die deutsche Geschichte und die deutsche Gesellschaft untersucht, mit dem bereits erwähnten allerklärenden Begriff des Faschismus. Mit mehr Sinn für Nuancen, aber doch auch recht dogmatisch schrieb und sprach einer der dabei sympathischsten und aufrichtigsten der älteren deutschen Kollegen, denen ich begegnet bin, nämlich Wolfgang Abendroth.

Nun kommt in der Bundesrepublik eine neue Tendenz der Bearbeitung der Zeitgeschichte auf, die ich mit einiger Sorge betrachte. Es geht nicht um den sogenannten Historikerstreit, den ich durch und durch als unergiebig und unerfreulich betrachtet habe, wofür die ursprüngliche Verantwortung bei Jürgen Habermas lag, der nicht gerade einwandfrei zitierte und vor allem Ungleiches und Unähnliches gleichsetzte. Es geht mir auch nicht um Erich Nolte und ſeine ungenaue, verschwommene Art zu sagen, der Bolschewismus sei, aber sei doch nicht, aber sei immerhin doch *die* Ursache des Nationalsozialismus und seiner Vernichtungspolitik gewesen. Was mich beunruhigt, ist eine neue Art, aus echten Kämpfen für die Wissenschaftlichkeit Scheinkämpfe werden zu lassen, um im Namen der Wissenschaftlichkeit die Hitlerzeit unwissenschaftlich darzustellen.

In meinem Buch *Verbrechen und Erinnerung* habe ich, meiner Meinung nach im selben Sinne wie der leider zu früh verstorbene Martin Broszat, dazu Stellung genommen:

Wenn mit »historisieren« gemeint ist, einen Gegenstand mit unmenschlicher Empfindungslosigkeit zu behandeln, dann würde man die Historiker mit der Unterstellung beleidigen, in ihren Händen würde jedes vergangene Geschehen zu einem toten Gegenstand ... Meint »historisieren« jedoch, sich auf eine überholte, nicht mehr aktuelle Vergangenheit beziehen, dann wäre der Begriff doppeldeutig: Ja, Auschwitz gehört mehr und mehr der Vergangenheit an ...; nein, das vergangene Geschehen ist keineswegs abwesend in der Gegenwart ..., denn zum menschlichen Leben gehört ebenso, was im Geiste gegenwärtig ist ... Versteht man unter der Historisierung schließlich, daß der »historisierte« Sachverhalt dem kritischen Blick des Historikers unterzogen wird – sei es auf Kosten achtbarer Glaubensinhalte –, dann ist nichts wünschenswerter – in bezug auf die Shoa wie auf jede andere Gegebenheit der Vergangenheit –, als daß dieses Verfahren zu einem methodischen moralischen Gut würde.

Wenn man nun das Martin Broszat gewidmete Buch *Die Schatten der Vergangenheit. Impulse zur Historisierung des Nationalsozialismus* zur Hand nimmt, das Uwe Backes, Eckhard Jesse und Rainer Zitelmann 1990 im Propyläen-Verlag herausgegeben haben, so könnte man zunächst meinen, es gehe um den letzten Punkt und nur um ihn. Wenn ich lese, daß in bezug auf die Wissenschaftlichkeit »eine volkspädagogische Betrachtungsweise keine Berechtigung hat«, so bin ich weitgehend einverstanden, außer wenn damit gemeint sein sollte, daß die »Volkspädagogik« der Nüchternheit und der Verbreitung des Wunsches nach mehr erwiesener Wahrheit nicht ein wesentlicher Bestandteil dieser Pädagogik sei, von der übrigens manche Historiker als Mitglieder des »Volkes« viel profitieren könnten!

Nur enthält solch ein Buch – vor allem wenn man es u. a. mit dem längeren Beitrag von Rainer Zitelmann im *Rheinischen Merkur* vom 19. Oktober 1991 beleuchtet – eine meiner Meinung nach falsche, widersinnige Auffassung der Wissenschaftlichkeit. Es wird die Frage gestellt: »Soll und kann (der Historiker) als Wissenschaftler Werturteile fällen oder dies dem Leser überlassen?« So formuliert klingt das ganz gut. Das erlaubt jedoch, anderen den Vorwurf zu machen: »Moralische Verdammung ersetzte die historische Analyse«, was ein Zusammenwerfen guter und schlechter Historiker der letzten Jahrzehnte bedeutet – viel schlimmer als das, was Habermas getan hat.

In Wirklichkeit liegen jeder Untersuchung und jedem Vergleich Werturteile zugrunde. Etwa daß das menschliche Leben mehr wert ist als ein Auto. Was das Hitler-Regime von anderen unterschieden hat, sind die Abermillionen Opfer eines mit voller Absicht entfesselten Krieges und mit voller Absicht vollbrachten Massenmordens außerhalb der kriegerischen Aktionen. Dies ist eine zugleich wissenschaftliche und moralische Feststellung. Ob und inwieweit Hitler ein »Moderner« war, ist im Vergleich gewiß interessant, aber recht nebensächlich. Zu behaupten, man werde erst wissenschaftlich, wenn man die Millionen Toten beiseite schiebt, um andere Fragen, wie die der Modernität (die übrigens von zehn Autoren zehnmal anders definiert wird), als wesentlich zu betrachten – das ist für mich ein hohes Stück Unwissenschaftlichkeit.

Man ist auch nicht wissenschaftlich, wenn man als Neuentdeckung darstellt, was schon oft untersucht worden ist. So die weite, oft begeisterte Zustimmung, die in Italien für Mussolini und in Deutschland für Hitler zu finden war. Diese Zustimmung festzustellen und den Versuch zu unternehmen,

sie psychologisch, soziologisch, wirtschaftlich zu erklären –
wie oft hat es das doch schon gegeben! Mit nüchternen
Ergebnissen – nicht nur bei Historikern, sondern auch in der
Kunst. Wo findet man eine eindrucksvollere, bessere Schilderung des Zusammengehens von Brutalität und Verführung
(insbesondere in der Szene des singenden Hitlerjungen) als im
Film *Kabarett*?

Ich habe schon einmal Historiker kritisiert, die im Namen
der Wissenschaftlichkeit wissenschaftlich Wichtiges beiseite
ließen. So meinen Kollegen Georges Castellan, als er in der
Einleitung eines Buches über die DDR behauptete, die Wissenschaftlichkeit bestehe darin, ein Regime nur nach den Werten zu beurteilen, die es selbst für wesentlich hält. Also enthielt sein Buch nicht den geringsten Absatz über Polizei und
Gerichte im wissenschaftlich nachweisbar von der SED beherrschten Staat. In einem Verriß zeigte ich, was man schreiben müßte, wenn man den NS-Staat nur nach seinen eigenen
Werten analysieren und beurteilen wollte, und was von einer
solchen »Wissenschaftlichkeit« zu halten sei. Heute scheint
mir die Versuchung zu wachsen, im Namen der Ablehnung
jeglichen Werturteils Wesentliches als Forschungsobjekt beiseite zu schieben, um sich Unwesentlichem »wissenschaftlich«
zu widmen. Ist doch das Wesentliche allzuleicht mit dem
»moralisierenden« Begriff des Verbrechens verbunden!

Die Vergangenheit des einzelnen

Ich brauche kaum darauf zurückzukommen, daß ich den Begriff einer Kollektivschuld stets abgelehnt habe. Aus Vernunft.
Noch mehr den einer Erbschuld. Mit Abscheu! Viel schwieriger waren und bleiben für mich die Fragen nach der Natur und
dem Ausmaß der Schuld des einzelnen, nach dem Bestrafen,
nach dem Ausmaß und dem Datum der Akzeptanz eines
Wandels. Ich bin mir immer noch nicht sicher, ob die Bundes-

tagsmehrheit 1979 recht gehabt hat, die Unverjährbarkeit des Mordes in einem neuen Gesetz zu verkünden. Jedenfalls war es eine international positive Entscheidung. In Frankreich konnte nun bei jeder Bemängelung der deutschen »Vergangenheitsbewältigung« gesagt werden, daß es bei uns noch nicht einmal um Verjährung gehe, das heißt um die Unmöglichkeit, ein neu entdecktes Verbrechen, einen neu entdeckten Verbrecher vor Gericht zu bringen, sondern um Amnestie, das heißt um ein aufgezwungenes, gesetzlich verordnetes Vergessen, ein Ausradieren von Schuld, eine Art Neugeburt des Schuldigen als Unschuldiger.

Nicht selten habe ich mir gewünscht, in Deutschland etwas mehr Neigung zur Amnestie anzutreffen. Für ein »Schwamm drüber« in Tausenden von Fällen des Mitläufertums von Kleinen und sogar von weniger Kleinen! Zwei Witze habe ich lange Jahre oft und gern erzählt. Was bedeutet PG? Erstens Parteigenosse; zweitens Prisonnier de Guerre (Kriegsgefangener in Frankreich); drittens – für beide anderen Deutungen zusammen: Pech gehabt! Dann: Was bedeutet NSDAP? »Na, suchst du auch Pöstchen?« (Mit elsässischer Abwandlung: »Nous Sommes des Allemands Provisoires«, gültig für 1940 bis 1944. [»Wir sind provisorische Deutsche.«]) An die Verführungskunst des Nationalsozialismus glauben heißt doch, die Verführten mit Nachsicht zu betrachten und zu behandeln. Vor allen Dingen, wenn sie bereits die Verführung in der Schule erlitten hatten. In der direkten Form:

Und wenn ihr abends im Bett liegt und an alle guten Menschen denkt, die ihr lieb habt, dann denkt ihr auch an Adolf Hitler . . . und ihr bittet den lieben Gott für ihn. Beschütze unseren Führer und hilf ihm bei seiner großen Aufgabe!

So in einem Kinderbuch von 1935. Oder mit Hinterlist, wie diese Aufgabe im Rechenunterricht zeigt:

Ein Geisteskranker kostet täglich RM 4, ein Krüppel 5,50, ein Verbrecher 3,50 . . . Nach vorsichtiger Schätzung gibt es in Deutschland 300 000

Geisteskranke, Epileptiker usw.; in Anstaltspflege . . . Wieviel Ehestands-
darlehen zu je RM 100 könnten von diesem Geld jährlich ausgegeben
werden?

Oft zumindest, aber jedesmal, wenn ich einem der schönsten
Musikwerke aller Zeiten lausche – und ich höre es oft! –,
nämlich Haydns *Sieben Worte Christi am Kreuze*, denke ich
kurz an die Notwendigkeit, das »Vater, vergib ihnen, denn sie
wissen nicht, was sie tun!« zu verändern in: »Vergib denen um
so weniger, je genauer sie wußten, was sie taten!« Das ist
allerdings leicht gesagt, wenn man sich nicht um das Grund-
problem kümmert, mit dem sich jeder Strafrichter befaßt oder
jedenfalls befassen sollte: Ist der Angeklagte noch identisch
mit dem Menschen, der die Straftat vollbracht hat? Und wenn
ich ihn zu langen Jahren Gefängnis verurteile, wird er derselbe
bleiben, wo doch eben seine Veränderung einer der anerkannten Zwecke der Vollzugsanstalt sein soll?

Für mich ist diese Problematik stets etwas sehr Konkretes
gewesen. Ich habe für Häftlinge der allzu großen Strafanstalt
in Fresnes bei Paris gesprochen und ständig GENEPI unterstützt, eine französische Studenten-Organisation, die in Gefängnissen Unterricht gibt, und sei es nur, um die spätere gesellschaftliche Integration der Häftlinge zu erleichtern. In der
Bundesrepublik habe ich mit einzelnen Verurteilten zu tun gehabt. Des einen Verbrechen (Raub mit Waffengewalt) war völlig unpolitisch. Seine Verurteilung zu acht Jahren Gefängnis
war nicht ungerecht. Er hatte mir nach einer meiner Jugendsendungen für den Sender Freies Berlin geschrieben. Ich besuchte ihn im November 1975 in der Vollzugsanstalt Berlin-
Tegel – und war zunächst angenehm überrascht von der
äußeren Organisation des Gesprächs: Es fand in einer Art
Wirtsstube des Gefängnisses statt, mit einem überwachen-
den, aber nicht lauschenden Polizeibeamten. Ich bin dann
jahrelang mit Wulf-Dieter in Verbindung geblieben und mit
Doris, seiner Frau, die sich mit ihm trauen ließ, als er schon in
Haft war. Daß die Ehe später gescheitert ist, ist eine andere

Sache. Auch war er nicht im Zustand des völligen seelischen Gleichgewichts, als er vorzeitig entlassen wurde.

Aber ich fand den Strafvollzug vorbildlich. Der Sträfling durfte eine Druckerlehre machen; keineswegs eine traditionelle, sondern mit ultramoderner Technik, so daß er noch vor dem Verlassen der Anstalt eine gute Stellung fand. Und je näher der Zeitpunkt der Entlassung rückte, desto öfter und länger durfte er das Gefängnis tagsüber verlassen, um seinen Beruf besser erlernen zu können. Negativ war ein Teil des Nachspiels: Sein bereits gesühntes Vergehen kam immer wieder hoch, wenn er irgendwie in Schwierigkeit geriet, z. B. bei einem handgreiflichen Streit mit einem Nachbarn. Eine selbstgegründete Druckerei hat er auf diese Weise aufgeben und dann umziehen müssen: Kriminell Vorbestrafte verlieren eben Reputation und Kundschaft!

Ist das ähnlich oder anders bei »politischer« Kriminalität? Mit zwei bekannten Häftlingen habe ich Briefe gewechselt. In einem Fall schrieb ich mehrfach, im anderen gab es meinerseits keine Antwort mehr. Der eine heißt Peter-Jürgen Boock, der andere hieß Michael Kühnen.

Am 21. Mai 1992, beim Prozeß gegen ehemalige Mitglieder der Roten Armee Fraktion vor dem Oberlandesgericht Stuttgart, sagte der zu lebenslanger Haft verurteilte Peter-Jürgen Boock als Zeuge ziemlich genau das Gegenteil von dem, was er bisher über seine eigene Rolle gesagt hatte. Er bekannte sich zu einem Ausmaß von Schuld, das er bisher ständig geleugnet hatte. Ich muß gestehen, daß mich dieses plötzliche Geständnis sehr betroffen gemacht hat, daß ich aber keineswegs bereue, mich 1988 beim Bundespräsidenten für seine Begnadigung eingesetzt und mit ihm 1985/86 ausführlich korrespondiert zu haben. Nicht nur, weil es nicht das erste Mal war, daß ich bei Richard von Weizsäcker intervenierte. 1984 hatte ich um einen Gnadenerweis für den Berliner Häftling Hans-Jürgen John gebeten, dessen politische Schuld mir keine längere Haft zu rechtfertigen schien, und der Bundes-

173

präsident hatte mir in einer langen Antwort erklärt, wieso in diesem Fall nur der Berliner Senat zuständig sei. Im Falle Boock kam eine zugleich vorsichtige und menschlich schöne Antwort. Ich glaube auch immer noch, daß Boocks lange Erklärung vor Gericht im Mai 1986 (die ich, mit anderen Akten, sorgfältig gelesen habe) unwiderlegt geblieben und daß er ohne echte Beweise verurteilt worden ist.

Ich bin darüber hinaus auch ziemlich sicher, daß der Briefwechsel mit ihm kaum anders gewesen wäre, wenn Boock bereits damals, das heißt vor dem zweiten Prozeß, voll überführt worden wäre. Denn es ging um seine Aufarbeitung der Vergangenheit, nicht nur der seinen, sondern der der Bundesrepublik. Ich war nicht davon beeindruckt, daß er Gedichte schrieb und überhaupt gut schrieb. Ich gehöre nämlich nicht zu den französischen Intellektuellen – die manche Verwandte in Deutschland haben! –, für die alles, was jemand getan hat, der schreibbegabt ist, anders zu bewerten ist als bei einem gewöhnlichen Menschen. Es schien mir jedoch, er mache es sich zu einfach mit seinem Ausscheren aus der westdeutschen Gesellschaft, mit seinem Kampf gegen diese, weil er bei seiner inneren Entwicklung die alten Kategorien der Analyse beibehielt. Dies kam dann auch in einem längeren Text von ihm zum Ausdruck, nämlich in einer Rede, die im November 1989 auf dem »Münchner Podium in den Kammerspielen '89« verlesen wurde.* 1985 kritisierte ich die Härte gegen Boock in meinem Buch *Das Deutschland im Westen*. Aber im Sommer 1986 brach die Korrespondenz ab, nachdem er mir ziemlich verärgert auf einen Brief geantwortet hatte, in dem ich mich allerdings etwas hart geäußert hatte:

... Vor kurzem erhielt ich einen Brief aus einem anderen deutschen Gefängnis. Er stammte vom Chef der neuen Nationalsozialisten, der sich

---

* Text in *Reden über das eigene Land: Deutschland*, München, C. Bertelsmann, 1989 (mit einer interessanten Vorstellung von Boock durch P. M. Hamel)

beschwerte, grundgesetzwidrig wegen seiner Meinung verurteilt worden zu sein. Ich habe geantwortet, daß ich zunächst wissen muß, was es für ihn bedeutet, sich NS zu nennen. Denn entweder lehnt er ab, was beim NS den Kern darstellte, und wieso dann die Selbstbezeichnung, oder er stimmt zu, will also ein verbrecherisches Regime und nicht nur die Meinungsfreiheit.

Warum ich Ihnen das sage? Weil ich mich gefragt habe, warum ich mich eher für Ihr Schicksal interessiere. Spielen wir nicht mit Wörtern: Auch Sie wollten durch Gewalt das »System« stürzen, das für mich immerhin auf die Grundwerte aufgebaut ist, an die ich glaube. Sie haben aber eingesehen, daß die empfohlene Gewalt auf Mord hinausläuft, und auch, daß gerade diese Gewalt im Namen der Befreiung Freiheiten abschafft, sei es nur die Freiheit, unversehrt zu bleiben. Dazu kommt aber auch, daß Ihre ehemalige Einstellung für mich ehrbarer war als die von Michael Kühnen, denn Sie wollten im Namen der Gleichheit und der Gerechtigkeit handeln – unter den Völkern wie unter den Einzelmenschen. Aber Sie müssen einsehen, daß es für mich gar nicht so leicht war, die Rechtfertigung dafür für mich selbst auszuarbeiten, daß ich Sie mit anderen Augen betrachte als den anderen Häftling . . .

Michael Kühnen hatte mir in der Tat am 7. Juli 1986 aus der hessischen Strafanstalt Butzbach geschrieben.

. . . Ich bin 31 Jahre alt und seit 1977 als Nationalsozialist in der BRD politisch tätig. Diese Tätigkeit ist gewaltlose Überzeugungsarbeit mit den klassischen Mitteln der politischen Auseinandersetzung . . . Von den neun Jahren seither habe ich bis heute sechs Jahre in Gesinnungshaft verbracht . . . Ich wurde Anfang Oktober 1984 gegen meinen Willen und ohne Gerichtsentscheidung aus Frankreich, wo ich im Exil lebte, in die BRD abgeschoben . . . Die Urteilsbegründung selber ist ein Beweis dafür, daß keine Straftaten verfolgt, sondern die Äußerung einer politischen Gesinnung unterdrückt werden sollte . . . Da die westlichen Heuchel-Demokratien gewöhnlich die Existenz politischer Gefangener einfach wegleugnen, unterliege ich allen Härten des BRD-Strafvollzugs wie jeder kriminelle Gefangene . . . Es würde meinem Verständnis von Gerechtigkeitsempfinden entsprechen, wenn Sie mit Ihrer moralischen Autorität sich auch solcher Fälle annehmen und die Praktiken politischer und juristischer Verfolgung auch dann verurteilen, wenn sie sich gegen Anhänger einer Ihnen mißliebigen Weltanschauung richten! . . .

Ich antwortete am 23., indem ich mich weigerte, auf seinen gerichtlichen Fall einzugehen, bevor er mir, »als Untermenschen oder zumindest als ›artfremd‹«, erklärt habe, was für ihn der Nationalsozialismus heute bedeute. Ich muß gestehen, daß ich auf seinen zweiten Brief mit großem Interesse wartete, denn für mich war die geistige Haltung eines 1955 geborenen Nazis ziemlich rätselhaft. Dieser lange Brief wurde bereits am 27. geschrieben. Er handelte von der wahren, der »biologischen Natur« des Menschen, von der »Dekadenz der heutigen Minuswelt«, von »Greuelpropaganda«. Er bekannte sich zum »sozialrevolutionären Flügel – Strasser/Röhm« der NSDAP. Es war auch die Rede vom »jüdischen Einfluß auf die europäische Kultur, den ich in der Tat für Europa negativ und artfremd empfinde«. Dann noch: »Ich halte einen Dialog mit Juden durchaus für sinnvoll und notwendig – freilich sollte dabei keiner von beiden auf den Knien herumrutschen.«

Im ganzen zugleich ein aufklärend-erschütternder Beitrag zur Ideengeschichte in Deutschland und ein Dokument, das mir verbot, die Korrespondenz mit seinem Autor fortzusetzen. Wie ich es Hans-Jürgen Boock geschrieben habe und wie ich es im folgenden Kapitel eingehender erklären muß, liegen für mich die entgegengesetzten – und doch teilweise verwandten – Extremismen trotz allem nicht auf derselben Ebene und sind unterschiedlich in den Schutz des Rechtsstaats einzuordnen.

Mit Michael Kühnen hat es also bis zu seinem AIDS-Tod keinen Kontakt mehr gegeben, und ich habe nicht für ihn interveniert, obwohl er gewiß kein Täter hatte sein können. Und doch habe ich Rüdiger Heß bei seinen Bemühungen, die Entlassung seines Vaters aus Spandau zu bewirken, mehrmals unterstützt. Unter anderem im Frühjahr 1976, als *Le Monde* sich auf mich bezog, um einen Brief des Sohnes über die Haftbedingungen zu veröffentlichen: Rudolf Heß befand sich seit 1966 in absoluter Isolierung. »Bei den monatlichen Besuchen von einer halben Stunde, die meiner Mutter und mir gestattet werden, dürfen wir meinem Vater nicht einmal die Hand geben. Es ist verboten, auch nur ein Wort über sein persönliches Schicksal zu sprechen. Vier Direktoren überwachen jede Äußerung. Selbst ein so untadeliger Mann wie der frühere Bundesjustizminister Dr. Ewald Bucher hat bis heute in seiner Eigenschaft als bestellter Verteidiger nicht die Erlaubnis erhalten, meinen Vater aufzusuchen.«

Ich war sowieso für die Freilassung des damals 82jährigen, der zwar in Nürnberg zu lebenslanger Haft verurteilt worden war, aber nur weiterhin sitzen mußte, weil das Gefängnis Spandau zum Symbol des Vier-Mächte-Status geworden war. Die harte Verurteilung war überdies ungerecht gewesen: Der »Stellvertreter des Führers«, seit 1941 in England, war weder wegen Kriegsverbrechen noch wegen Verbrechen gegen die Menschlichkeit verurteilt worden, lediglich wegen Verschwörung und Verbrechen gegen den Frieden, während Franz von Papen, der Hitler in den Sattel gesetzt und ihm dann gedient hatte, freigesprochen worden war. Ein viel treuerer Diener, ohne den die Kriegsproduktion nicht so gut gelaufen wäre, war zu zwanzig Jahren Haft verurteilt worden: Albert Speer wurde 1966 vorzeitig entlassen und durfte als faszinierter, aber nicht allzu schuldiger Hitler-Beobachter erfolgreich Bücher veröffentlichen.

Solche Ungereimtheiten und Ungerechtigkeiten hat es in der Bundesrepublik – wie auch in Frankreich – in doppelter Hinsicht ständig gegeben: Toten gegenüber und Lebenden. Vor und nach ihrem Tod sind Männer wie Martin Heidegger und Carl Schmitt von vielen ver- und geehrt worden, was durch die Werke des Philosophen und des Rechtswissenschaftlers gerechtfertigt sein mochte, aber nicht unter Weglassen ihres Versagens, als es galt, der Philosophie und dem Recht treu zu bleiben. Nicht als junge Leute, sondern in verantwortlicher, beeinflussender Stellung. Wenn der Philosoph als Rektor die Studenten auffordert, nur noch im Willen des Führers die Wahrheit zu suchen*, wenn der Jurist die »Nacht

---

* »Nicht Lehrsätze und Ideen seien die Regeln Eures Seins. Der Führer selbst und allein ist die heutige und künftige deutsche Wirklichkeit und ihr Gesetz!« (3. 11. 1933)

der langen Messer«, also die Morde von 1934, sofort rechtfertigt, weil ja dieser Führerwille das höchste Gesetz sei, dann haben sie eben nicht als Privatmenschen, nicht fachfremd versagt, sondern ihr Fach verraten und Schuld auf sich geladen.

Schlimmer noch sind mir zwei andere Beispiele erschienen, die als weniger umstritten gelten. In meiner Friedenspreisrede erwähnte ich einen Nachkriegsrektor und Kultusminister, der das Gestapo-rechtfertigende Polizeirecht bejahend ausgelegt hatte. Nur habe ich Theodor Maunz nicht genannt. Und ich war recht empört, 1990 große Todesanzeigen zu lesen, in denen es über den mit 89 Jahren verschiedenen Otto Ambros hieß: »Sein Leben war erfüllt durch seine berufliche Begeisterung für die Chemie und das Glück in der Familie.« Unter den deutschen Zeitungen, die ich lese, erinnerte nur *Der Spiegel* an den moralischen Skandal, mit dem ich mich bereits in meinen ersten Schriften befaßt hatte: 1948 war Ambros vom amerikanischen Militärgericht in Nürnberg wegen »Versklavung und Massenmord« zu acht Jahren Haft verurteilt und dann frühzeitig entlassen worden, um wieder ein Großer der Chemischen Industrie zu werden. Ambros hatte das Buna-Werk in Auschwitz aufgebaut, wo Zwangsarbeiter synthetisches Benzin herstellten – das heißt diejenigen Häftlinge, die als arbeitsfähig ausgesiebt und verschont worden waren. Dank seiner guten Beziehungen zur SS hatte die IG-Farben Vorrang bei der Zuweisung von KZ-Häftlingen gehabt. Millionen Deutsche hatten zu Recht gesagt »Wir wußten nicht«, aber jemand wie Otto Ambros ...

*

Was nun, wenn es um hohe Amtsträger geht, deren Vergangenheit nicht unbelastet ist? Von mehreren ist schon die Rede gewesen. Direkt beschäftigt habe ich mich mit zwei in mancher Hinsicht im Prinzip ähnlichen Fällen: dem von Hans Filbinger und dem von Kurt Waldheim. Die Sünde beider ist nämlich in meinen Augen weniger das gewesen, was sie getan oder unterlassen haben, als die Tatsache, daß sie Jahrzehnte später immer noch im Rückblick sagten: »Ich habe doch nur meine Pflicht getan.« Für mich lag der Fall Waldheim etwas abseits meines üblichen Wirkungsfeldes, aber er betraf doch das Thema, das mich immer bewegt hat.

»Die langen Schatten der Vergangenheit. Über die Erinnerung, die Ethik und die Politik« hieß der lange Beitrag, den die Wiener Zeitung *Die Presse* bei mir angefordert hatte und den sie erst am 26. Juli 1986, also *nach* der Wahl Waldheims zum österreichischen Bundespräsidenten, veröffentlicht hat. Ich wußte von meinem ehemaligen Studenten und Freund André Lewin – heute französischer Botschafter in Wien –, daß er, der bei der UNO langjähriger Mitarbeiter des Generalsekretärs gewesen war, damals von Waldheim auch belogen worden war, als er dessen Memoiren ins Französische übersetzte. Aber nicht die Lügen zum Lebenslauf schienen mir das wesentliche, sondern die Unfähigkeit zu bedauern, zuzugeben, daß er als Stabsoffizier durch das Weitergeben furchtbarer Befehle zumindest ein Rädchen der Maschinerie gewesen war. Wie weit diese Unfähigkeit ging, habe ich dann im Januar 1988 feststellen können. Ich war in Großarl bei Salzburg, um bei einer internationalen Zusammenkunft ehemaliger Pfadfinderführer zu sprechen. Der Präsident nahm an der Eröffnungsfeier teil und redete über die Notwendigkeit, die Jugend zur Verantwortung zu erziehen. Er fügte hinzu – ich habe die Formulierung leider nicht sofort notiert –, Leute wie er hätten in ihrem Leben verantwortungsvoll gewirkt »vor, während und nach dem Krieg«!

Wenige Tage später erschienen die Hauptstellen der Schlußbetrachtung der Historiker-Kommission, die Waldheim selbst gewollt hatte. Darin hieß es: »Bis in die jüngste Zeit hat sich Waldheim immer wieder darauf berufen, daß er während seiner Militärzeit als Soldat an das Gebot der uneingeschränkten militärischen Pflichterfüllung gebunden gewesen sei. Unabhängig vom Inhalt seines Befehls habe er in der Befehlsausführung ein verpflichtendes Prinzip gesehen, dem er sich habe unterziehen müssen.« Diese Stelle rechtfertigte noch mehr, daß ich mich in meinem Wiener Artikel ausdrücklich auf den Fall (im doppelten Sinn!) des Stuttgarter Ministerpräsidenten bezogen hatte.

Am 9. Mai 1978 habe ich öffentlich gegen Hans Filbinger Stellung genommen, ohne Namensnennung, aber in seiner Gegenwart: in meiner Rede zur Eröffnung einer Voltaire-Ausstellung in Mannheim. Eine weitere Gelegenheit ergab sich dann bei der Jahresversammlung der Jungen Union Baden. Ich forderte die Anwesenden auf, über ihren Baden-Württembergischen Parteivorsitzenden nachzudenken, und gewann mit dem zentralen Argument: Wenn der Militärrichter Filbinger nur seine Pflicht getan hat, dann waren Hans und Sophie Scholl in der Tat Verräter! Daraufhin gab es einen ausführlichen Briefwechsel mit dem gestürzten Regierungschef. Ich muß gestehen, daß Hans Filbinger mit einem langen, freundlichen, aber leider ziemlich verständnislosen Brief auf das in der Rückschau wirklich schroffe Schreiben geantwortet hat, das ich ihm am 30. Januar 1979 geschickt hatte:

... Ein Mißverständnis gibt es: Ich habe nie behauptet ..., daß Sie im Rückblick – oder sogar auch damals – das von Hitler oder vom »Reichsrechtsführer« besonders geschaffene »Recht« betrachten oder betrachtet haben.

Wohl aber weisen Sie weiterhin meinen wesentlichen Punkt zurück: Das Dritte Reich war kein Rechtsstaat; dieser hat spätestens am 24. März 1933 aufgehört zu existieren, wie das das BVerfG in seinem 131er-Urteil hervorgehoben und bewiesen hat ...

Ich lese z. B. in Ihrer Stellungnahme zum Feldurteil gegen Gröger ...: »Der Matrose Gröger war unstreitig und rechtskräftig festgestellt fahnenflüchtig geworden ... Mir ist keine Nation bekannt, in der Fahnenflucht im Krieg nicht mit der Höchststrafe bedroht würde.« Aber was für ein Krieg? Wie begonnen? Wie auf Kosten der totalen Zerstörung Deutschlands nicht beendet? War da der Matrose nach »normalem« Recht hinzurichten?*

* Und dies Anfang Mai 1945!

180

Schlimmer ist für mich der Fall Petzold. Im von Ihnen gezeichneten Urteil vom 19. Juni 1945* ... hieß es: »Es ergibt sich, daß der Angeklagte bislang in der Batterie sich einwandfrei verhalten hatte und als Unteroffizier vorgesehen war. Seit dem 1. Mai habe er sich jedoch aufsässig und undiszipliniert gezeigt, obwohl er ehemaliger HJ-Führer war ... Demonstrativ habe er von dem Hoheitsabzeichen seiner Mütze und seines Uniformrocks das Hakenkreuz entfernt ... Bei seiner Vorbildung hätte der Angeklagte in den kritischen Tagen ein Vorbild für seine Kameraden sein sollen; statt dessen hat er zersetzend und aufwiegelnd für die Manneszucht gewirkt.«

In Ihrem SWF-Interview vom 12. Juli 1978 heißt es dann: »Das ist eine historische Tatsache, daß derjenige, der damals Urteile verhängt hat wegen Gehorsamsverweigerung, wegen Widerstand usw., daß der etwas objektiv Richtiges, Sinnvolles, ja Notwendiges getan hat.«

Und das zum Fall Petzold! Anstatt damals im Gefangenenlager zunächst einmal alle Hakenkreuze entfernen zu lassen, die Unrechtsstaat, Mord und Elend des Vaterlandes symbolisierten! Im selben Interview heißt es: »Fühlen Sie sich schuldig?« – »Unter gar keinen Umständen! Ich habe meine Pflicht erfüllt.«

Darf ich Sie an Ihre Rede von 1960 am Grabe der Opfer von Brettheim hinweisen, in der Sie eindringlich und überzeugend die gleiche These verteidigten, die seit je die meinige ist? Die Sinnlosigkeit des Kampfes im letzten Monat, das Verschwinden des normalen Rechts im totalitären Staat, und »es fällt kein Schatten auf die Haltung dieser Männer (die nicht mehr unsinnig kämpfen wollten), deren Opfergang wir heute ehren«: Fühlen Sie wirklich nicht die geringste Schuld (im Jaspersschen Sinn der moralischen und der metaphysischen Schuld), wenn Sie Ihre damalige Rede noch einmal lesen und auf den Satz stoßen: »Sie (die Hingerichteten) haben dies (ihre Verlassenheit) überstanden und sind geläutert worden. Das bezeugen ihre letzten Gespräche mit den Männern, die ihre Richter und zugleich Henker geworden sind.«? »Zugleich Henker«: Sie gebrauchen das Wort, nicht ich.

Mit besten Grüßen ...

Ganz anders empfinde und beurteile ich die Situation des einfachen Soldaten, auch wenn er an Erschießungen teilgenommen hat. Ich war im März 1992, als der Fall des Brandenburgischen SPD-Abgeordneten und Alterspräsidenten Just heftig diskutiert wurde, gerade in Berlin. Er hatte selber zugegeben, 1941 »befehlsgemäß an der Exekution von sechs

* Ja, Juni 1945. In einem Gefangenenlager ...

Menschen ›teilgenommen‹ zu haben, die als ›jüdische Terroristen‹ bezeichnet wurden«. Man wollte ihm wegen Mordes den Prozeß machen, und seine politische Karriere war hin. Aber nicht nur, daß sogar für Leute mit SS-Führerdienstgrad der Bundesgerichtshof nur den Begriff »Beihilfe zum Mord« hat walten lassen – mit Verjährung nach fünfzehn Jahren –, vor meinem Berliner Publikum habe ich auch vergleichend auf den Friedenspreisträger Lew Kopelew hingewiesen, der seine Teilnahme an von Stalin befohlenen Massenmorden in der Ukraine nicht verheimlicht hat, ohne deswegen aufzuhören, zu Recht als Beispiel der Humanität dazustehen.

Ich war genausowenig einverstanden mit dem »Abschießen« von Werner Höfer durch den *Spiegel* 1987. Gewiß war ich »vorbelastet«, denn es wird noch zu sagen sein, was ich dem *Frühschoppen* alles verdanke. Aber wenn ich nüchtern betrachte, was er seit Beginn der fünfziger Jahre der deutschen Demokratie durch diese oft mutige, immer pluralistische Sonntagmorgensendung gebracht hat, was er fünf Jahre lang den Journalisten des WDR-Fernsehens als echt liberaler Chef an Schutz gegeben hat, so fand und finde ich jedenfalls, daß *Der Spiegel* sorgfältiger hätte recherchieren müssen, so wie es dann der doch stets kritische *Evangelische Pressedienst** getan hat. Wobei er Höfers Version, daß ein mörderischer Satz gegen den 1943 von den Nazis erhängten jungen Komponisten Karlrobert Kreiten in einen Artikel hineingeschrieben worden sei, als der Wahrscheinlichkeit entsprechend bezeichnete. Was mich betrifft, so hilft für Werner Höfer die gleiche Einschätzung wie für Kurt Georg Kiesinger, obwohl dieser als stellvertretender Abteilungsleiter der Rundfunkpolitischen Abteilung des Auswärtigen Amts in einer viel höheren Stellung gewesen ist (mit viel weniger Verantwortung, als es Beate Klarsfeld meinte, und doch mehr, als er selber zugeben wollte): Wenn die späteren aufbauenden Handlungen nicht

---

* Vgl. *epd/Kirche und Rundfunk*, 1988, 1–3 (9., 13., 16. Januar)

zählen sollen, dies bei einem persönlichen Verschulden, das anders geartet war als bei einem Otto Ambros, dann müßten die Grundlagen der Philosophie des Strafvollzugs und der gesellschaftlichen Rehabilitierung verändert werden. 1951 sagte Adolf Arndt, Geschäftsführer der SPD-Fraktion, in seiner Bundestagsrede zur Verabschiedung des Gesetzes über das Bundesverfassungsgericht:

Ich bedauere, daß der Herr Kollege Kiesinger nicht anwesend ist, denn es ist mir eine wirkliche Freude, angesichts des Hohen Hauses auszusprechen, daß in diesem kritischen Zeitpunkt der Herr Kollege Kiesinger der Demokrat im Ausschuß war, der für die Mehrheit erklärte, es sei unmöglich, ein solches Gesetz ohne Mitwirkung der Minderheit zu verabschieden ... Ich danke dem Herrn Kollegen Kiesinger dafür, daß er diese demokratische Haltung bewiesen hat.

Individuelle Vergangenheitsbetrachtung und -beurteilung ist nie leicht, sobald der Betreffende dem Alter nach reif war und nicht Widerstand geleistet hat. Wie oft und an wieviel Orten ist Helmut Kohl der Begriff der »Gnade der späten Geburt« vorgeworfen worden! Und wie richtig ist doch dieser Ausdruck, der mit Haftung für die Vergangenheit nichts zu tun hat, sondern die berechtigte Erleichterung kundtut, das schiere Glück gehabt zu haben, nicht einige Jahre früher geboren zu sein! Wenn man am 8. Mai 1945 gerade fünfzehn geworden war, dann brauchte man sich nicht Fragen zu stellen, wie es Helmut Schmidt in seiner bewegenden Abschiedsrede als Abgeordneter 1986 im Bundestag getan hat:

Im Kriege hatten wir Millionen deutscher Soldaten uns zuallermeist in einem schizophrenen Zustand gefunden. Tagsüber haben wir gekämpft, teils weil wir das für unsere Pflicht hielten, teils um unser eigenes Leben zu bewahren, teils um nicht in Kriegsgefangenschaft zu fallen; aber des Nachts wünschten wir uns sehnlich das Ende des Krieges und der Nazidiktatur herbei. Schizophren! ...

Die Feier für Klaus von Bismarck als Carlo-Schmid-Preisträger war in dieser Hinsicht doppelt bedeutungsvoll. Zunächst – was ich nicht aussprach –, weil Carlo Schmid, einer der Väter

der bundesdeutschen Demokratie, ein geistvoller, geistes-
starker, verständnisvoller Humanist, der leider 1959 nicht der
Nachfolger von Theodor Heuss als Bundespräsident geworden ist, immerhin während der deutschen Besatzung Militärrichter in Lille gewesen war, was beim Eintritt der Bundesrepublik in den Europarat den französischen Sozialistenführer
aus Nordfrankreich, Guy Mollet, und den Engländer Hugh
Dalton sehr empört hatte, meinem Wissen nach zu Unrecht.
Und in meiner Laudatio habe ich Klaus von Bismarck mein
Unbehagen darüber ausgedrückt, daß er in seiner *Wer ist
Wer?*-Notiz die Liste seiner Auszeichnungen beginnen läßt
mit »Eichenlaubträger zum Ritterkreuz des EK« und daß er
1981 in einem Buch von der »Mischung von Pflichtgefühl und
Stolz« gesprochen hatte, die 1944 das »traditionsbewußte In-
fanterieregiment zusammenhielt«, das er als 32jähriger Oberst-
leutnant befehligte, ohne dabei zu erwähnen, daß die Grund-
pflichten des Vaterlands und dessen ethische Größe eher
durch Fritz Erler oder Eugen Kogon repräsentiert wurden. Er
antwortete mir aus dem Stehgreif in hervorragender Weise:

... Mir ist verständlich, daß Ihnen hier einiges unverständlich oder widersprüchlich an meiner damaligen Haltung als Soldat erscheint. Gelegentlich
geht es mir heute im Rückblick selbst so. Aber heute, als einer der nicht mehr
sehr zahlreichen »Zeitzeugen«-Generation, denke ich, daß ich einerseits
heute in der Darstellung meiner damaligen Haltung auch gerade für die
jüngere Generation so ungeschminkt wie möglich reden und mich verhalten
sollte. Andererseits habe ich mich bemüht, Phasen in meinem Leben, in
denen ich mich – von heute her gesehen – unbestreitbar auch widersprüchlich verhalten habe, als Herausforderung anzunehmen und für den Teil
meines Lebens nach 1945, so gut ich dies im Rahmen meiner jeweiligen
Aufgaben vermochte, zu beantworten.*

Philipp Jenninger hat in der inhaltlich ausgezeichneten Rede,
die zum Skandal wurde und ihn zum Rücktritt als Bundes-
tagspräsident zwang, auf zwei Konsequenzen der Vergangen-

* Beide Reden in 1. *Verleihung des Carlo-Schmid-Preises*, Stuttgart, Carlo-
Schmid-Stiftung, 1989

heit hingewiesen. Erstens, daß man sich sein Volk nicht aussuchen kann und daß die Vergangenheit (mit dem Schweigen der Kirchen, mit der Eskalation des Grauens) als Last bleibt. Zweitens, daß man daraus die Konsequenz ziehen muß, sich für die heutigen Ausgestoßenen einzusetzen. Stärker noch hatte Bundeskanzler Kohl ähnliches zum Ausdruck gebracht, als er in seiner breitangelegten und ergreifenden Rede im ehemaligen KZ Bergen-Belsen am 21. April 1985 sagte:

Versöhnung mit den Hinterbliebenen und ihren Nachkommen ist nur möglich, wenn wir unsere Geschichte annehmen, so wie sie wirklich war, wenn wir uns als Deutsche bekennen: zu unserer Scham, zu unserer Verantwortung vor der Geschichte.

Diese Rede, gehalten zwei Wochen vor dem Bitburg-Besuch, war von der deutschen und der internationalen Presse fast völlig ignoriert worden. Sie stellte ja keine Sensation dar, und es galt überhaupt für viele Journalisten, den Kanzler der »Wende« nur als vergangenheitsvergessend oder gar -verneinend darzustellen.

Helmut Kohl hat allerdings mit seinem »Image« (wie man im heutigen Deutsch sagt) nie viel Glück gehabt, teils aus eigenem Verschulden, teils weil seine Fürsprecher oft dummes Zeug von sich geben. Selten habe ich einen Verriß genüßlicher geschrieben, als den im *BuchJournal* 1990 über die Kohl-Biographie von Werner Maser. Alles wirklich Positive bleibt unerwähnt, weil nur Unwesentliches behandelt (»Kohl lädt die Sekretärin, die er bald duzt, dann und wann auf eigene Kosten zum Essen ein«) und generell behauptet wird: »Die Argumente und Verhaltensweise der Kohl-Gegner sind durchsichtig. Neid, Voreingenommenheit und der Frust der eigenen Mißerfolge führen die Feder . . .«

Die Bergen-Belsen-Rede bleibt in diesem Buch unerwähnt, und doch steht in ihr genauer und ausführlicher als in vergleichbaren Texten von anderen, was der Massenmord an Sowjetbürgern und an gefangenen Sowjetsoldaten gewesen ist. Dieses Thema darf gewiß nicht beiseite geschoben werden, wenn es heute um die neue Vergangenheitsbewältigung geht, nämlich die Beurteilung der 45 Jahre sowjetischer Besatzungszone und Deutscher Demokratischer Republik.

Im Schatten der Wiedervereinigung

Und doch soll mit diesem Thema anders begonnen werden. Als im November 1982 Leonid Breschnew Jurij Andropow zum Nachfolger bekam, wer hat eine Liste dessen erstellt, was dieser 1956 in Budapest und vor allem dann fünfzehn Jahre hindurch als KGB-Chef persönlich zu verantworten gehabt hatte? Sollte sich da nicht der Vergleich mit Kurt Waldheim aufdrängen, der noch nicht einmal einen geringen Bruchteil einer solchen Schuld auf sich geladen hatte? Wie hat sich aber *Der Spiegel* gefreut, dem neuen, ach so milden und reformfreudigen Herrscher der Sowjetunion schriftlich Fragen stellen zu dürfen und die Antworten im Kreml überreicht zu bekommen, als handle es sich um ein echtes Interview! Kurt Waldheim hätte seinerseits von dem Magazin nicht herablassender und herabwürdigender behandelt werden können.

Noch heute ist das Nichts-wissen-Wollen über sowjetische Verbrechen nicht voll überwunden. Gewiß gewährt man nun in Moskau Einblick in »neue Dokumente«, u. a. über Lenin und seine Schuld an der systematischen Ermordung politischer Gegner, an der Einrichtung barbarischer Lager und einer barbarischen Polizei. Aber die neue Information ist nur eine zusätzliche, so wie die Entdeckung von bisher unbekannten Massenerschießungsstätten. Schon in den dreißiger Jahren gab es genügend Bücher und Berichte. Nach dem Krieg wurden die Opfer – Tote und Überlebende – systematisch verhöhnt, in der DDR genauso wie in den anderen sich sozialistisch nennenden Staaten und von den westlichen Kommunistischen Parteien und ihren Sympathisanten. Man denke an die Verachtung, die Margarete Buber-Neumann zuteil wurde, der Witwe des KPD-Führers und Stalin-Opfers Franz Neumann, die selber Häftling im sowjetischen und im nazistischen KZ-System gewesen war! Oder an das große Schweigen, über den Weg von Tito und Gomułka zur Macht innerhalb der jugoslawischen und der polnischen KP: Stalin hatte eben 1937 und 1938 die Spitzenmänner und Parteien nach Moskau kommen und sie dort hinrichten lassen. Und seit Jahrzehnten waren Informationen über den »Hunger-Holocaust« in der Ukraine am Beginn der dreißiger Jahre zugänglich, das heißt über das systematisch organisierte Sterben von Millionen von Männern, Frauen und vor allem Kindern. Ich muß gestehen, daß ich in diesem Zusammenhang ein *Zeit*-Interview von Stefan Heym mit Verblüffung gelesen habe, das am 6. Dezember 1991 erschienen ist. Auf die Feststellung von Fritz J. Raddatz, Heym habe ein Reportage-Buch über die Sowjetunion geschrieben, in dem er sagte, er habe keine Lager gesehen, kommt die Antwort:

Das war eine Verzweiflungstat. Ich habe geglaubt, was die mir gesagt haben. Wenn mir einer im Justizministerium in der Sowjetunion erklärt: »Nein, wir haben keine Straflager«, und der sitzt da und blickt mir ins Auge ... Ich habe dem Kerl geglaubt und habe das auch geschrieben.

Dies wäre zu entschuldigen, wenn Heym dann nicht hinzugefügt hätte:

Man muß doch versuchen, mit sich selbst auszukommen. Jetzt ist hier dauernd die Rede von Vergangenheitsbewältigung. Wenn ich mir meine Vergangenheit ansehe – ich weiß nicht, ob das so viel ist, was ich bewältigen müßte.

Zur Vergangenheitsbewältigung müßte mindestens das Wissen um – und das Eingestehen der totalen geistigen Unterwürfigkeit gehören, die z. B. noch im Oktober 1932 die Reichsparteikonferenz der KPD verkünden ließ: »Nur wenn der Hauptschlag gegen die Sozialdemokratie, diese Hauptstütze der Bourgeoisie, gerichtet wird, kann man den Hauptklassenfeind des Proletariats, die Bourgeoisie, mit Erfolg schlagen und zerschlagen.« Oder wenn dieselben 1947 Tito als einen großen Helden verehrten und ihn 1948 mit demselben Eifer als Verräter und Verbrecher bekämpfen, nur weil es von Moskau so befohlen wurde.

Trotzdem zitiere ich in der Bundesrepublik seit 1976 ständig eine richtige und mutige Stelle der Rede, die Bundespräsident Walter Scheel vor dem Historikertag in Tübingen gehalten hat: »Was weiß man heute in der Bundesrepublik über den linken Widerstand? Hat man noch nicht begriffen, daß man die DDR nicht verstehen kann, wenn man vom Widerstand der Kommunisten gegen Hitler keine Ahnung hat?« Ganz absichtlich habe ich bei der Jubiläumsfeier des hessischen Landtags einen Anwesenden beim Namen genannt und über ein 1948er-Interview mit ihm erzählt: Emil Carlebach, treues KPD-, später DKP-Mitglied, hat gegen Hitler gekämpft und unter Hitler gelitten zu einer Zeit, in der manche Würdenträger des westlichen Nachkriegsdeutschland ihm gedient haben.

Damit sollte aber keine Freisprechung verbunden sein. Als Erich Honecker am 7. Januar 1988 in den Elysée-Palast eingeladen war, sagte ihm Präsident Mitterrand in seiner Tischrede:

Die Vergangenheit läßt sich nicht vergessen, und bei den Franzosen bleibt die Erinnerung wach an die heldenhaften Bestrebungen all der Deutschen, die wie Sie, Herr Präsident, sich dem Nazismus widersetzt haben. Der Geist der Freiheit beseelte damals gegen denselben Feind die Kämpfer aller Geistesrichtungen. Es ist dieser Geist, der seit bald zwei Jahrhunderten unsere Auffassung von der pluralistischen Demokratie und den Bürgerrechten begründet. Möge er doch wieder zum Gemeingut des ganzen Europa werden! Denn wie könnte man wähnen, daß sich die Europäer über den Frieden einigen, wenn sie sich über die Freiheit trennen!

Dies war die richtige Distanznahme zum Gast – und zugleich eine Mahnung an alle Bürger der Bundesrepublik, von denen im nächsten Kapitel die Rede sein wird und die vor lauter Begeisterung für den Frieden das Wort Freiheit geflissentlich beiseite schoben. Als Erich Honecker von der chilenischen Botschaft in ein deutsches Gefängnis übersiedeln mußte, wurde ich von der (Ost-)Berliner Wochenzeitung *Freitag* interviewt. Auf die letzte Frage gab ich eine recht knappe Antwort, die mir aber zu genügen schien, um meine ständige Grundeinstellung klarzumachen:

Erich Honecker hat als Gegner der Nazis elf Jahre in Hitlers Gefängnissen verbracht, und Sie mußten in derselben Zeit als jüdisches Kind aus Deutschland fliehen. Berührt es Sie nicht persönlich, daß jemand, der von demselben Regime betroffen war, das auch Ihnen und Ihrer Familie soviel Leid zugefügt hat, nun wieder im Gefängnis sitzt? Müßte man gegenüber einem solchen Mann nicht ein wenig großzügiger sein?

– Ich habe immer französische Offiziere bekämpft, die während des Zweiten Weltkriegs in deutschen KZ gefoltert wurden und dann selbst im Algerienkrieg gefoltert haben.*

Das soll gewiß nicht heißen, daß die Verbrechen und die Vergehen des SED-Regimes an seinen Bürgern auch nur annähernd auf derselben Ebene gelegen hätten wie die in der Sowjetunion oder die NS-Deutschlands. Aber die Repression gegen Nicht-Zahme war keineswegs lau, die Gefängnisse waren voll, die Haftbedingungen hart, die Toten an der Mauer zahlreich, die Sippenhaftung war ausgedehnt und der Versuch, die Gesellschaft totalitär in den Griff zu bekommen, weit gediehen. Margot Honecker durfte im Juli 1992 nach Chile fliegen, wahrscheinlich als Gegenleistung zur Auslieferung ihres Gatten. Als Ministerin für Volksbildung hätte sie vor ein Gericht gehört. Allerdings wäre es schwer gewesen, einen Paragraphen zu finden, der es erlaubt hätte, jemanden zu verurteilen, der »die gesamte Bildung und Erziehung der Jugend im Sinne Lenins in den Dienst der Erziehung zur Weltanschauung und Moral der Arbeiterklasse« (so wie sie von oben definiert wurden ...) stellen wollte, wobei die Moral die »der grenzenlosen Ergebenheit gegenüber dem Kommunismus« war.

* *Freitag* vom 7. 8. 1992

Bis zum Schluß hat sich da nur wenig verändert, so daß ich im Juni 1987, bei einer Diskussion in den Räumen der Akademie für Sozialwissenschaften beim ZK der SED, deren Vorsitzendem Otto Reinhold scherzend-ernst prophezeien konnte, bald würde die Volksarmee seines Staates in der Sowjetunion einmarschieren, um den Sozialismus zu retten! Noch in der Ausgabe von 1985 des *Kleinen politischen Wörterbuchs*, das heißt mehr als ein Jahrzehnt nach dem Grundlagenvertrag zwischen den beiden deutschen Staaten, wurden diese folgendermaßen definiert:

DDR: Sozialistischer deutscher Staat, in dem die von der marxistisch-leninistischen Partei, der Sozialistischen Einheitspartei Deutschlands, geführte Arbeiterklasse, im Bündnis mit der Klasse der Genossenschaftsbauern, der Intelligenz und den anderen werktätigen Schichten, die Macht ausübt.

BRD: Imperialistischer Staat . . . entstand gegen den Willen des Volkes, um die Herrschaft der Monopolbourgeoisie in einem Teil des ehemaligen Bereichs des deutschen Imperialismus zu erhalten . . . Die Durchsetzung der Diktatur des Monopolkapitals wird durch einen weitverzweigten Herrschaftsmechanismus garantiert.

Wie konnte, wie kann man nach dem Zusammenbruch des Regimes Schuldzuschreibungen machen? Wen soll man wie, wofür bestrafen? Die Kategorien von 1946 kommen wieder hoch, obwohl sie diesmal nicht offiziell in Gesetzen und Regelungen verwendet werden: Wer waren die Hauptschuldigen? Wer hat sich mitschuldig gemacht? Wer darf als minderbelastet gelten? Welches Mitläufertum soll zur Entlastung führen? Die Ähnlichkeiten mit der Zeit der Entnazifizierung gehen weiter. Wer soll richten, und sei es nur in Prüfungsausschüssen der Universitäten? Kommt er von außen, so hat er wenig Verständnis für den Alltag unter dem »Sozialismus«. Kommt er von innen, so ist er entweder ein erklärter Opponent des Regimes gewesen, also ein Opfer, dessen Leiden auf Voreingenommenheit hindeuten, oder ein Schweigsamer, dessen Schweigen sich nur schwer vom Mitläufertum unterscheiden läßt! Auch sind Fragebogen verteilt worden, zum Beispiel in der Form »Erklärung« mit von acht Fragen zum Verhältnis zur Stasi.

Und als ich im Mai 1991 ein anfänglich mißtrauenbeladenes, dann doch recht offenes Gespräch mit den ASTA-Führern der Universität Leipzig hatte, da fühlte ich mich an ähnliche Gespräche der ersten Nachkriegsjahre erinnert:»Wir wissen nicht, welche unserer Professoren bleiben oder rausgeworfen werden. Was wird aus unserem bisherigen Studium? Müssen wir alles wieder von vorne beginnen?«

Viel komplizierter, viel schlimmer noch als nach 1945 stellt sich das Problem der Wiedergutmachung, vor allem im Sinne der Rückerstattung. Trotz allen Mitgefühls für die jüdischen Enteigneten der Hitlerzeit, für die Opfer der Enteignungen der – in juristisch bedenklicher Form nun von der Rückerstattung ausgeschlossenen – offiziellen sowjetischen Besatzungszeit, dann der SED-Macht, sei es aus wirtschaftlich-sozialen oder aus politischen Gründen: seit 1991 erinnere ich im westlichen und im östlichen Teil Deutschlands immer wieder daran, daß der doch recht reaktionäre König Ludwig XVIII. anders gesprochen und gehandelt hat als die Bundesrepublik. Obwohl er 1815 mit den emigrierten Fürsten und anderen Adligen aus dem Exil kam, sagte er – allerdings auf französisch! –: »Entschädigung geht vor Rückerstattung.« Eine Milliarde Gold-Franken wurden für diese Entschädigung bereitgestellt, damit eine neue Umverteilung der von der Revolution vollbrachten Umverteilung keine heillose gesellschaftliche und politische Unordnung schaffe.

Der größte Unterschied zur Nachkriegszeit liegt für mich allerdings im Bestehen und Verhalten des anderen deutschen Staates und seiner Eliten. Nicht nur weil, wie es Willy Brandt richtig betont hat, den Frauen und Männern der DDR ständig gesagt worden ist, sie sollten doch dort bleiben, was sie zu einem Mindestmaß an Mitläufertum verurteilte. Noch mehr, weil mindestens drei Kräfte in der Bundesrepublik sich auch den Weg zu einer nachträglichen Abrechnung mehr oder weniger verstellt haben. Von einem Teil der SPD, von Egon Bahr und von Männern wie Klaus Bölling und Günter Gaus soll im nächsten Kapitel die Rede sein, ebenso von einer Evangelischen Kirche, die in Deutschland und in der Form des Weltkirchenrats, das Wort Frieden großgeschrieben und das Wort Freiheit gestrichen hatte. Hier nur ein Wort zur CDU. Bei einer ausführlichen Fernsehdiskussion am Abend nach den ersten und letzten freien Wahlen in der DDR fragte ich Lothar de Maizière, wie es nun zu irgendeiner Form der Säuberung kommen konnte, da ja seine Partei sich nicht nur »angebiedert« hätte, wie es der SPD vorgeworfen wurde, sondern – als Partei der Einheitsliste – alles mitunterschrieben, mitbeschlossen, mitverantwortet habe. Die Antwort blieb aus.

Ich bin mir keineswegs im klaren, was als Bestrafung oder »Säuberung« zu tun gewesen wäre bzw. zu tun bleibt. Ich beneide die Kollegen, die beauftragt sind, Menschen und Einrichtungen zu entlassen oder »abzuwickeln«, wirklich nicht. Ich bin sicher, daß Ungerechtigkeiten unvermeidbar sind. Und sei es nur, weil jedesmal, wenn man einen Altgedienten im Amt oder im Lehrstuhl beläßt, man die Stelle einem anderen verstellt, den der Bleibende vielleicht am Aufstieg gehindert hat, weil dieser zu kritisch oder ungenügend »sicher« gewesen sei. Wie viele Assistenten sind allein aus diesem Grund nie Dozenten geworden! Wie läßt sich das wiedergutmachen? Wie können sie dies zunächst beweisen?

Aber eines weiß ich genau: Man soll den wirklich Schuldigen energisch entgegentreten, wenn sie nun Opfer oder sogar Richter spielen wollen. Wenn Hermann Kant, ehemaliger Präsident des DDR-Schriftstellerverbands, wieder öffentlich auftritt und, unter Verleugnung oder Verfälschung seiner Vergangenheit als Großinquisitor, andere als Verleumder vor Gericht verklagt, da sollte jeder im heutigen Deutschland Ekel und Abscheu kundtun. Und wenn Stefan Hermlin die Rolle des Widerstandskämpfers gegen das Regime spielen möchte, sollte man öffentlich die Zeugen vernehmen – im Fernsehen oder in der Presse –, die erzählen, wie zum Beispiel derselbe Hermlin in einer Mecklenburger Schule 1953 an einem »Tribunal« mitwirkte, das siebzehnjährige Primanerinnen aus der Schule hinauswarf, weil sie nicht aus der Evangelischen Gemeinde austreten wollten. Bei der Verwirklichung der Idee, »für Feinde ist an unserer demokratischen Schule kein Platz«, hat er unbarmherzig mitgewirkt. Also sollte er heute nur ganz leise sprechen!

Hermann Kant gegenüber habe ich keinen Zweifel an meiner Haltung. Im Fall von Manfred Stolpe denke ich von Monat zu Monat, von Woche zu Woche, manchmal von Tag zu Tag etwas und dann genau das Gegenteil. Es geht um die widersprüchliche Rolle der Evangelischen Kirche. Es geht um die immer zugleich klarer und unklarer werdenden erwiesenen Fakten. Es geht um den Bestand und das Ausmaß des Vertrauensbruchs. Es geht um die Bedeutung des positiv Erreichten. Für mich geht es auch um etwas Grundlegenderes, nämlich um die alles überschattende Bedeutung, die die Frage nach der Stasi-Zugehörigkeit in der Bundesrepublik erreicht hat. Es war gewiß richtig, eine besondere Behörde einzurichten, und mehrere Begegnungen haben mir eine große Achtung vor Joachim Gauck eingeflößt. Aber wieso kümmert man sich soviel um die Lieferanten von Informationen, wenn die Machthaber, für die die Informationen gesammelt wurden, unbehelligt bleiben? Ich habe seit 1990 manches deutsche Publikum schockiert, indem ich sagte, ich könne nicht verstehen, daß man Informanten zumindest moralisch verurteile, während Hans Modrow im Bundestag sitze. Hans Modrow, der vielleicht am Schluß einiges gerettet hat (aber auch Milliarden von Mark sichergestellt und unzählige Offiziere und andere Würdenträger befördert hat, um ihnen bessere Pensionen im demokratischen Staat zu sichern!), der jedoch zuvor ein echter Machtträger gewesen ist, viel schuldiger, jedenfalls viel mitverantwortlicher als ein Informant.

*

Einmal Vergangenheitsbewältigung – das war recht kompliziert. Zweimal Vergangenheitsbewältigung – das macht alles noch komplizierter. Um nur ein Beispiel zu geben: Wie soll ein junger Mensch in den neuen Ländern ohne weiteres verstehen können, daß etwas logisch und moralisch ist, was ihm beinahe notwendigerweise als widersprüchlich erscheinen wird? Wir sagen ihm doch:»der Antifaschismus war eine begriffliche Waffe des SED-Unrechtsregimes, um seinen Totalitarismus durchzusetzen. Du mußt zugleich sehen und einsehen, daß der Antinazismus die Grundlage des 1949 geschaffenen Rechtsstaats ist, dem du nun angehörst«.

Wie könnte er überhaupt plötzlich die politische Kultur dieser Bundesrepublik verinnerlicht haben? Es braucht Zeit, und diese Zeit ist kaum vorhanden, wo doch die Arbeitslosigkeit und die Angst um die Zukunft weniger den Abbau jeglicher Feindbilder bewirken mögen als das Ersetzen alter Feindbilder durch neue. Der mittellose Ausländer als bedrohender Feind: An Erklärungsmöglichkeiten für Ausschreitungen mangelt es wirklich nicht! Auch nicht an einigen provozierenden Beschwörungen der NS-Vergangenheit. Das war schon so zu Beginn der sechziger Jahre mit den Hakenkreuz-Schmierereien auf jüdischen Friedhöfen: Das beste Mittel, die Ablehnung gegenüber einer Gesellschaft kundzutun, ist die Verhöhnung ihrer Werte oder ihrer Tabus. Darunter zuweilen der Anti-Antisemitismus.

Das gilt heute auch noch bei einer schwer zu bestimmenden Zahl von Westdeutschen verschiedener Altersschichten. Es geht nicht nur um Stammtischausbrüche, um Stammtischwitze, für die mit einiger Übertreibung die Formel galt und gilt: »Judenwitz, Türkenwitz: Auschwitz«. Es geht um anhaltende oder überlieferte Bitterkeit wegen des Eindrucks, wegen der Überzeugung des Verfehmtseins als Deutscher, wo doch die anderen, alle anderen auch, sogar ebensoviel, wenn nicht noch viel mehr Dreck am Stecken haben.

Das Deutschland der ständigen hämischen Gegenanklage, der anonymen schmutzwerfenden Briefe – an die Redaktionen oder nicht selten an Leute meiner Art –, das hat nie aufgehört zu bestehen. Vielleicht mangelt es mir an Einsicht, und vielleicht bin ich naiv: Ich muß aber gestehen, daß für mich dieses Deutschland nicht gerade unwichtig, wenn auch ohne allzu große Bedeutung ist, es sei denn, es erwiese sich als wachsender Kern einer ultrarechten Wählermasse. Ich glaube aber, daß das Anschwellen der »Republikaner« und anderer radikaler Gruppierungen nur sehr begrenzt von der Vergangenheit her zu erklären ist. Die viel beredete Parteienverdrossenheit ist noch kein Ruf nach einer neuen NSDAP oder nach einer neuen SED.

Das soll nicht heißen, daß nicht weiterhin alles getan werden sollte, um den jungen und alten, westlichen und östlichen Bürgern der Bundesrepublik klarzumachen, wie sehr die negative Vergangenheit eine ständige, meist positive Rolle in diesem Staat und seiner Gesellschaft gespielt hat und noch spielt. Die Verankerung der Grundrechte als unveränderlicher Bestandteil der politischen Ethik gleich zu Beginn des Grundgesetzes – ohne Hitler in der Vergangenheit wäre es nicht so gekommen. Ob man nun zustimmt oder kritisiert, wie viele Einstellungen, die ohne den Bezug zu der Vergangenheit nicht zu verstehen wären! Vom 1975er Urteil des Bundesverfassungsgerichts zu Paragraph 218 bis zur Debatte um den Einsatz deutscher Soldaten im ehemaligen Jugoslawien, vom Einsatz von Kriegsdienstverweigerern bei geistig Behinderten bis zur nächtlichen Schutzkette um just angegriffene Asylantenheime, von der hohen, vielleicht zu hohen, rechtlichen Bewertung der Parteien als Verkörperung des Pluralismus bis zu einem vom Ausland oft mit Verwunderung betrachteten

Hang, jegliche Autorität im Namen des Antiautoritären abzulehnen: die Vergangenheit ist stets eine dicke Wurzel.

Heißt das, daß sie ständig aufs neue in Erinnerung gerufen werden muß, daß sie ständig beschworen werden muß? Als klare Kenntnis und Erkenntnis, gewiß. Nicht als eine Art ewigen Schuldbekenntnisses der deutschen Gemeinschaft, das nur ihr abverlangt würde. Ich kann weder die Kritik an dem Vereinigungsvertrag teilen noch die Forderung an die revidierte bundesdeutsche Verfassung mittragen, so wie sie von Heinz Galinski, vom Jüdischen Weltkongreß oder auch von Jean Kahn, dem Vorsitzenden des CRIF, des französischen Dachverbands jüdischer Organisationen, formuliert worden sind. Die Einleitung des Vertrags von 1990 zwischen der Bundesrepublik und der DDR genügte mir völlig:

Im Bewußtsein der Kontinuität deutscher Geschichte und eingedenk der sich aus der Vergangenheit ergebenden besonderen Verantwortung für eine demokratische Entwicklung Deutschlands, die der Achtung der Menschenrechte und dem Frieden verpflichtet bleibt ...

Wenn die endgültige Verfassung, die in Form des ergänzten Grundgesetzes in naher Zukunft fertiggestellt werden sollte, so fände ich eine ähnliche Formel gut und richtig. Mehr wäre zuviel und würde nicht zu Unrecht als das Ergebnis eines Druckes von außen gelten, bestimmt, nicht nur eine Erinnerung wachzuhalten, sondern das Gewicht eines erstarkten Deutschland zu begrenzen. Dazu gibt es andere Mittel und Wege, insbesondere das Vorexerzieren von Selbstbeschränkung in der Ausübung der nationalen Selbstbezogenheit.

Was von deutscher Seite – vor allem auf Regierungsebene – weiterhin erwartet werden darf und soll, ist das Verständnis für die im Namen Deutschlands auferlegten Leiden, vor allem wenn Zeichen oder Beweise der Gegenseitigkeit auftauchen. In dem jüngsten deutsch-polnischen Vertrag ist erreicht worden, daß die polnische Seite die Tatsache der Vertreibungen anerkennt. Ist genügend getan worden – von der Regierung und von den Medien –, um die Realität der anderen, auch im Vertrag gegenwärtigen Vertreibungen in ihrem vollen Ausmaß darzustellen? Vertreibungen, Massendeportationen und Massenvernichtungen hat Polen doppelt erlitten, von Hitler und von Stalin. Darf man wirklich behaupten, dieses enorme Ausmaß an Leiden sei in Deutschland genügend bekannt, wo die Verachtung für Polen zu Beginn der achtziger Jahre wieder stark aufgekeimt und heute immer noch zu spüren ist?

Schlimmer steht es 1992 mit der Tschechoslowakei. Der Mut und die ethische Größe von Václav Havel sind von der Bundesregierung nicht genügend anerkannt und mit gleicher geistiger Größe erwidert worden. Als Präsident hat Havel oft das Thema des Briefes wiederaufgegriffen, den er an Bundespräsident Richard von Weizsäcker geschrieben hatte, als ihm im Oktober 1989 *in absentia* der Friedenspreis des deutschen Buchhandels verliehen wurde:

Die Vertreibung (der Sudetendeutschen) ... erschien mir immer als eine zutiefst unmoralische Tat, die nicht nur den Deutschen, sondern in noch größerem Maße den Tschechen selbst Schaden zugefügt hat, und zwar sowohl moralisch als auch materiell. Auf Böses wiederum mit neuem Bösen zu antworten, bedeutet, das Böse nicht zu beseitigen, sondern es auszuweiten.

Als in den ersten Wochen des Jahres 1992 ein neuer Vertrag zwischen Bonn und Prag ausgehandelt wurde, da gab es in der Bundesrepublik zweierlei Arten, die Verhandlungen und ihr Ergebnis zu betrachten. Die eine kam in der *Frankfurter Allgemeinen* zum Ausdruck:

Der Vertrag ist ein Anfang. Er ist kein Schlußstrich unter die Vergangenheit. Wie 1973 sind auch jetzt zentrale historische und rechtliche Streitfragen ausgeklammert worden (28. 2.) ... Die Tschechen wollten einen »Schlußstrich«, zugestanden wurde er ihnen nicht ... Der Vertrag hat ... die Sudetendeutschen, die zentrale Frage im deutsch-tschechischen Verhältnis, völlig ausgeklammert ... Der Vertrag ... spiegelt genau das wider, was zwischen Deutschen und Tschechen derzeit möglich ist – und vor allem, was nicht. (4. 3. 1992)

Die andere fand sich in der *Süddeutschen Zeitung*:

Bonn war zu feige, der Sudetendeutschen Landsmannschaft deren Forderungen nach Einsetzung alter Besitzrechte oder Wiedergutmachung als Illusion vorzuführen . . . Bei Einbekenntnis der jeweiligen Last, den generösen Strich beider Seiten unter die Geschichte zu ziehen, das Ende der Aufrechnungsspirale von Krieg und Vertreibung, von Besatzungsterror, Blutgerichten und Massakern, von Ausbeutung und Enteignung geistig und materiell zu verbriefen. Bonn hat die Rechnung nicht beglichen. (26. 2.1992)

Wenn der Leser nicht gleich erkennt, auf welcher Seite ich stand, so habe ich dieses Kapitel vergeblich geschrieben! Auch wenn er die Frage gelten läßt, die in dieser neuen blutigen Zeit immer wieder in Deutschland zu hören ist: »Die ganze Sache mit der ›Vergangenheitsbewältigung‹, welchen Sinn hat sie denn überhaupt noch, nun, da unter anderem im ehemaligen Jugoslawien massenweise gemordet und gefoltert wird im Namen einer völkischen Ideologie? Nun, da in Kambodscha Pol Pot wieder das Sagen hat, der am eigenen Volk den Genozid versucht hat?«

Die Antwort fällt mir nicht schwer. So wie ich die Vergangenheitsbewältigung verstanden habe und verstehe, war und ist sie kein Prozeß des ständigen Asche-aufs-eigene-Haupt-Streuens, sondern ein Prozeß der Läuterung, der eine positive Einstellung zu einfach zu formulierenden Grundwerten schafft und Weltoffenheit zeitigt. Genauso wie die Europäische Gemeinschaft sich gerade heute enger zusammenschließen sollte, da im ehemaligen sowjetischen Imperium der Nationalismus in vielen Formen alles zu zerstören droht, genauso sollte das vereinte Deutschland mit Stolz und nicht mit Ärger auf all das hinweisen, was es an Vergangenheitsbewältigung im Sinne der Läuterung geleistet hat. Es ist doch viel Exemplarisches geschehen. Mehr als von den Gekränkten eingesehen und von den ständig mehr Fordernden zugegeben wird.

IV.

KRISEN UND WENDEPUNKTE

Die Gegenwart der Vergangenheit hat in der Bundesrepublik stets geistig und politisch mitgespielt. Für mich ist dabei immer die Bezogenheit auf die Zukunft das Wesentliche gewesen. Gewiß fand ich es ergreifend, provozierend und würdig zugleich, daß am 13. Januar 1988 der Akademische Senat der Freien Universität Berlin den Wortlaut einer Erinnerungstafel beschloß, die am 15. Juni am Hauptgebäude des Otto-Suhr-Instituts für Politische Wissenschaft, Ihnestraße 22, enthüllt wurde:

In diesem Gebäude befand sich von 1927 bis 1945 das Kaiser-Wilhelm-Institut für Anthropologie, menschliche Erblehre und Eugenik.

Die Direktoren Eugen Fischer (1927–1942) und Ottmar von Verschuer (1942–1945) lieferten mit ihren Mitarbeitern wissenschaftliche Begründungen für die menschenverachtende Rassen- und Geburtenpolitik des NS-Staates. Als Ausbilder von SS-Ärzten und Erbgesundheitsrichtern, durch Gutachten für Abstammungsnachweise und Zwangssterilisationen leisteten sie einen aktiven Beitrag zu Selektion und Mord.

Die vom Reichsforschungsrat bewilligten und von der Deutschen Forschungsgemeinschaft finanzierten Zwillingsforschungen des Schülers und persönlichen Mitarbeiters von Verschuer, Josef Mengele, im KZ Auschwitz wurden in diesem Gebäude geplant und durch Untersuchungen an Organen selektierter und ermordeter Häftlinge unterstützt.

Diese Verbrechen bleiben ungesühnt. Von Verschuer war Professor für Genetik bis 1965 in Münster.

Wissenschaftler haben Inhalt und Folgen ihrer wissenschaftlichen Arbeit zu verantworten.

Ich fand auch schön, daß mein Freund Gerhard Kiersch, als Dekan des Fachbereichs, in seiner Einweihungsrede zur Enthüllung daran erinnerte, »daß es nach dem Zweiten Weltkrieg gerade deutsche Juden waren, die als hervorragende Wissenschaftler, Forscher und Lehrer ihren maßgeblichen Beitrag geleistet haben zum Ruf und zur Identität unseres Instituts ...«, wobei er Ernst Fraenkel, Ossip Flechtheim und Rix Löwenthal nannte.

Aber es war doch eher im Hinblick auf die Zukunftsgestaltung, daß ich die Krisen und Wendepunkte der politischen und geistigen Entwicklungen der Bundesrepublik miterlebt und mitempfunden habe, im ständigen Bemühen, sie in Frankreich gegen Mißdeutungen und Verdächtigungen gewissermaßen abzuschirmen, und in der ständigen Versuchung, sowie mit dem immer erneuerten Versuch, im Sinne meiner Ethik, auf diese Entwicklungen, vielleicht auch nur in winzigem Ausmaß, einzuwirken.

Die Weltpolitik ist im allgemeinen Auslöser der Krisen gewesen. Die Deutschen waren jedoch keineswegs nur Objekt, wie es manche von ihnen so oft und so gern gesagt haben, um sich jeglicher Mitverantwortung zu entziehen. Dabei spielte die rechtliche Lage der Bundesrepublik nur eine untergeordnete Rolle. 1950, zur Zeit des positiven Schuman-Plans und der negativen Wiederbewaffnung, galt noch theoretisch das Besatzungsstatut vom Vorjahr, das die äußere und weitgehend auch die innere Souveränität des jungen Staates in den Händen von Großbritannien, Frankreich und den USA beließ. Erst seit dem Frühjahr 1991 gibt es eine volle deutsche Souveränität, diesmal für ein vereinigtes Deutschland: Bedeutet das, daß die deutschen Hoffnungen, Ängste und Revolten der ersten Hälfte der fünfziger Jahre nur oder auch nur hauptsächlich von außen bestimmt waren und daß die heutigen Auseinandersetzungen um einen eventuellen Einsatz deutscher Soldaten unter UNO- oder Europa-Flagge nicht weitgehend durch die internationale Situation beeinflußt und sogar bestimmt sind?

Wendepunkte existieren. Nur läßt sich häufig schlecht feststellen, was sich eigentlich gewendet hat, mit welchen dauerhaften Auswirkungen. 1945 gab es einen klaren Einschnitt. 1990 auch. Aber wann ist das Trauma der Bewaffnung überwunden worden? Jedenfalls kann die Raketenkrise 1979/84 ohne dieses Trauma nicht verstanden werden, genausowenig wie der aggressive Antiamerikanismus der siebziger und achtziger Jahre ohne die Amerika-Hörigkeit der fünfziger und sechziger. Die »Studentenrevolte« war mit dem Vietnam-Krieg verbunden, aber die Ostpolitik hat nur entstehen können, weil es 1962 die friedlich überwundene Kuba-Krise mit amerikanischer Überlegenheit und Zurückhaltung gegeben hatte. Diese nüchterne und zugleich erwärmende Ostpolitik entfaltete sich zur Zeit der gewiß weder nüchternen noch erwärmenden Bestrebungen junger und weniger junger Intellektueller, oft innerhalb der SPD, um ein vermeintliches »Theorie-Defizit« zu überwinden.

In Büchern wie *Politik erklären* oder *Das Bündnis* habe ich mich recht und schlecht mit dem Problem der Kontinuitäten, der Abbrüche, der Einwirkungen herumgeschlagen. Hier darf ich es mir einfacher machen. Ich beschränke mich auf die Zeitpunkte, an denen ich mich am meisten am Streit beteiligen durfte. 1975 verstrickte mich meine Friedenspreis-Rede in die Problematik der »Berufsverbote«. 1977, bei der Terroristen-Krise, galt es plötzlich, die französischen und die deutschen Medien mit besonderem Eifer zu »bearbeiten«, um zu versuchen, einen doppelten Amoklauf zu unterbrechen. Bei dem Streit um die Pershing II sah ich mich aufgerufen, eine neue Intoleranz anzugehen. Und in den Jahren 1985 bis 1989 fühlte ich mich verpflichtet, schlimme Auswüchse der guten Ostpolitik, nämlich die »Bruder Honecker«-Einstellung und die Vernachlässigung der Freiheit im Namen des Friedens wenn auch nur geringfügig zu unterbinden.

Das Europa der Sechs und die deutschen Soldaten

Der 9. Mai 1950 war im Rückblick der Tag der europäischen Verheißung. Der französische Außenminister Robert Schuman verkündete den Plan einer Europäischen Gemeinschaft der Kohle und des Stahls. Nicht nur, daß darauf im nächsten Jahr schon die Montanunion folgte; das Europa der Sechs (Bundesrepublik, Italien, Frankreich, Belgien, Niederlande, Luxemburg) entwickelte sich ab 1958 zur Wirtschaftsunion und wurde nach und nach zum Europa der Zwölf. Am Anfang gehörte ein enormer politischer Mut dazu. Und auch viel Einsicht, zumindest auf französischer Seite, nicht auf deutscher: Heute noch, heute wieder, gilt es in der Bundesrepublik zu erklären, welch schönes Geschenk Europa für sie bedeutet hat. Frankreich stieg von der Ebene der vollen Souveränität über die der geteilten Souveränität auf die Supranationalität hinunter. Die junge Bundesrepublik, die kaum Souveränität besaß, durfte zur Supranationalität emporsteigen und somit einen gewaltigen Schritt machen auf dem Weg zur Gleichberechtigung. Gewiß handelten Schuman und sein Inspirator Jean Monnet nicht aus selbstlosen Gründen: Es galt, weiterhin die deutsche Kohle und den deutschen Stahl zu kontrollieren. Aber dies eben nun, indem man sich selber kontrollieren ließ. Und nicht im Argwohn, sondern in einer gemeinsamen Aufbauleistung.

Das wollte in Frankreich die Stahlindustrie nicht verstehen und in Deutschland die SPD nicht. Gewiß gab es auf deutscher Seite ein ernstes Argument: Würde eine westeuropäische Gemeinschaft nicht die Teilung Deutschlands besiegeln oder jedenfalls den Graben zwischen der Bundesrepublik und der zur DDR gewordenen sowjetischen Besatzungszone noch vertiefen? Es war erfreulich, die positive Einstellung des DGB der negativen der SPD gegenüberstellen zu dürfen. Es gab dann, bis zur europäischen Bekehrung der Partei im Jahre 1955, eine merkwürdige Lage, die mit einiger Ironie zu betrachten war. »Die ungläubigen Sozialisten«, sagte ich damals, »wie der belgische Staatsmann Paul-Henri Spaak und der Generalsekretär der französischen Partei, Guy Mollet, beten jeden Abend, daß in Bonn ihr Verbündeter und Freund Konrad Adenauer an der Macht bleiben möge und sie nicht die Katastrophe zu erleben brauchen, einen sozialdemokratischen Kollegen als Kanzler begrüßen zu müssen!« Diese Situation sollte sich übrigens noch mehrmals wiederholen, insbesondere im Januar 1983, als der sozialistische Staatspräsident Mitterrand den Bundestag und alle Deutschen aufforderte, dem CDU-Kanzler zu folgen und nicht den Sozialdemokraten, die die Pershing II nicht so gern auf deutschem Boden haben wollten.

Die Euphorie des Schuman-Plans dauerte bei mir – und bei vielen anderen Franzosen – ganze sechs Wochen. Dann begann der Korea-Krieg, und plötzlich stand der Gedanke einer deutschen Wiederbewaffnung im Vordergrund. Die Argumente waren gewiß nicht unvernünftig, aber ich hatte genug junge und weniger junge Deutsche kennengelernt, um zu wissen, welche revolutionäre gedankliche Wende die Bewaffnung darstellte. Bisher war man ein guter neuer Demokrat, wenn man Nationalsozialismus und Militarismus gleichsetzte. Sogar Segelflug und Fechten waren als militaristische Sportarten noch verboten. Doch plötzlich hieß es, der schlechte Demokrat sei der, der es ablehne, Waffen zu tragen. »Das Recht, den Dienst mit der Waffe zu verweigern, steht im Grundgesetz? Richtig! Das beweist eben, daß es deutsche Soldaten laut Grundgesetz geben darf, auch wenn nichts davon drin steht, denn was wäre ein Verweigerer, der nichts zu verweigern hätte?« Es galt, sich am Schutz der westlichen Demokratie gegen die totalitäre Bedrohung zu beteiligen.

Verstandesmäßig sah ich das ein, aber war es unvernünftig, auch die Folgen einer solchen neuen Einstellung in Betracht zu ziehen? In Frankreich zeigte sich bald, daß Jean Monnet seinen ersten großen Fehler beging, als er, um den Franzosen die unpopuläre Idee der deutschen Wiederbewaffnung schmackhaft zu machen, der Regierung riet, sie mit dem populären Gedanken der Europäischen Gemeinschaft zu verdecken oder zu verkleiden: So entstand der Vorschlag der Verteidigungsgemeinschaft, an der Europa beinahe gestorben wäre. In der Bundesrepublik bestand die echte Gefahr, daß die neuen Militärkräfte in altgediente Hände geraten würden, falls der Aufbau einer Bundeswehr in aller Eile vollzogen werden sollte. Und wenn die Zeit knapp war, wie konnte der psychologische Schock verwunden werden? War wirklich ausgeschlossen, daß das junge Regime autoritäre Züge annehmen würde, um die unzähligen im Namen der 1945 definierten Demokratie Aufsässigen im Zaum und in Schach zu halten?

Die Fronten in Frankreich überlagerten sich bei dem langen Streit um die EVG, die am 30. August 1954 von der französischen Nationalversammlung beerdigt wurde. In bezug auf Deutschland und die Deutschen gab es bei den Befürwortern des Vertrags vom Mai 1952 Männer wie Robert Schuman, die wirklich eine Gemeinschaft mit der Bundesrepublik aufbauen wollten, und andere, die in der EVG das einzige Mittel sahen, die auf Ewigkeit gefährlichen Deutschen in Fesseln zu schlagen, wo doch Washington so sehr und so hart auf deutschen Soldaten bestand. Und dann waren da noch die Kommunisten, die Adenauer als neuen Hitler beschimpften, während die DDR von Engeln geleitet und bevölkert schien, die Gaullisten, die sowieso die nationale Identität bedroht sahen, und dies zugunsten der Deutschen, deren demokratische Zukunft nie bewiesen werden könnte, und schließlich eine Minderheit von Männern und Frauen, die zusammen mit der deutschen Linksopposition echte Gefahren für die bestehende deutsche Demokratie erblickten.

Ich habe mich wohl nie zuvor und nie seitdem so gespalten gefühlt wie damals. Natürlich war es nicht schwer, in beiden Ländern die politische Situation des anderen vernünftig zu analysieren. So beteiligte ich mich im Frühjahr und im Sommer

1954 an den Versuchen des Teams der deutschen Botschaft in Paris, die parlamentarischen Kräfteverhältnisse so genau wie möglich für Bonn darzustellen. Leider hat Adenauer es vorgezogen, seinen französischen Parteifreunden zu glauben, die behaupteten, die Ratifizierung wäre gesichert, und nicht seinen Diplomaten, deren Voraussage sich bis auf ganz wenige Stimmen als völlig richtig erwies. Aber es ist mir gewiß schwergefallen, bis zum Schluß zu meinem Nein zu stehen.

Ganz besonders am Tag der Abstimmung, die nicht über den Vertrag selber stattfand, sondern über einen Antrag, überhaupt nicht mehr weiter zu diskutieren und somit die EVG sang- und klanglos untergehen zu lassen. Bevor abgestimmt und der Antrag mit großer Mehrheit angenommen wurde, durften nur zwei Redner auftreten. Für den Vertrag sprach Christian Pineau, ehemaliger Buchenwald-Häftling, gemäßigter Sozialist (und zukünftiger Außenminister), der genau für das eintrat, was ich seit dem Krieg als meinen deutsch-französischen Auftrag aufgefaßt hatte. Er sprach mit Würde, Wärme und Intelligenz. Für das Nein plädierte der greise Edouard Herriot, der für mich recht unerfreuliche Seiten der französischen Politik verkörperte. Er war Präsident der Nationalversammlung, was er schon 1940 gewesen war, als er den Abgeordneten nachdrücklich empfohlen hatte, sich Pétain nicht zu widersetzen. Er war in Frankreich zum Symbol von *la République* hochstilisiert worden, so daß seine Rede Gewicht hatte: eine Rede voller Unverständnis für die Deutschen, voller Fehlinterpretationen des Vertrags. Vielleicht aus Unwissenheit, vielleicht gegen besseres Wissen! Hatte er nicht erklärt, die Deutschen wollten die SS wiederherstellen, da der Vertrag doch nationale Einheiten zur Bewahrung der inneren Ruhe und Sicherheit zuließ, obwohl er wußte, daß dieser Passus von Frankreich beantragt worden war, damit die Compagnies Républicaines de Sécurité, die CRS, weiterbestehen konnten? Ich fühlte und dachte weitgehend wie Pineau. Als Abgeordneter hätte ich wie Herriot gestimmt!

Nach dem 30. August war der Kampf beendet, weil die Kämpfer müde waren, und resigniert befürwortete man die Pariser Verträge, die am 24. Oktober unterzeichnet wurden, u. a. von Adenauer und Mendès France: Sie brachten der Bundesrepublik eine beinahe volle Souveränität und eine Bejahung der deutschen Aufrüstung durch den Eintritt dieser Bundesrepublik in die NATO. Ironie war geboten, denn die berühmte französische kartesianische Logik hatte sich wieder einmal voll bewährt: Im September 1950 hatte man eine Zulassung der Bundesrepublik zur NATO energisch abgelehnt und als Ersatzlösung die Europäische Verteidigungsgemeinschaft erfunden; vier Jahre später nahm man den Beitritt zur NATO erleichtert an: als Ersatzlösung für die verworfene EVG ...

Und doch glaube ich heute noch, daß durch den Kampf um die deutsche Wiederbewaffnung etwas Wesentliches gewonnen worden ist, nämlich Zeit! 1950 bis 1952 war nicht nur die Problematik einer improvisierten Bundeswehr vorhanden. (Die wäre auch durch die gemeinsamen Streitkräfte nicht überwunden worden, wo doch der Vertrag in vielen Punkten sowieso nicht zu verwirklichen war.) Man stand auch mitten in einer dramatischen, besonders intoleranten Phase des Kalten Krieges: Wen hätte man nicht alles hinzugezogen, um die natürlich kommunistisch beeinflußten Gegner der Wiederbewaffnung mundtot zu machen? Als am 5. Mai 1955 die Pariser Verträge in Kraft traten, war der Korea-Krieg seit beinahe zwei Jahren beendet, der Indochina-Krieg seit Juli 1954, und die Zeit eines besonnenen Aufbaus der Bundeswehr war gekommen.

Allerdings mußte und muß ich zugeben, daß es die echte Entspannung von 1955 nicht gegeben hätte (mit österreichischem Staatsvertrag bereits im Mai, mit Gipfeltreffen im Juli und Adenauers Moskau-Reise im September), wenn man dem Druck aus der Sowjetunion nachgegeben und auf die deutsche Aufrüstung verzichtet hätte: Wie dann 1983/84 wieder zeigte sich damals, daß Entspannung durch ein Nicht-Nachgeben mit trotzdem ausgestreckter Hand bewirkt wird.

Dazu kam, daß die Organisation der zukünftigen deutschen Streitkräfte von Anfang an Männern anvertraut wurde, die in meinen Augen zweifelsohne gewillt und geeignet waren, die Demokratie zu respektieren, so der CDU-Abgeordnete Theodor Blank, ab November 1950 »Beauftragter des Bundeskanzlers für die mit der Vermehrung der alliierten Truppen zusammenhängenden Fragen«, so die früheren Generäle Hans Speidel und Adolf Heusinger (neue Vier-Sterne-Generäle wurden sie erst im November 1955). Aber ich hatte auch Verständnis für kleine Geschichten wie folgende:

Unter den letzten deutschen Heimkehrern fand sich ein Generalleutnant, der als Kommandeur einer Infanteriedivision in Stalingrad in Gefangenschaft geriet und von einem sowjetischen Gericht zu 25 Jahren Gefängnis verurteilt worden war. In Friedland traf er zufällig einen Major seiner Division wieder. Der General fragt: »Übrigens, wie geht es dem Admiral Dönitz?« – »Dönitz? Der sitzt in Spandau.« – »In Spandau? Was hat ein Admiral in Spandau zu tun?« – »Er *sitzt* in Spandau – im Zuchthaus natürlich!« – »Ach ja, natürlich. Und was macht der ehemalige Stabschef von Rommel, der General Speidel?« – »Der sitzt in Paris.« – »Im Zuchthaus?« – »Nein, bei der NATO natürlich.« – »Ach ja, natürlich. Und was macht der berühmte General Meyer, der ›Panzer-Meyer‹?« – »Der war in Kanada.« – »Bei der NATO?« – »Aber nein, im Zuchthaus natürlich.« – »Ach ja, natürlich. Und was macht unser ehemaliger Generalstabschef, der General Heusinger?« – »Der sitzt in Bonn.« – »Im Zuchthaus?« – »Nein, beim Verteidigungsminister natürlich.« Der heimgekehrte General steht auf und geht: »Wohin?« – »In die Irrenanstalt, denn wenn das, was Sie eben erzählt haben, natürlich ist, dann bin ich verrückt!«

Aber erstens hatten sich 1955 die Hitler-gedienten Generäle und Obersten sich um weitere fünf Jahre dem Ruhestand genähert, und zweitens und vor allem haben Blank, Speidel, Heusinger und andere alles getan – von der sehr seriösen Auswahl der Offiziere bis zur Einrichtung der Inneren Führung –, um ihr Losungswort »Bürger in Uniform« zu verwirklichen. Ich glaube, keinen Selbstverrat begangen zu haben, indem ich von 1956 bis heute oft mit der Bundeswehr zusammengearbeitet habe, um bei Ausbildung und Selbstbesinnung zu helfen, und wenn ich andererseits auch in Frankreich viel in den verschiedenen militärischen Akademien und Ausbildungsstellen unterrichte – wo doch in mancher Hinsicht die Bundeswehr demokratischere Prinzipien respektiert als die französische Armee. Man hat eben aus der Vergangenheit viel gelernt.

Nur ein Beispiel: 1985 führte ich mit dem Generalinspektoren der Landstreitkräfte den Vorsitz in einem Ausschuß, der das Abschlußdiplom der Offiziersschule Saint Cyr in Coëtquidan zu verleihen hatte. Ich stellte einem der jungen Offiziere (sie waren schon Leutnants und sollten als Oberleutnants nach drei Jahren Ausbildung scheiden) die Frage: »Sie erhalten den Befehl zu foltern. Was tun Sie?« – »Ich hätte ein Gewissensproblem.« Der General fiel zu Recht über ihn her: »Wissen Sie nicht, daß Ihnen das Règlement de discipline militaire vorschreibt, unmoralischen Befehlen den Gehorsam zu verweigern?« Allerdings erst seit 1966, noch präziser seit 1975. Bei der Bundeswehr stimmte es seit Anbeginn.

Dazu kam, daß ich die Bundeswehroffiziere ständig und immer mehr bemitleidet habe. Ich fand es gut und schön, daß das Militär nicht mehr das alte Prestige zurückerlangte. Aber wie oft und wie stark ist es zur Ablehnung, zur gesellschaftlichen Ghettoisierung, ja zu Abscheu gekommen, vor allem in den siebziger und achtziger Jahren! Die Feststellung, die ich 1975 in meiner Friedenspreisrede machte, war an sich keine negative:

Nach dem Ersten Weltkrieg träumten etliche Deutsche von neuen Kriegen. Nach dem Zweiten ist die Ablehnung alles Kriegerischen so stark geworden, daß das Prestige der Uniform, trotz zwanzig Jahren Bundeswehr, nie neu entstanden ist. Die Romantik war 1920 bei den Freikorps. Heute ist sie bei den Kriegsdienstverweigerern, und die Bundeswehr findet Offiziersanwärter durch Versprechen eines zukünftigen guten Zivilberufs.

Aber bereits in den sechziger Jahren hat es eine weitverbreitete radikale Verneinung der Berechtigung, Soldat zu sein, gegeben. Wie gut wäre es, wenn alle Primaner den Text einer der bewegendsten Reden läsen, die ich je gehört habe. Es war auf einer Tagung der Evangelischen Akademie Mülheim/ Ruhr im September 1984. Es ging um Verantwortung in Verteidigungsfragen. Nach Jürgen Schmude und mir sprach der Brigadegeneral A. von der Recke, Leiter des Zentrums Innere Führung in Koblenz. Seine Betrachtungen zur Ethik der Verantwortung des Soldaten verglichen mit der des Politikers waren zugleich nachdenklich und bestimmt, auf hohem moralischem Niveau, voller Verständnis für die Friedensbewegung, aber auch beladen mit der hervorragend formulierten Forderung für Verständnis*.

Ostpolitik und »Studentenrevolte«

Der Aufbau der Bundeswehr hat sich in den sechziger Jahren doch ziemlich ruhig abspielen können, weil nach dem Mauerbau in Berlin klar wurde, daß der Osten nicht weiter vordringen und der Westen nicht zurückdrängen wollte. Die Entspannungspolitik kam zu einem komplizierten Höhepunkt mit der Reise, die General de Gaulle 1966 in die Sowjetunion unternahm. Kompliziert, weil sie als Geste gegen seine amerikanischen und auch deutschen Partner gelten mochte, war er doch gerade davor aus der militärischen Struktur der NATO ausgetreten. Solch ein Einzelgang war nur möglich, weil es Entspannung gab und der Schutz der amerikanischen Großmacht nicht mehr so sehr nötig zu sein schien.

Die Bundesrepublik hatte ihrerseits zwei besondere Probleme zu lösen, wenn sie eine weniger starre und sogar

* Text in dem Sonderheft 1984 (8) der Akademie

manchmal sture Diplomatie treiben wollte: das Problem der Anerkennung der DDR und das der polnisch-deutschen Grenze. Die sich anbahnende, 1969 von der Regierung Brandt durchgesetzte neue Ostpolitik wollte zu Recht beide Hindernisse etwas beiseite schieben. Ich hatte die besten Gründe, sie in Frankreich und gegen ihre deutschen Kritiker zu verteidigen. Aber es gab, jedenfalls am Anfang, einen etwas bitteren Beigeschmack. Das Jahr 1969 folgte schließlich direkt auf 1968. Und im August 1968 hatte doch die Invasion der Tschechoslowakei stattgefunden, die den Hoffnungen und Zielen des »Prager Frühlings« ein brutales Ende gesetzt hatte. Ich hatte mich empört über eine Formulierung von de Gaulles Außenminister Michel Debré, der – als Stimme seines Herren – die Invasion als »Zwischenfall auf dem Weg der Entspannung« bezeichnete. Die deutsche Ostpolitik machte diese schlimme Darstellung weitgehend zur Wirklichkeit. Trotzdem bedeutete sie einen doppelten Durchbruch der praktischen Vernunft und der ethisch zu verantwortenden Politik.

Was war die Deutsche Demokratische Republik? Ich hatte einen alten Streit mit bundesdeutschen Staatslehrern und harte Auseinandersetzungen mit französischen DDR-Freunden. Für mich hatte seit 1949 die DDR einerseits dieselbe Legitimität wie die Bundesrepublik, andererseits überhaupt keine. Die Bundesrepublik ist von oben und von unten entstanden, die DDR nur von oben. Die Vier Mächte hatten die Souveränität Deutschlands als ungeteiltes gemeinschaftliches Eigentum übernommen. Ob nun drei aus der Gemeinschaft ausbrachen oder einer machte keinen Unterschied: Mit Blick auf 1945 waren beide seit 1949 existierenden Staaten legitim oder keiner. Aber die Bundesrepublik hatte wenigstens die Legitimität der freien Wahlen, was man, wenn man nicht heuchelte, von der DDR gewiß nicht behaupten konnte.

Die demokratische Legitimität der Bundesrepublik wäre in und außerhalb Deutschlands leichter zu betonen gewesen, wenn es nicht soviel übertriebene Kritik an ihren Schwächen gegeben hätte. Nicht nur bei dem Kampf um die sogenannte Notstandsgesetzgebung, deren Gegner übersahen, daß sie eine Konsequenz des Pariser Abkommens von 1954 war: Sie war die Bedingung des Verzichts der Westmächte auf ihr Recht bei Krisensituationen, in innere deutsche Angelegenheiten eingreifen zu dürfen. Die Kritik war viel allgemeiner. Sosehr es mich auch schmerzte, fühlte ich mich verpflichtet, die Bundesrepublik gegen den verehrten Karl Jaspers in Schutz zu nehmen. Am heftigsten in einer traurig-aggressiven Rezension, die ich für eine amerikanische Zeitschrift* über *The future of Germany* schrieb, eine globale Übersetzung von *Wohin treibt die Bundesrepublik?* und *Zur Kritik meiner Schrift: Wohin . . .* Das Vorwort von Hannah Arendt hatte die Dinge noch schlimmer gemacht, schrieb sie doch, daß Adenauer ein Franco-Verehrer sei. In Wirklichkeit war die Bundesrepublik nicht nur ein wenig demokratischer als die DDR: Sie war radikal anders! Damit waren die französischen Freunde der DDR einverstanden, nur daß sie die DDR radikal besser fanden, mit der entsprechenden Geschichtsschreibung: Der 17. Juni wurde zum imperialistischen Versuch, den Sozialismus zu stürzen, und der Mauerbau zur Errichtung eines Schutzwalls gegen die faschistischen Infiltrationen in die DDR. So sprachen und schrieben nicht nur Kommunisten.

Sie konnten auch behaupten, daß es keine Besucher aus der DDR gab, weil das Alliierte Transit-Büro in Berlin die Visa verweigerte. Daher das Gehör, das ihre Kampagne für die Anerkennung der DDR bei manchen keineswegs DDR-freundlichen Franzosen fand. Dies war eine der negativen Konsequenzen der Hallstein/Grewe-Doktrin, deren Vorteile ich nie recht verstanden habe und deren Nachteile auf der Hand lagen. Wenn bei einem französischen Turnier DDR-Sportler auftraten, verschwand die bundesdeutsche Mannschaft. In Al-

---

* »A dim view«, *Interplay* (New York), Mai 1968

gier blieb bei einer wichtigen Handelsmesse ein schöner großer westdeutscher Pavillon, der der bundesdeutschen Wirtschaft dienen sollte, einfach geschlossen, weil auch die DDR
mit ganz geringem Aufwand auftrat. Jahrelang habe ich versucht, der Botschaft in Paris und Beamten oder Politikern in
Bonn klarzumachen, daß das Prestige der DDR in Frankreich
durch eine Anerkennung geschwächt und nicht gestärkt werden würde. So ist es auch nach 1970 gekommen: Plötzlich
war klar, daß z. B. keine jungen Arbeiter nach Frankreich
reisen konnten, nicht weil es die bösen Westalliierten nicht
wollten, sondern weil sie Gefangene ihrer Regierung waren.
Das Hauptanliegen, der Hauptvorteil der begrenzten Anerkennung, die in dem Grundlagenvertrag zum Ausdruck kam,
war ja, den freiheitsberaubten Landsleuten einige Kontakt-
möglichkeiten und geistige Freiräume zu verschaffen und
somit zu verhindern, daß der Graben, die Kluft zwischen
Deutschen noch tiefer wurde.

Mit der Oder-Neiße-Linie ist besonders in den sechziger
Jahren ein böses Spiel getrieben worden. Man konnte über
die Bezeichnung des nicht anerkannten Staates diskutieren.
SBZ – obwohl es keine Sowjetische Besatzungszone mehr
gab; »DDR« (in Anführungszeichen) – wie es *Die Welt* auch
nach der Anerkennung weiter geschrieben hat; oder, wie es
im Zusatzprotokoll über den innerdeutschen Handel des
römischen Vertrags steht: die »deutschen Gebiete außerhalb
des Geltungsbereichs des Grundgesetzes für die Bundesrepublik Deutschland«. Aber der Übergang von *Ostdeutschland*
auf *Mitteldeutschland* konnte im Westen wie im Osten nur auf
Verständnislosigkeit stoßen. Dabei versäumte es die Bundesrepublik, die eigene große Leistung im Ausland zu erklären. In
meiner Friedenspreisrede habe ich wiederholt, was ich ständig gesagt und geschrieben hatte:

Wie groß wäre die Versuchung des Friedensbruches nach Jahren und Jahrzehnten geworden, wenn die Bundesrepublik nicht die Eingliederung der
Vertriebenen tatkräftig vollbracht, wenn sie so gehandelt hätte wie jene

Staaten, die absichtlich die Palästina-Flüchtlinge in ihren Lagern gelassen haben, obwohl diese auch der arabischen Nation angehörten?

Eingliederung und Aufrechterhaltung der territorialen Forderung schlossen einander auf Dauer aus, so daß der Warschauer Vertrag von 1970 gewissermaßen die Endstufe der zwanzig Jahre davor begonnenen Politik darstellte. Die Zerstückelung Deutschlands ist gewiß eine Konsequenz von Hitlers Krieg. Aber niemand im Ausland sollte den schmerzlichen Friedensbeitrag unterschätzen, den die Bundesrepublik geleistet hat!

Daher unter anderem meine Empörung über die Diffamierungskampagne, die gegen Willy Brandt gelaufen ist. Adenauer hatte bereits 1965 unter die Gürtellinie gezielt. Franz Josef Strauß und andere sind dann noch weiter gegangen. Dabei fand man die verpönten Ostverträge in Wirklichkeit gar nicht so schlecht – und jedenfalls erträglich und unabwendbar. Bei einer Fernsehdiskussion schloß ich eine Wette mit Leisler Kiep ab. Der angenehme und aufgeschlossene Gesprächspartner behauptete, seine Partei, die CDU, würde bei der Ratifizierungsdebatte geschlossen nein sagen. Ich sagte, sie würde sich arrangieren und die Verträge knapp die Hürde nehmen lassen. Ich gewann, aber Kiep schickte mir die versprochene Kiste Sekt nicht. Ich monierte das scherzhaft bei einer anderen Sendung und erhielt nun drei Flaschen Champagner: Diese als Äquivalent für zehn Flaschen Sekt anzusehen befriedigte meinen französischen Nationalstolz!

*

1970 ist ein großes Jahr für die Bundesrepublik gewesen. Willy Brandt wurde zum »Mann des Jahres« – nicht nur in dem größten französischen »Newsmagazine« *L'Express*; ihm wurde menschliche Größe zuerkannt. Innerhalb der Bundesrepublik gab es Begeisterung und Ernüchterung zugleich. Günter Grass wurde zum selbst- und anspruchslosen Befürworter einer Wende, die in der Ostpolitik tatsächlich stattfand, aber auf anderen Gebieten kaum eintrat. Enttäuschung gab es bald, aber auch eine gewisse Schadenfreude bei manchen, die den ultrakritischen Geist der späten sechziger Jahre beibehalten hatten und die aggressiven Träume der »Studentenrevolte« keineswegs in der SPD/FDP-Koalition verkörpert sahen, wenn sie sich auch weniger als Außerparlamentarische Opposition betrachteten.

Auch anderswo haben die Jahre 1967/68 geistig-intellektuelle Spuren hinterlassen, aber anders als in der Bundesrepublik. Querverbindungen und transnationale Beeinflussungen machten sich bemerkbar, doch auch nationale Besonderheiten. Die Revolte gegen den Vietnam-Krieg in amerikanischen Universitäten – deren Anfänge ich 1965 auf dem Campus der Stanford University miterlebt habe – hatte direkte Konsequenzen in der Bundesrepublik und dann in Frankreich. Als Extremfall sollte und soll man noch von Ulrike Meinhof sprechen: Ihr Weg zum Terrorismus und in den Tod ist nicht zu erklären ohne ihre immer härter werdenden Vietnam-Artikel in *Konkret*.

Auch 1967/68 sprang der Funke von Berlin nach Nanterre bei Paris über, wo am 22. März 1968 »der französische Mai« begann. Rudi Dutschke wurde zum Symbol des spektakulären, aber gewaltlosen Aufstands, dann – zwar weniger als der von einem Polizisten erschossene Student Benno Ohnesorg – zum Symbol eines Opfers der Gewalt, als er ein Attentat überlebte. Mehr als symbolisch waren die direkten Kontakte der Gebrüder Wolf mit Nanterre im Namen des SDS, jener der SPD überdrüssigen sozialistischen Studenten. Der in Frankreich bei weitem bekannteste deutsche Studentenführer war aber *Dany le Rouge*, der rothaarige Daniel Cohn-Bendit. 1968 hatte er etwas, was den anderen fehlte, nämlich Humor. Er konnte lachen, auch über sich selbst, was man von den anderen »Revolutionären« weder in Frankreich noch in Deutschland behaupten konnte. Seitdem ich ihn später kennengelernt habe und wir uns angefreundet haben, habe ich immer wieder feststellen können, daß ihm Humor und Intelligenz über die Jahre hin erhalten geblieben waren. Und noch etwas anderes unterscheidet ihn von den meisten ehemaligen Führern der »Studentenrevolte«: Er hat die Ideale von 1968 nicht durch Einstieg in das Establishment verleugnet, wie so manche Franzosen, und ist nicht ideologisch verbissen geblieben, wie so mancher Deutsche. Er hat die Ethik und die Spielregeln der toleranten pluralistischen Demokratie dazugelernt, ohne je aufzuhören, sich für die Leidenden, die Ausgestoßenen unserer Gesellschaft einzusetzen.

Dies hatte ich den biederen leitenden Angestellten und Direktoren der französischen Kreditanstalt für Landwirte zu erklären, denen ich 1991 gemeinsam mit Dany die deutsche Einheit erläutert hatte und von denen einer den ehemaligen Aufsässigen von Nanterre hart angegriffen hatte. Ich erwähnte dabei allerdings nicht unsere vorige Begegnung: Es war in der Wahlnacht vom 18. März 1990 gewesen. Ich stand wie viele andere Beobachter und Journalisten in der großen Halle des Palasts der Republik in Ost-Berlin. Der Wahlsieg der CDU war gerade verkündet worden. Von weitem sah ich Cohn-Bendit auf mich zukommen. Mindestens zehn Meter bevor er mich erreicht hatte, breitete er die Arme aus und rief mir auf französisch zu – mit einer nur für wenige verständlichen Anspielung auf einen Ausdruck, den de Gaulle auf seine französischen Landsleute bezogen haben soll: »Alfred, les Allemands sont des veaux!« (Die Deutschen sind Kälber – oder Ochsen . . .)

Während 1967 in Berlin und an anderen deutschen Universitäten ein stürmisches Jahr gewesen war, schien Frankreich in den ersten Wochen von 1968 noch ruhig. *Die Welt* forderte mich auf, einen Beitrag zu schreiben, um diesen Unterschied herauszuarbeiten. Erklärungen für Bestehendes gibt es immer. Da *Die Welt* nicht gerade studentenfreundlich war, suchte ich die linksorientierten Ursachen der französischen Windstille darzustellen. Der Artikel blieb bei der Redaktion einige Zeit liegen – und erschien dann am 7. Mai auf Seite 2, während auf Seite 1 Bilder der Studenten-Barrikaden im Pariser

Quartier Latin zu sehen waren: gewiß meine schönste Presse-Blamage! Und doch war meine Analyse nicht falsch gewesen. Die französischen Studenten standen weniger abseits von der »normalen« Gesellschaft als die deutschen Studenten oder jedenfalls deren gewählte Vertreter. Eben weil in Frankreich die Studentenvertretung von den Gewerkschaften als ebenbürtig und befreundet betrachtet wurde, sprang der studentische Funke auf die gesamte Gesellschaft über, in der Form der enormen Streikwelle vom Mai/Juni 1968, die eine verwirrende politische Krise heraufbeschwor, so daß man sagen konnte, Cohn-Bendits ursprüngliche Frechheit einem Erziehungsminister gegenüber habe de Gaulle beinahe zu Fall gebracht. In Wirklichkeit nicht nur beinahe: Das Prestige des Generals hat sich nach den »Mai-Ereignissen« nie wieder richtig erholt, und wenige Monate später zog er sich, nach einer verlorenen Volksbefragung, von der Macht zurück. In Deutschland hingegen hatte es in Berlin eine große Kundgebung der Gewerkschaften gegen die Studentenbewegung gegeben.

Das Institut d'études politiques wurde von einem Teil seiner »revolutionären« Studenten besetzt. Obwohl über dem Eingang eine rote und eine schwarze Fahne flatterten, verliefen die Dinge zwar angeregt, aber friedlich und im Schlußeffekt recht positiv. Der Lehrkörper willigte ein, Vertreter zu wählen, die mit einer gewählten Studentenrepräsentation einen Reform-Ausschuß bilden sollten. Ich wurde, zusammen mit einem eher gemäßigten Studenten, einer der beiden Präsidenten dieses Ausschusses, und wir haben hart an einem neuen Statut für das Institut gearbeitet, das dann 1969 in Kraft getreten ist und bis heute recht gut funktioniert – unter Beibehaltung der Selektion und der Verwaltung durch die Fondation nationale des Sciences politiques. Die Macht liegt bei einem vom Conseil de Direction gewählten Direktor. Der Rat ist »drittelparitätisch«, aber nicht im Sinn der deutschen Studentenschaft: ein Drittel Professoren- und Dozenten-Vertreter, ein Drittel Studentenvertreter, dazu ein Drittel gemeinsam bestellte Vertreter der Außenwelt (Präsidenten anderer Universitäten, Gewerkschafter, Industrieführer, usw.) und *ex officio* Vertreter des öffentlichen Dienstes, der Forschungsinstitutionen u. a. m. Es waren aber ermüdende Wochen, in denen mir keine Zeit blieb, um nach Deutschland zu gehen und die Ereignisse dort näher zu verfolgen. Es galt, soviel wie möglich im Institut präsent zu sein – ich hatte sogar ein Feldbett im Büro des Direktors –, um Ausschreitungen vorzubeugen und die Funktion auszuüben, die sich einige Professoren zugeschrieben hatten: weder Flucht noch Anbiederung, sondern kritisches Dabeisein unter Beibehaltung unserer Grundprinzipien. Dabei fuhr ich jeden Tag in das 20 Kilometer entfernte Krankenhaus von Saint Germain, in dem meine Mutter lag und im September starb.

Erst im Herbst, als am Institut – nach eigentlich recht wenigen tiefschürfenden Veränderungen – alles wieder ruhig war, wurde mir klar, daß die deutsche Entwicklung eine andere war. Der Mai 1968 hat die französische Gesellschaft und das französische Geistesleben mit befreienden Gedanken und mit manchem neuen, manchmal bis zur Lächerlichkeit getriebenen ideologischen und pseudowissenschaftlichen Glauben und Aberglauben global und dauerhaft beeinflußt. In der Bundesrepublik gab es viel mehr Verhärtung und Wirklichkeitsfremdheit bei einer kleinen intellektuellen Schicht, die die Gesamtgesellschaft viel weniger beeinflußte. Jedenfalls in einer ersten Periode, bevor drei Themen Gemeingut wurden, nämlich die Umwelt, der Friede und die Gleichstellung der Frauen.

Ausgeschlossen werden und sich selbst ausschließen – die Wechselwirkung zwischen dem einen und dem anderen erlaubt nicht, mit Sicherheit zu sagen, was was bewirkt hat. Das macht die Beurteilung der deutschen intellektuellen Entwicklung zur Zeit und nach der »Studentenrevolte« so schwierig. Jedenfalls habe ich aber in jenen Jahren häufig zu einem Zitat von Voltaire gegriffen: »Si vous voulez qu'on tolère ici votre doctrine, commencez par être ni intolérants ni intolérables«. (»Wenn ihr wollt, daß eure Doktrin hier geduldet werde, fangt damit an, weder unduldsam noch unerträglich zu sein.«)

Ich glaube, nur einmal eine Lehrveranstaltung abgebrochen zu haben. Es war 1969, beim Besuch einer Studentengruppe vom Berliner Otto-Suhr-Institut. Ich sollte ihnen die französische politische Situation darstellen und erklären. Ich wurde ständig unterbrochen mit Formeln wie »Das ist doch keine echte Erklärung. Erklären tut das Großkapital und seine Macht.« Ich setzte der Sache ein Ende, indem ich sagte: »Da ihr alle Antworten schon kennt und glaubt, daß es eigentlich nur eine Antwort gibt, brauche ich wirklich nicht weiterzusprechen!«

Ich bedauerte in jenen Jahren manche deutsche Kollegen, die nicht nur ständig mit dogmatischen und deshalb unwissenschaftlichen Behauptungen überhäuft, sondern auch ständig angepöbelt wurden. Mir selbst ist ähnliches nicht widerfahren, zunächst weil ich von draußen kam, dann weil ich nach meiner Friedenspreisrede als Verbündeter aufgenommen wurde und man meine unerwarteten Äußerungen höchstens durch Zischen und Trampeln begleiten zu müssen glaubte.

Friedenspreis und »Berufsverbote«

Zu Beginn der siebziger Jahre schien mir das geistige und politische Hauptproblem der Bundesrepublik die Intoleranz zu sein. In der Laudatio auf Marion Dönhoff sagte ich am 17. Oktober 1971 in der Paulskirche:

Vernunft, Einsicht, Selbstüberwindung – das sind eben die Bestandteile jenes Liberalismus, zu dem wir uns beide bekennen. Das Wort ist seit einiger Zeit verlängert worden, und zwar durch einen verachtungsbeladenen Begleitausdruck, dessen Hauptklang jedoch auf Richtiges und Ehrbares hinweist. Ja, wir sind Fleißliberale! Ja, wir sind Beißliberale! (Ich zitterte an dieser Stelle:

Im Hotel hatte ich sie mir vorgesprochen und genau das »Scheißliberale« ausgesprochen, das ich vermeiden wollte) ... Sie, verehrte Freundin, glauben wie ich, daß man nur dann wirklich liberal ist, wenn man alle jene Freiheiten auch denen voll gewährt, die sie spöttisch oder verächtlich als »formell« oder »bürgerlich« abtun.

Das sei selbstmörderisch, wird da oft behauptet, um Sondermaßnahmen oder Begrenzungen zu rechtfertigen. Aber wenn wir durch Grundrechte gestaltete und geregelte Freiheiten antasten, um echte oder vermeintliche Feinde der Freiheit zu bekämpfen, sind wir nicht schon dabei, als Liberale Selbstmord zu begehen?

Tolerant sein und aufklären wollen heißt jedoch nicht abgeklärt sein und kraftlos ...

Am 2. Juli schrieb ich an Thilo Koch, den Generalsekretär des deutschen PEN-Clubs (es war ein »offizieller Brief«, den ich mit dem alten Bekannten telefonisch etwas abgesprochen hatte):

... Mit einiger Verspätung erfahre ich von der meiner Ansicht nach empörenden Ablehnung, die das PEN-Kuratorium dem Antrag erteilt hat, Prof. Dr. Hans Maier als Mitglied aufzunehmen.

Ich nehme an, daß die Gründe der Ablehnung politischer Art waren, denn die Schriften von Hans Maier heben sich ja in Quantität und Qualität vorteilhaft von denen zahlreicher PEN-Mitglieder ab, die ich auf Ihren Listen sehe!

Also wird wohl die Haltung des bayrischen Kultusministers in der Handhabung des Radikalen-Erlasses ins Spiel gebracht worden sein.

Das scheint mir eine geradezu skandalöse Einseitigkeit zu beweisen. Ich darf Sie zunächst daran erinnern, wie sehr ich in der deutschen Öffentlichkeit (u. a. im Fernsehen bei Merseburger und in einem langen Artikel in der *Zeit* am 11. Januar) die Handhabung des Radikalen-Problems in der Bundesrepublik kritisiert habe. Auch möchte ich erwähnen, daß ich hier meine Stimme* für François Mitterrand abgegeben habe, was bedeutet, daß ich bereit war, im französischen Erziehungsministerium einen Kommunisten als meinen hierarchischen Vorgesetzten einziehen zu sehen.

Gerade deshalb fühle ich mich berechtigt und verpflichtet, mit Nachdruck darauf hinzuweisen, daß eine ganze Reihe der deutschen PEN-Mitglieder bewiesen haben, durch ihre Schriften und auch in ihren Stellungnahmen innerhalb des PEN**, z. B. in Sachen Freiheitberaubter in Osteuropa, daß sie

---

* Bei der Präsidentschaftswahl, die gerade zum knappen Sieg von Valéry Giscard d'Estaing geführt hatte.
** Ich gehörte und gehöre dem französischen und dem deutschen PEN an.

dem Pluralismus nur mit den Lippen huldigen oder ihn nur so lange befürworten, wie sie selbst in der Minderheit und außerhalb der politischen Macht sind.

Gelinde gesagt wurde also ein doppelter Maßstab angelegt. Gelinde gesagt: denn Hans Maier ist ein echter Liberaler, wenn er auch die wichtige Frage »Wie verteidigt man Freiheit gegen Feinde der Freiheit?« anders beantwortet als ich ...

Mein Brief kam nur in einem kurzen Auszug in die Dokumentation der Teilnehmer der Mitgliederversammlung im März 1975, an der ich leider nicht teilnehmen konnte. Also bat ich Thilo Koch, dort einen weiteren Brief zu verlesen:

... Es muß zum Ausdruck kommen, daß meine Kritik an der Handhabung des Radikalismus-Problems und meine Empörung über die Nicht-Zulassung von Hans Maier auf der gleichen Grundeinstellung beruhen.

Seit letztem Juni hat sich jedoch an der Lage ein wesentliches Element verändert: Die allgemeine Stimmung in der Bundesrepublik hat sich noch viel weiter in Richtung Intoleranz entwickelt, eine Intoleranz, die sich schon aus jeder Erscheinung von Gewalt, Illegalität, Fanatismus, sogar schon einfacher Intoleranz auf dem linken Flügel des politischen Felds nährt. Niemand kann heute sagen, welcher Prozentsatz der Bevölkerung der Versuchung der autoritär-konservativen Intoleranz erliegen oder ihr widerstehen wird.

Aber eines scheint mir völlig sicher: Jeder von uns, und noch mehr der PEN als eine in der Öffentlichkeit auftretende Organisation von Intellektuellen, trägt dazu bei, diesen Prozentsatz zu verändern ...

Es war also wirklich kein plötzlicher Einfall und auch kein Vergnügen an einer einmaligen Provokation, daß ich meine Friedenspreisrede am 12. Oktober 1975 so geschrieben habe, wie sie aus- und auffiel.

*

Die fröhliche Kunde kam im April. Ich wußte, wie groß das Prestige des Friedenspreises des deutschen Buchhandels war, und vermochte nicht zu glauben, daß man ihn einem wenig bekannten, dazu noch relativ jungen Menschen verleihen würde, obwohl Christoph Schlotterer mir versicherte, es sei doch nicht ausgeschlossen. Die *Frankfurter Rundschau* hat nach der

Ankündigung, wer der Preisträger sei, völlig richtig von zwei Kategorien gesprochen: Im allgemeinen ging der Preis an berühmte Männer oder Frauen, die eigentlich nicht sich, sondern den Preis durch die Ehrung berühmter machten; manchmal konnte er auch an weit weniger Bekannte gehen, deren Wirken durch den Preis, der es anerkannte, eine höhere Effizienz bekam. In diesem Sinn antwortete ich auch einer recht aggressiven Rundfunkreporterin, die mich fragte, warum ich denn diesen Preis nicht ablehne: »Erstens weil es eine enorme Freude ist, zweitens weil nun meiner Stimme in der Bundesrepublik viel mehr Gehör geschenkt werden wird als bisher.«

Die ausführlichen Porträts und Würdigungen, die vor der Feier in der Paulskirche erschienen, waren etwas zu schmeichelhaft, aber würdig und voller Verständnis für den Sinn meiner Bemühungen. Das Privatleben blieb verschont. Daß mich die *Welt am Sonntag* einen »Familien-Fan« nannte, konnte mich nur freuen. Schön fand ich auch den Einfall der *Frankfurter Neuen Presse*, einen Reporter in das nahe Bad Vilbel zu schicken, um in dem dortigen evangelischen Altersheim unsere sehr alt gewordene Therese zu interviewen. Sie war Anfang 1970 dort hingezogen, um wieder in der Nähe ihrer Familie zu sein, nun da meine Mutter nicht mehr da war, und sie ist in diesem modernen und angenehmen Heim bis zu ihrem Tod 1981 geblieben. Im Interview verkündete sie ihren Stolz und bezog sich als einzige auf meine Frankfurter Kindheit, mit einem ständigen »Mein Alfred«, das in den Titel des Artikels aufgenommen wurde. Als Mischung aus Veranstalterischem und Privatem dürfte die Freundschaft gelten, die sich zu der gütigen, umsichtigen, stets begeisterten, organisationsgewandten Ursula Assmus, die viele Friedenspreisträger »bemuttert« hat, entwickelt hat.

Die Preisverleihung verlief in der üblichen Weise. Aber gerade daß diese Weise in der Bundesrepublik üblich sein konnte, mußte nachher in Frankreich ständig erklärt werden, damit meine Kritik an deutschen Zuständen nicht im antideutschen Sinn ausgenützt wurde. In Anwesenheit des Staatsoberhaupts, nach der Laudatio durch den Staatssekretär im Präsidialamt – der schon selber sehr freimütig die Staatsmänner beider Länder kritisierte –, sang der Preisträger kein Loblied auf das Gastland, sondern er stocherte in den wunden Punkten des öffentlichen Lebens. In Paris wäre so etwas nicht möglich gewesen. Auch nicht, daß das Fernsehen das Ganze live überträgt, das heißt ohne die Möglichkeit, einige brenzlige Stellen wegzulassen. In meinem Fall gab es sogar Vorwürfe gegen den Rundfunk, er hätte Zensur ausgeübt: Die Leitung riß um Punkt 12.30 Uhr ab, während meine Rede erst drei Minuten später zu Ende war. Es gab Proteste, worauf die Programmdirektionen des NDR und des WDR beschlossen, die Rede in voller Länge am übernächsten Abend noch einmal zu senden. Auch hatte ich meinen Text niemandem – mit Ausnahme von Paul Frank – zu zeigen brauchen. Und das Fernsehen bekam nur insofern Kenntnis davon, als die Kameraführung etwas dem Text angepaßt werden sollte; als ich ein positives, meinen Standpunkt untermauerndes Zitat des Chefs der »großen Oppositionspartei« brachte, war auf diese Weise der in der ersten Reihe sitzende Helmut Kohl im Bild. Damit so etwas möglich sei und damit der Text auch gleich für die Presse verfügbar wäre, mußte ich ausnahmsweise einen schon geschriebenen Redetext ablesen, was mir sehr schwerfiel, da ich ja im allgemeinen frei nach Notizen spreche: Aber auch dies erregt bei deutschen Veranstaltern viel weniger Besorgnis als bei französischen!

Ich muß gestehen, daß die Rede nur wenig der Begründung der Auszeichnung entsprach. In der Urkunde war ich als »Mittler zwischen Franzosen und Deutschen, Ungläubigen und Gläubigen, Europäern und Menschen anderer Kontinente« bezeichnet worden. Den deutsch-französischen Beziehungen widmete ich nur einen Absatz am Anfang, in dem ich, wie bereits erwähnt, ausführte, ich würde als Stellvertreter all jener Franzosen geehrt, die ihre Landsleute Deutschland gegenüber positiv beeinflußt hätten. Dem Ethischen galt nur eine kurze Stelle am Schluß, die eine letzte kleine Bosheit enthielt. Ich sprach von der Ethik, auf die das politische System der Bundesrepublik aufgebaut sei, und fügte hinzu:

Es ist kein Zufall, daß eine der beiden großen Parteien als »geistige und sittliche Wurzeln des sozialistischen Gedankenguts« »Christentum, Humanismus und klassische Philosophie« nennt, während die andere ein C in ihrem Namen führt, das auf Nächstenliebe und nicht auf Scheiterhaufen hinweisen soll.

Ich deutete die Urkunde etwas um, indem ich mich für einen besonderen Aspekt der Mittlerfunktion geehrt betrachtete, nämlich die des wohlwollend besorgten Außenseiters, der die deutschen Verhältnisse aus seiner Sicht für deutsche Leser und Hörer darstellt. Daher sollte meine Rede dem Thema gelten: »Was bedeutet der Friede für die Bundesrepublik? Der Frieden in der weiten Welt und der Frieden innerhalb ihrer Grenzen.«

Wegen der hitzigen Diskussion um die »Berufsverbote« ist der außenpolitische Teil der Rede in den Kommentaren völlig untergegangen. Im Rückblick möchte ich jedoch noch eine Stelle hervorheben, die ich damals auf die Weltwirtschaftspolitik bezog und heute eher auf den militärischen Friedensschutz:

Ich weiß es wohl: Wenn man mir 1945 gesagt hätte, dreißig Jahre später würde ich den Deutschen vorwerfen, keine Weltpolitik haben zu wollen, so wäre mir das als ein Witz oder als eine Provokation vorgekommen.

Und doch: So gut die Einsicht ist, daß man keine Großmacht mehr ist, daß die Welt anders als am deutschen Wesen genesen soll, so unerfreulich wäre die Abdankung, die Flucht aus der Verantwortung, die für eine der größten Wirtschaftsmächte darin bestehen würde, einfach zu sagen: »Wir sind ja so klein! Laßt uns nur in Europa einen Beitrag zum besseren Frieden leisten und ansonsten bereichernden Handel treiben. Amerika soll führen!«

Die Beschreibung der inneren Zustände begann mit Anerkennung und nur leise kritischer Bewunderung:

Wenn man an das Chaos von 1945 zurückdenkt oder auch an die Weimarer Mißstände, so ist das Erreichte geradezu verblüffend. Fast alle Wähler stimmen heute in freier Entscheidung für Parteien, die der Gewalt abgeschworen haben und eine pluralistisch-parlamentarische Friedensordnung bejahen. Der Begriff des Rechtsstaats beherrscht das öffentliche Leben, womit der Willkür der politischen Macht – Regierungen und Mehrheitsparteien in Bund und Ländern – enge Grenzen gesetzt werden, enger jedenfalls als in Frankreich, wenn auch in der Bundesrepublik neue Bedrohungen der pluralistischen Freiheit bestehen, insbesondere auf dem Gebiet des Funk- und Fernsehwesens, wo die politischen Mächte bald ebensowenig im Zaum gehalten sein werden wie bei uns in Frankreich ...

Bald kam aber die ziemlich boshafte Frage:

Huldigen nicht manche Bürger der Bundesrepublik dem Staat mehr als dem Recht und erleben die freiheitlich-demokratische Grundordnung nur als eine Abwandlung der staatlichen Ordnung schlechthin, die ihren Vätern oder ihnen selbst, im Kaiserreich oder sogar im totalen Staat, den täglichen biederen Frieden sicherte?

Ich kritisierte den allzugroßen Platz, den der Begriff der Sicherheit eingenommen hatte, und kam somit zu meinem zentralen Thema:

Der innere Friede soll gesichert werden. Wer bestreitet das? Es gibt Raub, Entführung, Mord? Die Polizei soll die Räuber, die Entführer, die Mörder finden und festnehmen. Die Richter sollen dann angemessene Strafen verhängen. Aber deswegen braucht doch noch nicht die gesamte Staatsordnung bedroht zu sein! Deswegen braucht man noch nicht zum Schutz des Rechts Rechte anzutasten, zum Schutz der Freiheit Freiheiten zu beschränken!

1977 sollte ich mich in der Terrorismus-Krise auf diesen Gedanken beziehen. 1975 ging es um die Bekämpfung des Radikalismus und um die berufliche Stellung der Radikalen:

Nun heißt es: aus der Gemeinschaft wird ja niemand ausgestoßen, sondern nur aus dem öffentlichen Dienst. Da tauchen zwei Fragen auf: Wie groß ist hier die Bedrohung, und was ist öffentlicher Dienst?

Der Verfassungsschutzbericht gibt eine doppelte Antwort: »Ende 1974 waren – soweit bekannt – insgesamt 1467 Linksextremisten im öffentlichen Dienst beschäftigt. Bei insgesamt 3,4 Millionen öffentlichen Bediensteten entfällt auf je 2302 Angehörige des öffentlichen Dienstes ein linksextremistischer Bediensteter. Von den 258 linksextremistischen Bundesbediensteten sind rund 78 Prozent (203) bei Bundespost und Bundesbahn in nachgeordneten Positionen tätig.«

Die Gefahr für den Staat scheint also noch nicht angsterregend. Aber eine andere Gefahr ist klar: Wenn nicht nur der Ministerialbeamte mit Autorität, sondern bereits der Briefträger und der Stationsvorsteher Elemente der staatlichen Ordnung sind, so befindet man sich auf dem Weg, der im anderen deutschen Staat voll zurückgelegt worden ist: Da ja die ganze Gesellschaft zur kollektiven Staatsordnung gehört, ist es unerträglich, daß irgendeiner, vom Lehrer bis zum Arzt, vom Bahnbeamten bis zum Metallarbeiter, mehr als unwesentliche Kritik ausübt.

Wenn jemand gegen das Gesetz verstoßen hat, soll er bestraft werden. Wenn ein Beamter seine Dienstpflicht verletzt hat, soll er gemaßregelt werden. Aber ich kann nur schwer verstehen, was eine zukunftsbezogene Beurteilung, eine zukunftsbezogene Verurteilung ist. Der Gedanke, es solle eine Gesinnungsprüfung mit abschließender »Prognose« über das zukünftige Benehmen des Geprüften geben, scheint mir, ich muß es sagen, in doppelter Hinsicht etwas absonderlich.

Zunächst wegen der Vergangenheit. Wenn ich es recht verstehe, sollen junge Leute vorsorglich ausgeschlossen bleiben, weil sie ihre Weltanschauung nicht mehr ändern und möglicherweise ihre Pflicht dem Rechtsstaat gegenüber verletzen werden. Aber die Bundesrepublik konnte es sich leisten, Männern wichtige staatliche Positionen anzuvertrauen, die als Verteidiger des Rechtsstaats völlig versagt hatten . . .

. . . Die größte Gefahr, die eine Demokratie von innen bedrohen kann, das sind nicht so sehr die ihr feindlich gesonnenen kleinen Gruppen. Es ist das Mitläufertum.

Dies sieht man ja seit einigen Jahren an den deutschen Universitäten. Wenn ein paar Revolutionäre, deren sture und brutale Intoleranz weitgehend die entgegengesetzte Intoleranz gezeitigt hat, den Frieden eines Hörsaals gewaltsam stören und zerstören können, so, weil sich Hunderte von anwesenden Studenten so passiv benehmen wie ihre Vorgänger 1933.

(Dieser Absatz ist in der Diskussion um die Rede kaum in Betracht gezogen worden, denn er störte das einseitige Beklatschen und die einseitige Ablehnung der anderen Stellen.)

Aber wenn jeder Anwärter auf eine Stellung im öffentlichen Dienst auf Herz und Nieren geprüft werden soll, wenn er Fragebogen auszufüllen hat, wenn dem Gymnasiasten schon klar wird, was er zu unterlassen und was er brav zu sagen hat, um später keine Schwierigkeiten zu bekommen, dann vermeidet man weniger Gefahren für die Grundordnung, als daß man eher junge

Generationen zum Konformismus und zu einem gefährlichen Mitläufertum verleitet.

Der Hauptpunkt lag aber für mich woanders:

... Agenten: wenige. Rebellen: viel mehr. Aber Rebellen wogegen? Wenn gegen die freiheitlich-demokratische Grundordnung, so muß die Rebellion mit Entschiedenheit abgelehnt werden. Aber was ist nun diese Grundordnung?

Hier herrscht eine erstaunliche Konfusion. Man tut, als sei die politische Ordnung mit der Gesellschaftsordnung identisch. In der Urteilsbegründung des Bundesverfassungsgerichts über die Zulassung zum öffentlichen Dienst wird von denen gesprochen, »die rechts- und sozialstaatliche Ordnung ablehnen«. Soll das etwa heißen, daß die gesellschaftliche Ordnung in der Bundesrepublik als ebenso vorbildlich und erhaltungswürdig dargestellt wird wie der politische Pluralismus und die Grundrechte?

Wenn ja, so birgt dies eine echte Gefahr: daß immer mehr anspruchsvolle Jugendliche glauben, man könne das Ungerechte an dieser Gesellschaftsordnung nicht verändern, ohne zugleich die rechtsstaatliche Ordnung zu beseitigen!

Schließlich sprach ich von den Schwachen in der Gesellschaft und finde nun, daß sich das Gesagte leider auch auf die heutige Situation, ganz besonders in den neuen Ländern, anwenden läßt:

... Denn besonders von den Schwachen wird in Krisenzeiten verlangt, daß sie sich friedlich verhalten, daß sie sich zufriedengeben. Den inneren gerechten Frieden anzustreben, das heißt, gerade in schwieriger Wirtschaftslage, die Schwäche der Schwachen nicht auszunutzen, sei es nur, indem man das sogenannte freie Spiel der Kräfte walten läßt.

Ich gestand im letzten Absatz, nicht friedsam gesprochen zu haben, versicherte aber, es friedensfordernd gemeint zu haben. Die Reaktionen sind nicht ausgeblieben. Bundespräsident Scheel flüsterte mir zu, als ich meinen Platz wieder einnahm: »Ich hätte noch Schlimmeres erwartet!« Andere zeigten mir gleich, daß sie anderes erwartet hatten. Als Zustimmung oder als Kritik. Der Text der Rede wurde am nächsten Morgen den Lesern der *FAZ*, der *Süddeutschen* und der *Frankfurter Rundschau* vollständig vorgelegt. Es gab viele

Leitartikel und Kommentare, fast alle hauptsächlich der Frage des Extremismus gewidmet. Ich werde nie mehr in meinem Leben so viele Briefe bekommen wie nach der Rede in der Paulskirche. (Mein Lieblingsbrief: Eine alte Dame schrieb mir, sie habe zuerst nicht glauben können, daß ich mit meinem akzentfreien Deutsch kein Deutscher sei, aber dann hätte ich ein »Lausbubengesicht« geschnitten, und da habe sie eingesehen, daß ich kein deutscher Professor sein konnte.)

Es gab viel Kritik. Darunter Leitartikel, unterschiedlichst betitelt: »Grossers Fehlleistung« (*Kölnische Rundschau*), »Hier irrt Grosser« (von meinem sehr ernst zu nehmenden Kollegen und guten Bekannten Paul Noack in der Münchener *Abendzeitung*) und vor allem »Alfred Grossers Schelte. Das Radikalenproblem darf nicht so verharmlost werden« von Günter Zehm in *Die Welt*. Es entstand eine ausführliche Korrespondenz mit dem betagten und ehrwürdigen ehemaligen Ersten Bürgermeister von Hamburg, Prof. Herbert Weichmann. Er war nicht gerade sehr verständnisvoll, so daß ich ihm schließlich schrieb, wir sollten die Korrespondenz besser einstellen, bevor die »Eskalation« zu weit gehe. Ich zeigte mich befremdet über die Befremdung, die er zum Ausdruck brachte, über seine Auffassung meines »geistigen Standorts« nach einem Interview, das ich dem ultralinken Berliner *Extra-Dienst* gegeben hatte mit dem Vorspann: »Das Gespräch macht deutlich, was bisher sicherlich nicht so deutlich gesehen wurde, daß der engagierte Liberale Grosser ein ebenso engagierter Antikommunist ist, der allerdings versucht, seinen Antikommunismus rational zu begründen.«

Viel entgegenkommender war die Reaktion des Verfassungsschutzes. Es geschah etwas, was in Frankreich gewiß nicht geschehen wäre, so daß es für mich ein ständiges Beispiel der größeren deutschen Toleranz im Vergleich zu Frankreich wurde. Der Verfassungsschutz lud mich ein, mit mehreren hundert seiner Beamten zu diskutieren. Ich redete also in einem von Polizei abgeriegelten Gebäude des Flughafens

Hannover und erlebte eine mehrstündige, harte, aber nüchterne Aussprache. Dabei war ich am meisten beeindruckt von einem hohen niedersächsischen Beamten, einem alten SPD-Mitglied, der dieselbe Argumentation gebrauchte wie mein Freund Bracher in einem ruhigen, aber sehr kritischen Brief. Die Weimar-bezogene Grundthematik war: »Wehret den Anfängen!«

Ich freute mich deswegen, als mir Freimut Duve vorschlug, das Vorwort zu einem rororo-Bändchen zu schreiben, das er zu diesem Thema herausgeben wollte. Es erschien unter dem Titel *Weimar ist kein Argument oder Brachten Radikale im öffentlichen Dienst Hitler an die Macht?* Auf der Gegenseite des Beginns meines Vorworts stand ein Faksimile des *Welt*-Artikels von Günter Zehm. Leider enthielt die Dokumentation lange Stellen von Brachers Büchern, die nicht seinen Standpunkt von 1975 berücksichtigten, weil sie willkürlich ausgewählt worden waren. Meine Argumentation war nicht neu, und ich bin ihr bis heute treu geblieben. Ja, man soll den Anfängen wehren, das heißt, nicht damit beginnen, Grundrechte zu verletzen, um die Demokratie zu verteidigen. Die Pressefreiheit ist von demokratischen Regierungen so oft eingeschränkt worden, daß Zeitungsverbote zur Gewohnheit geworden waren, als sie nach dem 30. Januar 1933 systematisiert wurden. Darüber hinaus war die Weimarer Justiz auf dem rechten Auge von Anfang bis zum Ende ziemlich blind. Keine neuen Gesetze wären nötig gewesen, sondern die Anwendung der bestehenden durch die Gerichte sowie ein echter politischer Wille bei den Regierungen. NS-Mitglieder im öffentlichen Dienst haben nur eine untergeordnete Rolle gespielt. Die meisten NS-Beamten von 1935 waren – statistisch belegt – jüngst, also nach der Machtergreifung, Konvertierte.

Ein ganz anderes Argument hatte ich in der Rede nur ungenügend herausgearbeitet, weil ich mir seiner Bedeutung nicht voll bewußt war, bevor mir haufenweise Akten zu Einzelfällen der Berufsverbote zugeschickt wurden. In den folgenden Wochen und Monaten (insbesondere in Fernseh-»Zweikämpfen« mit Alfred Dregger und mit dem hessischen SPD-Kultusminister Krollmann) hob ich ständig hervor, daß man zwei sehr verschiedene Begriffe nicht verwechseln sollte. Den der Verfassungs*widrigkeit*, der im Grundgesetz steht und dessen Verwirkung durch einzelne oder durch Parteien nur von dem Bundesverfassungsgericht festgestellt werden darf. Und den der Verfassungs*feindlichkeit*, der gar nicht im Grundgesetz vorhanden ist. Meine schwerste Kritik am Urteil des Bundesverfassungsgerichts vom 22. Mai 1975 war, daß es für die Überprüfung der Anwärter auf den öffentlichen Dienst nicht nur die Verfassungsfeindlichkeit als Kriterium zuließ, sondern die Feststellung der Exekutive überließ. Da die Regierung aus vielen Gründen die DKP nicht in Karlsruhe wegen Verfassungswidrigkeit verklagen wollte, konnte man wegen Tätigkeit für eine nicht verfassungswidrige Partei als Verfassungsfeind betrachtet und behandelt werden.

»Wenn auch bis jetzt kein Gewissenskonflikt zwischen Beamtenpflicht und Parteizugehörigkeit (aufgetreten ist), so kann ein solcher Gewissenskonflikt für die Zukunft nicht ausgeschlossen werden.« Diese Formulierung ist vom Verwaltungsgerichtshof Hessen im Falle Silvia Gingold verwendet worden, der viel Aufsehen erregt hat. Nicht wegen der Frage ihrer Staatenlosigkeit, sondern weil Peter Gingold, ihr Vater, polnischen Ursprungs, in Aschaffenburg geboren, unter Hitler nach Frankreich geflüchtet war und dort als Kommunist am Widerstandskampf teilgenommen hatte, so daß es nicht schwerfiel, mit Unterstützung der KPF, die Weigerung des Regierungspräsidenten in Kassel, sie endgültig in den Schuldienst zu übernehmen, auch in Frankreich zum Beweis für die deutsche Intoleranz zu machen. Frau Gingold bekam viel Unterstützung in der Bundesrepublik, von der Schule, in der sie unterrichtete, bis zu mancher auch nicht extrem-linken Zeitung. Auch ich stellte mich hinter sie, schon wegen der

Begründung im Ablehnungsschreiben: »Sie bekannte sich zu ihrer Mitgliedschaft in der DKP. Damit steht fest, daß sie Mitglied einer Partei mit verfassungsfeindlicher Zielsetzung ist.«

Schließlich hat sie unbeamtet weiter unterrichten dürfen, was ich trotz ihrer ideologischen Beschränktheit nicht bedauert habe. Bei einem Gespräch mit ihren Eltern und ihr wies ich darauf hin, daß sie zum Beispiel in der Tschechoslowakei überhaupt nicht lehren dürfte, wenn sie – und wäre es auch nur ein ganz klein wenig – Kritik am Regime üben würde. Ich mußte ihr lange erklären, was ich mit dem Vergleich meinte, bevor sie ihn energisch als irrelevant zurückwies. Aber ich dachte an die vielen Kommunisten, die ich als ebenso stur erlebt hatte und die – plötzlich oder langsam – den inneren Weg zur freiheitlichen Logik gefunden hatten.

Tatsächlich wurden immer mehr Fälle bekannt, bei denen der freiheitlichen Demokratie viel moralischer Schaden zugefügt wurde. Zunächst einmal durch Beschnüffelung, die zeigte, daß wenigstens der erste Schritt zum Überwachungsstaat getan worden war. Einer Hamburger Lehrerin wurde aufgezählt, an welchen Veranstaltungen sie teilgenommen hatte (als Beweis für die Teilnahme galt das Parken ihres Wagens in der Nähe der Kundgebung). Auch wenn es um Protest gegen die politischen Todesurteile und Hinrichtungen im Franco-Spanien gegangen war. Daß sich der Direktor und der Elternrat der Gesamtschule energisch und voller Lob gegen die Entlassung aussprachen, erschien dem Hamburger Senatsamt für den Verwaltungsdienst irrelevant. Auf einen Brief an Bürgermeister Klose, in dem ich ihn bat, mir mitzuteilen, ob die in der Dokumentation des Elternrats angeführten Fakten falsch seien und ob die Entscheidung nicht in »unüberwindbarem Widerspruch zu dem gemeinsamen SPD/FDP-Text über die Handhabung der Bekämpfung des Radikalismus im öffentlichen Dienste stehe«, bekam ich folgende recht heuchlerische Antwort vom Leiter dieser Stelle, Staatsrat Rademacher, der die Verhöre der Betroffenen in der Hansestadt durchführte:

Herr Bürgermeister Klose hat Ihr Schreiben an mich weitergeleitet. Da ich nicht feststellen kann, ob die Ihnen zugegangene Darstellung der Angelegenheit der Studienrätin zur Anstellung Frau Ursula Oehler mit den hier eingegangenen Schriftstücken vollen Umfanges übereinstimmt, bitte ich um Verständnis dafür, daß ich die von Ihnen gestellte Frage leider unbeantwortet lassen muß. Mit vorzüglicher Hochachtung.

Ein anderer Hamburger Fall zeigte, wie der Staat von sich selbst ein Bild der Intoleranz geben konnte. Der Schulleiter eines Chemielehrers, der gemäß Senatsbeschluß aus dem Beamtenverhältnis auf Probe entlassen wurde, beschreibt eingehend, welche freiwillige pädagogische und organisatorische Verantwortung der Ausgestoßene zur Zufriedenheit und Dankbarkeit der Kollegen, der Eltern und der Schüler übernommen hat. Er fügt hinzu:

Abschließend sei darauf hingewiesen, daß mir die Mitgliedschaft des Herrn Erdner in der in der BRD legal anerkannten DKP seit seinem Eintritt in meine Dienststelle bekannt war und ist und ich nach wie vor aufgrund der »im Dienst als Gymnasiumlehrer« unter Beweis gestellten Berufsauffassung des Kollegen die Zweifel des Personalamts an der Eignung des Herrn Erdner »zur Berufung in das Beamtenverhältnis auf Lebenszeit« völlig unverständlich, ja, menschlich und rechtlich unhaltbar finde.

Die Aufzählung von Einzelfällen könnte beliebig fortgesetzt werden. In Hessen wurde eine Lateinlehrerin, die der Oberstudiendirektor als »geistig selbständige junge Dame« beschreibt, die sich als »ernstzunehmende, von grobschlächtigen politischen Vorurteilen freie, wissenschaftlich qualifizierte Lehrerin zeigte«, für das Beamtenverhältnis auf Probe abgelehnt: »Die Gründe liegen in der Tatsache, daß die Zweifel an Ihrer Verfassungstreue auch nach dem persönlichen Gespräch nicht ausgeräumt werden konnten.« In Braunschweig wurde einem Bewerber um eine Professur an der Staatlichen Hochschule für bildende Künste zum Vorwurf gemacht, er habe versucht, die Hintertür einer Münchner Gaststätte zu blockieren, »in der eine behördlich genehmigte Veranstaltung einer

Partei stattfinden sollte«. »Sie trugen ein auf einer ca. 150 cm hohen Holzstange befestigtes Plakat vor sich her, das die Aufschrift ›Nazis raus aus München‹ hatte«, was zeigte, daß es sich um die NPD handelte.

Der Parteitag, den die SPD im November 1975 in Mannheim abhielt, beschäftigte sich eingehend mit dem Problem. Willy Brandt sagte: »Wir dürfen es nicht einem uns wohlgesinnten Professor aus Paris überlassen, seine schweren Bedenken anzumelden. Ich möchte jedenfalls auch nicht, daß Verfassungstreue mit Duckmäuserei gleichgesetzt wird.« Eine lange Entschließung »Extremisten im öffentlichen Dienst« »betonte die Selbstverständlichkeit, daß Personen, die verfassungs*widrige* Ziele verfolgen, nicht in den öffentlichen Dienst gehören«, daß aber »im freiheitlich-demokratischen Staat die Vermutung für die Verfassungstreue eines jeden Staatsbürgers spricht« und demnach genaue Fakten vorliegen müssen.

Diese Resolution hat gewiß nicht alles im Sinne der Besonnenheit verändert. Im April 1976 erregte der Fall der Münchner Juristin Charlotte Niess Aufsehen: Der bayerische Staat lehnte es ab, sie als Richterin einzustellen, weil sie, SPD-Mitglied, in einer Juristenvereinigung tätig war, in der andere Vorstandsmitglieder der DKP angehörten. Im selben Monat wurde das 14. Strafrechtsänderungsgesetz verkündet, das einen bald recht berühmten Paragraph 88a einführte:

Wer eine Schrift, die die Befürwortung einer der in § 126 ... genannten rechtswidrigen Taten enthält und bestimmt, sowie nach den Umständen geeignet ist, die Bereitschaft anderer zu fördern, sich durch die Begehung solcher Taten für Bestrebungen gegen den Bestand oder die Sicherheit der BRD oder gegen Verfassungsgrundsätze einzusetzen

1. verbreitet,
2. herstellt, bezieht, liefert, vorrätig hält, anbietet, ankündigt, anpreist, in den räumlichen Geltungsbereich dieses Gesetzes einzuführen oder daraus auszuführen unternimmt, um sie oder aus ihr gewonnene Stücke im Sinne der Nummer 1 oder 2 zu verwenden oder einem anderen eine solche Verwendung zu ermöglichen,

wird mit Freiheitsstrafe bis zu drei Jahren oder mit Geldstrafe bestraft.

Dieser schon aus sprachlichen Gründen bemerkenswerte Text war so verschwommen und so repressiv, erinnerte so sehr an Vorschriften der DDR, daß er bald wieder abgeschafft wurde, nachdem allerdings Berliner Druckereiarbeiter wegen des Wortes »herstellt« verurteilt worden waren.

*

Der Vergleich mit der DDR und den anderen von der UdSSR-beherrschten Ländern war für mich wesentlich. Daher nach meiner Friedenspreisrede der ständige Einsatz gegen die Kritiker der bundesdeutschen Härten, die verkannten, daß es sich nur um Abweichungen von der ansonsten durchaus in die Praxis umgesetzten Ethik des Grundgesetzes handelte. Eine erste Erfahrung mit einem mich zunächst mit großem Beifall empfangenden, aber bald mich auszischenden Publikum machte ich im November 1975 in Berlin. Ich sprach auf einem »öffentlichen Hearing der Berliner Jugendverbände« zum Thema Radikalenerlaß*.

Hitziger wurde es dann bei einer Großveranstaltung des Hauptvorstands der Gewerkschaft Erziehung und Wissenschaft und des Evangelischen Bildungszentrums München am 26. Mai 1976. Es ging um die »Meinungsfreiheit in der Bundesrepublik«, besonders um das »Berufsverbot« gegen einen der angekündigten Redner, Rüdiger Offergeld (mit dem ich heute noch gute Beziehungen habe), damals Bundesvorsitzender des GEW-Ausschusses junger Lehrer und Erzieher. Weitere Redner, neben dem Friedenspreisträger 1975, waren insbesondere Prof. Walter Jens (Tübingen), Präsident des PEN-Zentrums der Bundesrepublik, und Prof. Norbert Greinacher (Tübingen), Bensberger Kreis. Ich wurde am Flughafen von den Veranstaltern abgeholt und sagte ihnen, da es noch früh sei, hätte ich mich mit einem Freund verabredet. Ich müsse also zunächst zum Salvatorplatz. »In der Nähe des

---

* Alle Beiträge in *Blickpunkt*, Zeitung des Landesjugendrings, 21. XI. 1975

Erziehungsministeriums?« – »Nein, zum Ministerium: Der Freund ist Hans Maier.« – »Aber gegen den werden Sie doch nachher protestieren!« – »Na und? Daß er eine in meinen Augen falsche Entscheidung getroffen hat, zerstört doch nicht unsere alte Freundschaft!« Daß der Kritisierte kein Feind zu sein brauchte, stieß auf wenig Verständnis.

Dann kam die Veranstaltung. Laut *Süddeutscher Zeitung* war der Saal – es handelte sich um den »restlos überfüllten Löwenbräukeller«, den Hitler weltberühmt gemacht hatte – »bereits eine Dreiviertelstunde vor Beginn der Diskussion geschlossen worden. Insgesamt folgten ihr rund 4000 Personen inner- und außerhalb des Saales«. Glücklicherweise sprach ich nicht als erster, so daß ich vor allem Walter Jens antworten konnte. Dieser verdammte die Bundesrepublik so sehr, bezeichnete sie so eindringlich als »Metternich-Staat«, daß ich meine Skizze beiseite legte und die Kritik am »Radikalen-Erlaß« auf einige Worte reduzierte. Bald kam eine Unterbrechung: »Das, was Sie da eben gesagt haben, hätte auch ein CSU-Abgeordneter sagen können!« Ich antwortete: »Sie gehören vielleicht zu denen, die darunter zu leiden haben, daß man ihnen vorwirft, Dinge zu sagen, die auch die Kommunisten sagen. Und nun machen Sie es genauso!« Ich konnte zu Ende sprechen, aber der Applaus blieb spärlich. Da die *FAZ* auf Grund einer entstellenden Agentur-Zusammenfassung meine Rede unrichtig kommentiert hatte, schickte ich eine Richtigstellung, die ungekürzt unter der Überschrift »Modelle der Toleranz« von der Zeitung veröffentlicht wurde:

. . . Ja, ich habe in München gesagt, daß ich voll zu meiner Paulskirchen-Rede stehe und daß meiner Meinung nach die Atmosphäre in der Bundesrepublik sich seitdem noch verschlechtert hat. Aber

1. gerade weil die überwältigende Mehrheit meiner Zuhörer der protestierenden Minderheit in der Bundesrepublik angehörte, habe ich zunächst dargelegt, was ich ständig in Frankreich sage: a) die Bundesrepublik ist in mancher wichtigen Hinsicht Frankreich auf dem Gebiet der Freiheiten und der Toleranz überlegen; b) ein Teil (aber nur ein Teil!) der ausländischen Proteste nimmt die intolerante Entwicklung in der Bundesrepublik nur als

Vorwand, um antideutschen Gefühlen einen neuen Ausdruck zu geben; c) es muß unbedingt bei jedem Protest auf die DDR hingewiesen werden, denn ohne die Existenz eines benachbarten totalitären Deutschland läßt sich die meiner Ansicht nach unberechtigte (und weitgehend künstlich geschürte) Angst in der Bundesrepublik nicht erklären.

2. Aber vor allem war der Tenor meiner Rede und meiner nicht immer gerade mit Begeisterung aufgenommenen Diskussionsbeiträge folgender: Wir – die Bundesrepublik, Frankreich, einige wenige andere Staaten in der weiten Welt –, wir sind nach Osten und nach Süden Modelle der Freiheit und der Toleranz. Jedes Verletzen unserer eigenen Prinzipien, jeder Schritt zum »So sein wie die anderen« (unter anderem Privatleben unter Aufsicht stellen, Freundschaften und sogar Familienbeziehungen als Belastung anrechnen, Verhaltensnormen einführen, die besonders den kritischen Jugendlichen die geistigen Flügel stutzen) schwächt uns als Modell, schwächt uns überhaupt.

Die *FAZ* weist selbst ständig darauf hin, wie wenig Junglehrer oder Beamtenkandidaten letztlich abgewiesen werden: Entspricht das dann dem hohen Preis, den die Bundesrepublik in ihrer geistig-politischen Substanz und in ihrem »Image« nach außen dafür zahlt?

1977: Die Terrorismus-Krise

Dieser kurze Text erschien in der *FAZ* am 2. Juni 1976. Ein viel längerer war auf Seite 1 von *Le Monde* vom 1. Juni erschienen. Und zwar nicht wie meine üblichen zweimal im Monat veröffentlichten Artikel auf der unteren Hälfte dieser Seite, das heißt als Beitrag des Kolumnisten, sondern oben, das heißt als Leitartikel. Der Titel lautete »La démocratie des autres« (Die Demokratie der anderen), und der Text war gegen den Chef der französischen sozialistischen Partei, François Mitterrand, gerichtet. Dieser hatte einige Tage zuvor ein »Komitee für die Verteidigung der Bürger- und Berufsrechte in der Bundesrepublik (Allemagne fédérale)« ins Leben gerufen. Der Gründungstext protestierte gegen die »Berufsverbote« und stellte sich hinter Silvia Gingold. Manche damalige oder zukünftige Größen der Partei hatten mit unterschrieben: Edith Cresson, Jean-Pierre Chévènement, Michel Rocard, Pierre Mauroy.

Mein Artikel brachte zwar meine Sorge über die deutsche Entwicklung zum Ausdruck, zeigte aber auch, inwiefern die Bundesrepublik die Grundrechte besser praktizierte als Frankreich, und warf Mitterrand vor, kein Wort über die DDR verloren zu haben.* »Wenn das Recht des westdeutschen Lehrers auf Mitgliedschaft in der DKP verteidigt werden soll, dann, indem man zugleich daran erinnert, daß es im anderen deutschen Staat keinen Platz für Lehrer mit abweichender Meinung gibt und daß die Lehrenden dort zur Indoktrination verpflichtet werden.«

Mitterrand antwortete mir ziemlich bitter in seinem Leitartikel vom 4. Juni in *L'Unité*, dem Organ der Partei. Als er dann 1981 Staatspräsident wurde, zeigte er mir durch eine kurze Anspielung, daß er – was ich schon wußte – nachtragend war.

Wenige Wochen vorher, am 8. Mai 1976, hatte Ulrike Meinhof im Gefängnis Stammheim Selbstmord begangen. Die Behauptung, sie sei in Wirklichkeit ermordet worden, fand in Frankreich wenig Anklang. Seit den Anfängen des Baader/Meinhof-Terrorismus, 1968 bis 1976, war weder für die Bundesrepublik noch für das Bild der Bundesrepublik im Ausland die Rote-Armee-Fraktion ein fundamentales Problem. Im Sommer und im Herbst 1977 wurde die Bundesrepublik dann wie toll, und im Ausland, insbesondere in Frankreich, wurde man toll über die Bundesrepublik.

Im April wurde Generalbundesanwalt Siegfried Buback ermordet, im Juli der Bankier Jürgen Ponto. Die Aufregung und Erbitterung erreichten einen Höhepunkt mit der Entführung von Hanns-Martin Schleyer, Präsident des Bundesverbands der deutschen Industrie, am 5. September, der dann am 19. Oktober ermordet aufgefunden wurde. Die Entführung eines Flugzeugs, die Geiselnahme von Besatzung und Passagieren, ihre Befreiung auf dem Flughafen von Mogadischu, der Selbstmord von Andreas Baader, Gudrun Ensslin und Jan-

* Text in *Versuchte Beeinflussung*

Carl Raspe in Stammheim – die Aufregung war legitim, die Empörung über den Terrorismus auch. Mußte aber der Eindruck entstehen und verbreitet werden, daß eine doch recht kleine terroristische Organisation das ganze politische System der Bundesrepublik ins Wanken brachte?

Erschreckend war für mich die doppelte Menschenverachtung. Die Terroristen zeigten ihren Opfern gegenüber den gleichen herabsetzenden Haß wie die Gewalttäter der extremen Rechten in den zwanziger Jahren. Vor dem Mord an Außenminister Walther Rathenau 1922 (den sein lebenslang gefeierter Mittäter Ernst von Salomon nie voll bereut hat) hieß es bereits:

> Knallt ab den Walther Rathenau,
> Die gottverdammte Judensau!

Für die RAF waren die Polizisten und andere »Schweine«, die man gewissermaßen zu schlachten berechtigt war. Sau oder Schwein: die Verachtung war die gleiche.

Aber sie übertraf nicht den herabwürdigenden Haß, der bei einem nicht unbeträchtlichen Teil der Bevölkerung hochkochte und viele Deutsche verleitete, die RAF-Mitglieder als Untermenschen zu betrachten. Wenn der Stuttgarter Oberbürgermeister Manfred Rommel nicht seine Ruhe, seinen Mut, seine Menschlichkeit bewahrt hätte, so hätte es sogar für die Leichen der Terroristen keinen Platz in Stuttgart gegeben. – Und vor und auf dem Stuttgarter Friedhof haben sich entwürdigende Szenen abgespielt.

Da ist es in Frankreich später doch anders zugegangen. Im gesamten Kampf gegen die Gruppe *Action directe* hat man dort nie vergessen, daß »ce sont nos enfants«, also daß die Terroristen Kinder ihres Landes und ihrer Zeit waren, für deren Verbrechen es eine gesellschaftliche Mitverantwortung gab. Es war ein Glück für die Bundesrepublik, daß der Kanzler, seine Partei und auch die Opposition nicht auch Amok liefen. Helmut Schmidt hat vielleicht die Bedrohung der

Grundordnung durch den Terrorismus überschätzt, aber gewiß nicht die Bedrohung der Demokratie durch übertriebene Reaktionen unterschätzt. Das gewonnene Pokerspiel um die Befreiung des Flugzeugs hat vieles beruhigt. Aber welcher Stil wieder im Anzug war, zeigte ein Bericht der *Welt* nach dem Empfang der »Helden von Mogadischu« im Kanzleramt am 20. Oktober 1977:

In ihren NATO-grünen Uniformen – kurzärmelige offene Hemden, Drillichhosen, Fallschirmjägerstiefel, das grüne Käppi schräg übers rechte Ohr gesetzt und um die Hüfte die braunen Ledergürtel mit den Pistolen und Patronen – standen sie, die Beine in Hab-Acht-Stellung, die Hände auf dem Rücken verschränkt. Jünglinge mit Gesichtern wie Milchreis mit Zimt und hartgesottene Mannsbilder, breitschultrig, mit kantigen Schädeln.

Zugleich braute sich in Frankreich eine neue Spielart der Deutschfeindlichkeit mit doppelter Argumentation zusammen: »Schaut die Terroristen an: Wie gewalttätig sind die Deutschen doch geblieben! Schaut die Repression des Terrorismus in der Bundesrepublik an: Wie wenig demokratisch ist dieses Land doch!« Die Vorstellung einer echt deutschen Eigentümlichkeit des Terrorismus und dessen Bekämpfung verschwand eigentlich erst nach der Ermordung des italienischen Ministerpräsidenten Aldo Moro und im Zuge der Entwicklung des italienischen Terrorismus. Ich wage jedoch zu behaupten, daß ich ein wenig auf die Entwicklung der öffentlichen Meinung eingewirkt und zur Beruhigung und Ernüchterung beigetragen habe. Jedenfalls habe ich zu keinem anderen Zeitpunkt eine solche Intensität des Einsatzes erlebt, mit so vielen Irritationen, zugleich auch mit einer so starken Überzeugung, nützlich zu sein. Es ging mir vor allem darum, die Eskalation zwischen den deutschen und den französischen Medien zu unterbrechen. Jede Seite hatte und gab ein falsches Bild der anderen, was die andere dazu verleitete, noch entstellender zu berichten, und so fort: Das Bild, das man vom Bild gab, das der andere vom Bild hatte, das man von ihm gab, zeitigte eine weitere Steigerung der Empörung des anderen!

Nach den ersten drei Septemberwochen machte ich eine Aufstellung meiner Tätigkeit, die ich hier wiedergebe, um sie dann zu kommentieren.

2. September. Telefonat aus Straßburg mit André Fontaine (Chefredakteur von *Le Monde*), um gegen den Artikel von Jean Genêt zu protestieren. Rede in Straßburg vor französischen Germanisten und deutschen Romanisten mit Brandmarkung des Artikels. Rede in Frankfurt-Enkheim zu Ehren von Peter Härtling.

3. Brief an Jacques Fauvet, Direktor von *Le Monde*, gegen Genêt u. a.

7. Interview im *Quotidien de Paris*;
Rundfunk-Interview *Europe I* mit Yvan Levaï;
Fernseh-Interview *Antenne 2* mit J. P. Elkabbach als Antwort auf ein Interview mit Klaus Croissant;
Artikel *Les phantasmes français* (Die französischen Trugbilder) in *Le Monde*.

8. Interviews *Deutschlandfunk, Radio France International*.

9. Interview *Münchner Abendzeitung*. Erklärung im WDR bei Ansgar Skriver.

11. Zweistündige Sendung über Deutschland (12 bis 14 Uhr) *France-Inter* (Funk).

13. Fernseh-Interview *Bayrischer Rundfunk*, 3. Programm.

14. Übertragung des Interviews durch WDR 3.
Funk-Interviews WDR-Morgenmagazin, Südwestfunk, RIAS Berlin.

15. *FAZ* veröffentlicht Protest-Telegramm.
Rundfunk-Interviews *Saarländischer Rundfunk, Südwestfunk, Deutschlandfunk*.
Artikel in *Témoignage Chrétien, Vorwärts, Deutsche Allgemeine Sonntagszeitung*.

16. Rede in Bonn vor Kongreß Amnesty International.

17. Fernsehstunde über die Bundesrepublik bei *Antenne 2*.

19. Protestbrief im *Spiegel* gegen Artikel in der vorigen Nummer.

20. ZDF-Interview (»Kennzeichen D«)

22. *Die Zeit* veröffentlicht Dialog mit Günter Grass.

Nicht inbegriffen: Telefonanrufe, um Richtigstellung nach ZDF-falscher Darstellung des Croissant-Interviews zu erreichen (Richtigstellung am folgenden Tag ausgestrahlt); um bei der *FAZ* und der *Süddeutschen* gegen ihre irrtümlichen Darstellungen der französischen Reaktionen zu protestieren; »Briefings« deutscher Korrespondenten in Paris und französischer Deutschland-Korrespondenten ...

Da die Tageszeitung *Le Monde* im öffentlichen Leben Frankreichs einen wichtigen Platz einnimmt und in der politischen und gesellschaftlichen Elite recht einflußreich ist, hatten ihre Berichterstattung und Kommentare zur deutschen Krise eine große Bedeutung. Bereits in meinem 1961 erschienenen Buch über die IV. Republik und ihre Außenpolitik hatte ich im Kapitel über die Presse hervorgehoben, daß *Le Monde*, zu Recht als Hauptvertreter der journalistischen Ehrlichkeit betrachtet, über die USA und über Deutschland doch recht einseitig berichtete. Das war auch 1977 noch so, obwohl ich selber, seit 1965 ständiger Kolumnist, genauso frei über Deutschland geschrieben hatte wie über jedes andere Thema.

Der sehr lange Beitrag von Jean Genêt – er hatte ungefähr die in Frankreich ungewöhnliche Länge eines *Zeit*-Artikels! –, der am 1. Juni erschien*, war im redaktionellen Vorspann als »Point de vue« gekennzeichnet, was die deutsche Presse geflissentlich übersah. Sie betrachtete ihn als Leitartikel, obwohl er lediglich unten auf Seite 1 begann; vor allem aber gab es keine Fußnote zum Autor, was die Zeitung nur bei ständigen Mitarbeitern unterließ – oder bei berühmten Politikern oder Kulturträgern. Und Jean Genêt war ein berühmter Schriftsteller, der seinen Ruhm u. a. einer totalen Ablehnung der Gesellschaft und ihrer Werte verdankte. Nun war sein Text wirklich skandalös. Es war ein Loblied auf Andreas Baader und die Seinen, mit einer langen Rechtfertigung ihrer Gewalt, die einer gerechten Bekämpfung der gewaltsamen Unterdrückung der Schwachen entsprach. Es war auch viel von den Haftbedingungen in Stammheim die Rede. Daß sich Genêts Haltung psychologisch weitgehend aus seiner invertierten Homosexualität erklären ließ, die ihn in seinen Romanen, aber auch in einem Loblied auf die SS dazu verführt hatte, die vergewaltigende Kraft zu verherrlichen, gehörte nicht zur politischen Diskussion und

---

* Also vom 2. datiert: Die französischen Abendzeitungen tragen das Datum des Tages nach ihrem Erscheinen.

wurde von mir in meinem Protest bei der Zeitung gegen die groß aufgemachte Veröffentlichung des Textes nicht angeführt.

Die deutsche Presse ihrerseits benutzte den Genêt-Artikel, als hätte er die generelle Einstellung der Zeitung und somit der französischen Öffentlichkeit schlechthin zum Ausdruck gebracht. Direktor und Chefredakteur schenkten mir jedoch Gehör, und in der Nummer vom 9. September erschien – diesmal als Leitartikel, direkt unter der Schlagzeile über die Kontakte zwischen Behörden und Schleyer-Entführer, ein heftiger Beitrag von mir[*], der mit dem Absatz begann: »Wenn es eine Europa- oder sogar Weltmeisterschaft der nationalen Selbsttäuschung gäbe, so hätten wir alle Chancen, sie zu gewinnen. Jedenfalls unterzieht sich kein anderes Land einem so intensiven Training.« Ich brandmarkte das antideutsche Ressentiment, das angenehme Sich-kitzeln-Lassen von der Angst vor Deutschland und analysierte die Entstellungen der deutschen Realität durch die französische Presse. Es war wirklich nicht nur meine Eitelkeit, die verletzt war, als ich dann feststellen mußte, daß die deutschen Medien ihrerseits meinen Leitartikel unbeachtet ließen und weiterhin so schrieben, als hätte es nur den Genêt-Beitrag gegeben.

Als dann die *FAZ* einen anderen *Monde*-Artikel, diesmal von meinem doppelten Kollegen – als Kolumnist und Professor – Maurice Duverger, entstellte, schickte ich erregt, vielleicht allzu erregt folgendes Telegramm nach Frankfurt, das die Zeitung, nach telefonischer Vorabsprache, auch in aller Fairneß brachte:

Betitelung und Darstellung Artikel Duverger an Fälschung grenzendes Machwerk der *FAZ* nicht würdig. Weitere Behauptungen falsch oder enorm übertrieben. Habe Eindruck, daß nun nach Kampf für Ausgewogenheit der französischen Reaktionen ähnlicher Kampf für Ausgewogenheit der deutschen Reaktionen auf diese Reaktionen zu führen ist. Als Mittler könnte man entmutigt sein.

[*] Text – sowie die im folgenden zitierten Artikel – in *Versuchte Beeinflussung*

Einen Durchschlag davon ließ ich sofort Jacques Fauvet zukommen, mit folgenden Begleitzeilen:

Cher ami,

hier der Text, den ich die *Frankfurter* auffordere zu veröffentlichen als Protest gegen den Artikel von Karl Jetter von heute. Warum muß aber zugleich in *Le Monde* eine Presseschau erscheinen, die auf ähnliche Weise fabriziert wurde? Die Montage des Interviews von Grass – um nur ein Beispiel zu nehmen – ist mit derselben Voreingenommenheit erfolgt wie die des Duverger-Artikels in der *FAZ.*

Zusatzfrage: Warum hat *Le Monde* nie die Artikel und Untersuchungen zur Kenntnis genommen, die in Deutschland über die Haftbedingungen in Stammheim erschienen sind, u. a. über den heftigen Protest der normalen (droit commun) Häftlinge gegen die enormen Vorteile, die Baader und seinen Freunden zugestanden worden sind? Auch nichts über den Hungerstreik 48 Stunden vor dem Attentat, der zeigte, daß die Kommunikation mit der Außenwelt gut funktionierte. Usw., usw.!

Am 21. Oktober schrieb ich noch einmal ausführlich an Fauvet unter anderem über die mangelhafte Information, die die Zeitung über Stammheim und den Fall des Anwalts Klaus Croissant gab. Ich begann und endete folgendermaßen:

Du wirst sicher finden, daß ich übertreibe, immer auf dieselben Themen zurückzukommen. Aber ich kann die Zeitung, deren Mitarbeiter zu sein die Ehre habe, nur nach außen verteidigen, wenn ich nach innen einwirken kann, sobald sie auf Gebieten, für die ich mich zuständig fühle, dem Berufsethos untreu wird, zu dem sie sich im Prinzip bekennt . . .

. . . Ich möchte wenigstens, daß Du unter den zuständigen Mitarbeitern den beiliegenden Text verbreitest, der heute morgen in *Le Matin* erschienen ist. Freimut Duve ist ein besonders mutiger Verleger. Was er schreibt, ist wirklich *der* Brief eines deutschen Mannes von links an französische Intellektuelle, die der Versuchung des vereinfachenden Revoluzzertums ausgesetzt sind.

An sich zeigte ich mich undankbar: In der Nummer vom 18. Oktober (also am 17. erschienen) hatte *Le Monde* wieder einen Beitrag von mir auf Seite 1 veröffentlicht, der »Gegen den Terrorismus« betitelt war und gerade die französischen Linksintellektuellen im wahren Sinn des Wortes als Sympathisanten der Gewalt scharf kritisierte. Der Schlußabsatz lautete:

Zu verlangen, daß der Terrorismus bekämpft werde ohne Verzicht auf die Rechte und die Freiheiten, die das Privileg unserer pluralistischen Gesellschaften sind, setzt voraus, daß man vorher klar und unmißverständlich gesagt hat: Diese Gesellschaften sind derzeit freiheitlich und human, und eben deshalb ist die Sprache der Terroristen unannehmbar.

Am selben 17. Oktober veröffentlichte die gemäßigte Wochenzeitung *Le Point*, der ich in einem Artikel vorgeworfen hatte, als Beweis für die skandalöse Einstellung der deutschen Presse die Titelseite der extrem rechten *National-Zeitung* abgebildet zu haben, als eine Art Akt der Reue einen Beitrag von mir. Er war »Schluß mit der Angst und den Verurteilungen!« betitelt, und sein letzter Absatz faßte meine Grundeinstellung zusammen – die von damals wie die von heute!

Müssen wir Angst *vor* den Deutschen haben? Gewiß nicht! Angst *um* die Deutschen? Dafür gibt es Gründe. Doch diese Angst wird nur fruchtbar, wenn wir sie *mit* den Deutschen empfinden. Solidarisch.

Intellektuelle hören gern auf Intellektuelle: Das Deutschland-Bild in Frankreich war stark beeinflußt von dem rein negativen Deutschland-Bild renommierter deutscher Intellektueller. Glücklicherweise waren Gedichte unübersetzt geblieben, wie das eines Schriftstellers, mit dem ich in den fünfziger Jahren freundschaftliche Beziehungen gehabt hatte. Alfred Andersch hat in »Artikel 3(3)« auf skandalöse Weise geschrieben:

> . . . warum legen
> der scheel
> der schmidt
> der willibrandt
> der genscher
> der maihofer
> nicht den
> judenstern an
> wenn sie
> beim Frühstück lesen
> daß man schon wieder
> eine lehrerin
> gefoltert hat

          . . . .
          die radikalen sind ausgeschlossen
          vom öffentlichen dienst
          also eingeschlossen ins Lager
          das errichtet wird
          für den gedanken an
              die veränderung
              öffentlichen dienstes
              die gesellschaft
              ist wieder geteilt
              in wächter
              und bewachte
              wie gehabt
              ein geruch breitet sich aus
              der geruch einer Maschine
              die gas erzeugt

Aber Rainer Werner Fassbinder war durch seine Filme in Frankreich sehr bekannt. Wenn er nun die Bundesrepublik verließ mit langen Interviews über ihre reine Negativität (»Lieber Straßenkehrer in Mexiko . . .« im *Spiegel*, »Wir leben in einem toten Land« in der *Süddeutschen* im Juli und August 1977), so konnte dies nicht ohne negative Rückwirkungen auf das französische Deutschland-Bild bleiben. Und das um so mehr, als der »junge deutsche Film«, der in der Bundesrepublik gewiß eine aufrüttelnde Rolle spielte, in Frankreich bei seinen filmbegeisterten Zuschauern das Trugbild eines Stammtischlandes verbreitete, in dem nur die jungen Autoren vergangenheitsbewußt waren und der Aufstand der extremen Linken eher zu loben als zu kritisieren war. Charakteristisch war in meinen Augen der ansonsten schöne und ergreifende Film von Margarethe von Trotta *Die bleierne Zeit*, der in abgeänderter Form die Geschichte der Schwestern Ensslin darstellt: Man sieht Leichen in Konzentrationslagern, Leichen von Terroristen, aber keine Leiche von Opfern des Terrorismus.

Gewiß hat es in jenen Jahren Ablehnung von Linksintellektuellen in der Bundesrepublik gegeben, vielleicht sogar Haß, und so manche gerechtfertigte Gesellschaftskritik wurde mit der Bezichtigung des »Sympathisantentums« abgetan. Aber es gab auch zugleich – wie vorher und später, wie eigentlich immer im Nachkriegsdeutschland – eine maßlose Wehleidigkeit, eine Selbsttabuisierung vieler Intellektueller. Ludwig Erhard sollte in die Geschichte dafür eingehen, daß er die Intellektuellen, die ihn angriffen, »Pinscher« genannt hat. Selber durfte man natürlich in herabsetzender Form von jedem Politiker sprechen. Und man durfte auch darüber klagen, »ghettoisiert« zu werden, wo man doch auflagenstark war, insbesondere Heinrich Böll und Günter Grass, und medienmächtig, wie es die Gruppe 47 seit den fünfziger Jahren systematisch geworden war und wie es andere wurden. Daß dieses Selbstmitleid und diese ungerechte Anklage, von den Medien schlecht behandelt zu werden, weiterleben, zeigen heute die Bemühungen des medienkundigen und mediengewaltigen Eugen Drewermann, als isolierter, mundtot gemachter, verfolgter Ketzer aufzutreten!

Dabei war ein gut Teil der Kritik berechtigt. Wieder schienen Polizei und Justiz auf dem rechten Auge blind zu sein. Als am 28. September 1980 ein Attentat auf dem Münchner Oktoberfest zwölf Menschen tötete (mehr als die RAF bei all ihren mörderischen Handlungen zusammen), wurde der rechtsextreme Bombenleger erstaunlich schnell zum Einzeltäter erklärt und jegliches Nachforschen nach möglichen Auftraggebern oder Komplizen eingestellt. Aber mußte bei so vielen die Einseitigkeit so groß, die Analyse so unwissenschaftlich vereinfachend sein, vor allem wenn sie im Namen der Theorie und der »Wissenschaftlichkeit« durchgeführt wurde?

Polen, Pershing und Honecker

Die Einseitigkeit als Realität, obwohl sich jeder auf den toleranten Pluralismus berief: diese negative Grundtendenz war besonders an den Universitäten zu verspüren. Die Münchener zögerten, bevor sie Kurt Sontheimer auf einen Lehrstuhl für Politikwissenschaft beriefen, kam er doch aus Berlin, was genügte, um ihn linksverdächtig zu machen! Die Informationen, die ich über Bremen hatte, veranlaßten mich, die dortigen linksintolerant-dogmatischen Zustände öffentlich zu kritisieren. Im Frühjahr 1981 erhielt ich zwei Briefe von Horst-Werner Franke, Senator für Wissenschaft und Kunst, und von Professor Wittkowsky, Rektor der Universität. Sie luden mich nach Bremen ein, weil sie nicht einsehen konnten, warum ich der Uni trotz meiner Linksorientierung Vorwürfe machte.

Der Besuch fand im November statt. Die Vorbereitung war nicht einfach gewesen: Es war mir angeboten worden, naturwissenschaftliche Fachbereiche kennenzulernen; daraufhin drohte ich, nicht zu kommen, und bestand darauf, die Fachbereiche Politikwissenschaft, Sozialwissenschaften und Romanistik zu besichtigen. Ich kam mit der Überzeugung zurück, daß das stimmte, was mir ein Opponent ins Ohr geflüstert hatte: »Alles, was man von der Uni erzählt, ist von der halben Uni ganz wahr!« Ich hatte Mühe gehabt, den Einführungs-»Reader« für Studenten der Sozialwissenschaften zu erhalten: In der Einleitung entschuldigte sich der Verantwortliche dafür, auch einige nicht-marxistische Texte eingebaut zu haben. Und die auf Umwegen erhaltene Liste der politologischen Dissertationen strotzte vor Einseitigkeit.

Was mich dabei am meisten störte, war die Verunsicherung vieler Jugendlicher durch das Wechselspiel zwischen der absolut negativen Beurteilung der bundesdeutschen Gesellschaft und ihrer ständigen das sozial Negative beiseite lassenden Verherrlichung. Zwei Sprüche aus der Sprache der Jugendszene sollen als Zeichen dafür zitiert werden:* »Legal, illegal, scheißegal!« Wozu der Rechtsstaat, wenn die Gesell-

* Noch heute sollte das zugleich witzige und tiefgehende Buch von Claus-Peter Müller-Thurau gelesen werden: *Laß' uns mal 'ne Schnecke angraben. Sprache und Sprüche der Jugendszene.* Düsseldorf, Econ, 1983

schaft schlecht ist? »Unordnung: wenn nichts am rechten Platz ist. Ordnung: wo am rechten Platz nichts ist.« Es gibt Gründe, die Gesellschaftsordnung als negativ zu empfinden; aber wird einem nicht zu wenig gesagt, welche Elemente der Gerechtigkeit und vor allem welche freiheitlichen Grundlagen sie hat, vor allem im Vergleich mit Gesellschaft und Politik in Osteuropa?

Wie lau war doch oft die Kritik an den Zuständen dort! Im Namen der Entspannung? Gewiß, aber nicht nur deshalb. Das zeigte sich vor allem nach dem Staatsstreich von General Jaruzelski. Vorausgeschickt sei, daß es auch galt, die französische Kritik an den deutschen Reaktionen zu kritisieren. Nicht nur, weil ja Frankreich nichts tat, um die verhafteten oder verfolgten Solidarność-Militanten zu schützen. Unser Außenminister hatte sogar von Anfang an den enormen Faux-pas begangen, auf die Frage »Was wird die Regierung unternehmen?« mit einem schlichten »Natürlich nichts!« geantwortet zu haben.

Es gab auch eine echte Heuchelei der Bundesrepublik gegenüber, die ich in einem *L'interdit* (Das Verbot) betitelten *Le Monde*-Artikel am 22. Januar 1982 durch eine einfache Frage zu entlarven versuchte: »Was würden wir sagen, wenn sich in der DDR ein deutscher Wałesa erheben würde?« – »Die Antwort ist klar: Wir würden unsere Partner in der Bundesrepublik eindringlich dazu auffordern, ihn ja nicht zu ermutigen, wahrscheinlich sogar, ihn zum Schweigen zu bringen.« Denn in Wirklichkeit verweigerte Frankreich den Deutschen, im Namen der Ruhe in Europa, was bei den Polen bewundert wurde. Schlußfolgerung: Wenn wir der Bundesrepublik nicht die Hoffnung auf einen deutschen Wałesa zugestehen, geben wir ihr keinen Unterricht in Freiheitsliebe!

Das schwächte aber nicht meine Empörung über deutsche antipolnische Reaktionen, vor allem im *Stern* und im *Spiegel*. Und auch in der *Zeit*, wo ein Leitartikel von Theo Sommer Jaruzelskis Handeln lediglich als »unelegant« bezeichnete.

Henri Nannen hatte mir, wie anderen, per Telegramm den Text eines Leitartikels geschickt, mit der Bitte, sofort zu reagieren, damit diese Äußerungen in derselben *Stern*-Nummer wie sein Text erscheinen könnten. Mein Beitrag erschien erst in der folgenden Nummer, am 21. Januar, als Leserbrief. Sein Leitartikel »Ein Lump, wer da noch heuchelt . . .« verteidigte den Staatsstreich, weil er gegen »extreme Kräfte« gerichtet war. Er verglich sie mit der Lage, die eintreten würde, wenn ein Generalstreik in der Bundesrepublik als Kampfmittel gegen das Grundgesetz ausbräche, was die Bundesregierung und die amerikanische Schutzmacht natürlich zu ähnlichen Maßnahmen wie in Polen führen würde. Ich schrieb unter anderem:*

Scharfer Stil gegen scharfen Stil: Henri Nannen schreibt über Polen wie andere über Chile geschrieben haben. Allende hatte Fehler gemacht, also war er an seinem Schicksal selbst schuld . . . Nannens Gedankengang ist in seiner Anlage kein Novum. So sprachen 1933 die deutschen Parteien, Gewerkschaften, Kirchen, als sie die Freiheit des Nachbarn opferten, im Wahn, selbst verschont zu bleiben. Das Novum ist, daß Nannen mit seinem Notstandsvergleich Totalitarismus und Freiheit auf denselben Nenner bringt. Und so plädiert er für die totale Abdankung.

Rudolf Augstein war noch weiter gegangen:

Abgesehen davon, daß wir die Polen, die uns ein Fünftel unseres Landes abgenommen haben, mögen und fast lieben: Ihr irgendwo doch unverdientes Schicksal, an dem Hitler-Deutschland erstrangig beteiligt war, kann uns auch aus Eigennutz nicht gleichgültig lassen.

Er hatte wirklich »*un*verdient« geschrieben. Ich protestierte im Fernsehen, worauf er im nächsten Leitartikel behauptete, er habe das nicht geschrieben. Ich telegrafierte noch einmal sein Zitat. Mein Telegramm erschien als Leserbrief mit dem erstaunlichen Augstein-Kommentar: »Na und?« Da wir uns seit langem kannten, entstand eine Korrespondenz, die für

* Vollständiger Text in meinem Beitrag »Die Bundesrepublik, die Ethik und die Selbstbeschränkung« in *Verantwortlich für Polen?*, hrsg. von Heinrich Böll, Freimut Duve u. Klaus Staeck, Reinbek, rororo, 1982

mich unbefriedigend verlief. Augstein ist seiner Einstellung treu geblieben, so daß er z. B. noch im Juni 1983 unter dem Titel »Von der Vision zur Division« sich »schlicht entsetzt« über den »Papst Wojtyla« gab, der den atomaren Krieg dadurch heraufbeschwor, daß er weiterhin die Opposition gegen Jaruzelski ermutigte, wo es doch den Polen »immer noch besser geht als den NATO-Türken«.

Glücklicherweise kam auch das, was ich empfand, auf deutscher Seite zum Ausdruck. Am 15. Januar hatte *Die Zeit* einen Beitrag von Freimut Duve gedruckt, in dem er viel besser als ich das Wesentliche zum Ausdruck brachte: »Es gibt eine traurige Spur humanitärer Enthaltsamkeit von Bundesintellektuellen . . . Die 77er Chartisten (in Prag) konnten sich nicht gerade einer engagierten Zustimmung beim Deutschen Schriftstellerverband erfreuen . . . Wir sind zuständig nicht nur für die Friedenshoffnung, sondern auch für die Freiheitsutopie.« Ich hätte zweimal »Hoffnung« geschrieben, aber die Kritik an der Verschwiegenheit zur Freiheit, wie ständig ist sie doch in den gesamten achtziger Jahren bei Raketenkrise und »Bruder Honecker«-Versuchungen angebracht gewesen!

Die Auseinandersetzung um die Stationierung der amerikanischen Pershing-II- Raketen, die von 1979 bis 1984 die Friedensbewegung mobilisiert hat, spielte sich vor dem Hintergrund einer neuen Welle des Antiamerikanismus ab. Es ging nicht mehr um Vietnam, außer wenn Günter Grass Ungeheuerliches sagte: Seit dem Vietnam-Krieg hätten die Amerikaner jedes Recht auf moralische Appelle verloren. Darauf antwortete ich in Reden und Interviews ziemlich scharf, wenn die Vergangenheit so behandelt werden müßte, wären Leute wie ich nach dem Krieg gewiß nie nach Deutschland gekommen!

Es ging um eine erstaunliche Einseitigkeit: Kam Reagan in die Bundesrepublik, so wurde gegen ihn demonstriert; kam Breschnew nach Bonn, so wurde auch gegen Reagan demonstriert, obwohl ja die Pershing nur eine Antwort auf die sowjetischen SS-20-Raketen war. Ich erzählte dazu gern einen in Frankreich kursierenden Witz: Ein Amerikaner und ein Russe unterhalten sich. Der Amerikaner: »Wir haben Demokratie. Ich kann vor das Weiße Haus gehen und schreien: ›Nieder mit Reagan, nieder mit Reagan!« Darauf der Russe: »Das ist doch bei uns ganz genauso! Ich darf auch auf den Roten Platz in Moskau gehen und schreien: ›Nieder mit Reagan! Nieder mit Reagan!‹«

Persönlich fand ich die Rede von Staatspräsident Mitterrand vor dem Bundestag zum 20. Jahrestag des Deutsch-französischen Vertrags vom Januar 1963 politisch bedenklich in ihrer Absicht der Beeinflussung, aber inhaltlich hervorragend. Mitterrand zeigte, daß genau das Gegenteil von dem stimmte, was die Friedensbewegung ständig sagte. Die Pershing waren die ersten in Europa stationierten amerikanischen Raketen, die das Gebiet der Sowjetunion erreichen konnten. Sie waren als Gegendrohung gedacht, angesichts der Bedrohung Westeuropas durch die SS 20. Die sowjetische Gegen-Gegendrohung mußte also, um glaubwürdig zu sein, auf die Interkontinentalraketen hinweisen, die das Territorium der USA weitgehend vernichten konnten. Also brachten die Pershings ein stärkeres Risiko für Amerika, eine neue Koppelung der amerikanischen Verteidigung mit der europäischen. Wenn mir daraufhin gesagt wurde, der deutsche Boden und die deutschen Städte wären der Zerstörung ausgesetzt, und nur sie, was eine besondere deutsche Angst rechtfertige, so sprach ich regelmäßig von der Heimat meiner Frau: der Haute-Provence, im Südosten Frankreichs, der Gegend um das Plateau d'Albion. Das war und ist nämlich die kleine Hochebene, wo die französischen Langstreckenraketen stationiert sind, die auf sowjetische Städte zielen. Sollte die Katastrophe geschehen, daß die Abschreckung versagt, und sollte es zum Einsatz von Atomwaffen kommen, dann würden die sowjetischen Atomwaffen als allererstes die

Haute-Provence vernichten. Aber wer in der Friedensbewegung schenkte mir in diesem Punkt Gehör?

Im selben Jahr 1983 bekam ich eine Einladung, die mich ehrte – und dennoch besorgt stimmte. Am 11. Juni sprach ich auf dem Evangelischen Kirchentag in einer der großen Messehallen zu Hannover. Die Tausende von Zuhörern trugen fast alle das lila Halstuch der Friedensbewegung. Auch der Vorsitzende der Versammlung, was mich ziemlich empörte. Helmut Simon war nämlich Richter am Bundesverfassungsgericht. Nicht nur, weil mit der Stationierung verbundene Fragen vor das Gericht hätten kommen können, hätte er sich mehr Zurückhaltung auferlegen müssen, er führte auch die Diskussion recht parteiisch! Denn eine Diskussion hat es gegeben, weil der Kirchentag eine besondere Technik benutzt, die ich sehr bewundere. Fragen aus dem Publikum müssen auf Zetteln aufgeschrieben werden. Sie werden gesammelt und einem »Anwalt des Publikums« übergeben, der neben dem Redner sitzt. Dieser »Anwalt« faßt die Fragen zusammen und stellt sie dem Redner mündlich. Neben mir saß also ein von der Kirchentagsleitung ausgewählter Mann, der zugleich einer meiner Freunde war. Robert Leicht – damals bei der *Süddeutschen*, heute Chefredakteur der *Zeit* – erfüllte seine Aufgabe hervorragend, intelligent, einfühlsam und unparteiisch, so daß Publikum und Redner den Eindruck haben konnten, wirklich ein Gespräch miteinander zu führen. Dies war natürlich nur möglich, weil die Menschenmenge im Saal zwar in der Überzeugung unerschütterlich, aber in der Haltung tolerant war, das heißt meiner Rede aufmerksam und geduldig zuhörte und meine Antworten nicht überschrie.

Das Thema hieß: »Die Friedfertigkeit der Deutschen – von außen betrachtet«. Der Teil der Rede, der »Vergangenheit bis 1945 und ihrer heutigen Bedeutung« gewidmet, war nur am Schluß provozierend: »Ach, wie friedlich waren doch die Mitläufer! Wie unfriedlich Hans und Sophie Scholl!«

Ist mein Vergleich ungerecht? Nur, wenn ganz klar festgestellt wird, daß die Liebe zum Frieden nicht das gleiche sein kann wie der reine Hang zur Selbsterhaltung, der zum Imstichlassen der Opfer der Tyrannei führt ... Auch betrachte ich weiterhin die französischen Regierungen der Jahre 1933 bis 1939 und die Päpste der Hitlerzeit nicht als deswegen friedfertig, weil sie gegen die Verfolgungen in Deutschland wenig Druck ausgeübt haben, um das friedliche Leben der Franzosen oder der deutschen Katholiken zu schonen.

Den Teil über die Nachkriegszeit begann ich mit einer versöhnlichen Feststellung:

Seit 1945 haben die Deutschen keinen Krieg geführt. Das sage ich beinahe mit Neid: Von 1947 bis 1962 hat ein gut Teil meines politischen Engagements darin bestanden, meine französischen Landsleute, sei es auch nur ganz wenig, zu beeinflussen, damit sie das Ende der Kriege in Indochina und in Algerien stärker herbeiwünschten. Und leider auch darin, Verbrechen anzuprangern, die im Namen Frankreichs vollbracht wurden.

Dann aber zeigte ich, wie sehr der Widerstand, das Neinsagen gegenüber der Sowjetunion entspannungs- und friedenschaffend gewesen war – in der Berlin-Krise 1948/49 wie 1954/55 beim Eintritt der Bundesrepublik in die NATO. Konnte man übrigens behaupten, es hätte 1948 keine Gegendrohung geben sollen, ohne einzugestehen, daß man die Freiheit West-Berlins willig geopfert hätte? Mir ging es aber vor allem um die neue Intoleranz, die sich in der Friedensbewegung ausbreitete und die sie nach außen ausübte.

Der Pluralismus ist verletzt, wenn innerhalb der EKD immer mehr behauptet wird, jeder, der die Atomwaffen als friedenserhaltend bezeichnet, sei ein Sünder oder dürfe nicht mehr als Christ gelten. Wenn die Inschrift auf den lila Halstüchern eine Überzeugung verkündet, so ist das gut. Wenn sie bedeuten soll, daß jede andere Überzeugung gewissermaßen ketzerisch sei, wenn Parteien und Regierungen somit als unchristlich angeprangert werden, die ungefähr die Argumente gebrauchen, auf die ich hingedeutet habe, so habe ich den Eindruck, daß die klerikale, die autoritäre Denkweise gerade im Namen des Antiautoritären, im Namen des Nein zur Obrigkeit, wieder Triumphe feiert.

Am Schluß behandelte ich das Thema, das mir in der Bundesrepublik der achtziger Jahre am meisten am Herzen lag:

Daß ... der aus Frankreich Kommende, der so lange hier gesagt hat: »Bitte, verteufelt den Osten nicht zu sehr, laßt den Antikommunismus nicht eure Vernunft beeinträchtigen!«, sich nun gezwungen fühlt, genau umgekehrt zu sprechen.

Heute heißt es: Du sollst kein Feindbild aufstellen! ... Es soll keine »moralische Anmaßung« praktiziert werden. Von da ausgehend werden nicht nur die beiden Großmächte, sondern die beiden Lager auf dieselbe Ebene gestellt. Die Auseinandersetzung ist eine »ideologische«, wobei das Wort gewissermaßen wertfrei oder abwertend benutzt wird.

Sorry! – wie man im heutigen Deutsch sagt –, da kann ich nicht mitmachen. Wie kann man mir sagen, die strategische Entscheidung muß ethisch verankert sein, aber der Vergleich Ost/West hat mit Ethik nichts zu tun, nur mit Ideologie? Ist wirklich der Unterschied der Behandlung, die den »Friedensbewegten« in den beiden deutschen Staaten zuteil wird, eine Frage der Ideologie? Dann gehört der Begriff der Freiheit nicht zur Ethik. Aber dann gibt es auch keine Ethik mehr, und die Kirchen sollten schweigen!*

In den Gesprächen am Rande der Veranstaltung und bei unzähligen Diskussionen in jenen Jahren wurde mir eine Frage gestellt, die mich jedesmal etwas irritierte: »Sie waren doch gegen die Berufsverbote. Wie können Sie da für die Stationierung sein?« Oder: »Wie haben Sie sich verändert, seitdem Sie gegen die Berufsverbote waren!« Welcher Hang zur Vereinfachung, welch unguter Wunsch, jeden einem fein säuberlich abgetrennten Lager zuzuordnen!

Natürlich gab es zur selben Zeit in Frankreich enorme Vereinfachungen in der Be- und oft Verurteilung der deutschen Friedensbewegung, allzuoft als rein unterwandertes Instrument der Sowjetunion und der DDR dargestellt. Man machte es sich auch allzu leicht mit den Atomwaffen. In der Bundesrepublik wollten Millionen nicht einsehen, daß gerade das Risiko der gegenseitigen totalen Zerstörung friedensbewahrend gewirkt hatte. In Frankreich schienen die meisten Politiker und Journalisten auch nicht das leiseste Gruseln zu empfinden bei dem Gedanken, die Abschreckung könnte versagen, das heißt, die Vernichtungswaffen könnten wirklich

---

* Voller Text in *Mit Deutschen streiten* und in *Deutscher Evangelischer Kirchentag: Dokumente*. Stuttgart/Berlin, Kreuz-Verlag, 1983

zur vernichtenden Auswirkung kommen. Allerdings waren die Millionen Deutschen doch viel weniger, als es die Massendemonstrationen glauben lassen konnten. Die »Friedensgruppen«, zu denen ich sprach, hörten mit Irritation und Ablehnung das Argument, der Wahlsieg von Helmut Kohl im März 1983 – nach einem weitgehend über die Raketenstationierung geführten Wahlkampf – beweise, daß das Volk nicht mit der Friedensbewegung zu identifizieren sei.

Viel komplizierter, viel nuancierter lief die Auseinandersetzung um das neue und doch nicht neue Verhältnis zur DDR. Die CDU hatte sich zu der Ostpolitik bekehrt, wie sie Willy Brandt ein Jahrzehnt vorher definiert und praktiziert hatte. Aber für manche prominente und weniger prominente Sozialdemokraten und Protestanten, besonders wenn es sich um sozialdemokratische EKD- oder um protestantische SPD-Mitglieder handelte, galt es, in den Beziehungen zu den Prominenten der DDR weiter zu gehen, als es Mitarbeiter Willy Brandts, wie Paul Frank, gewollt und getan hatten, das heißt die Richtung zu verfolgen, in der sich ein anderer Vater der Ostverträge, Egon Bahr, von Anfang an bewegt hatte.

Ich war mir in der ersten Hälfte der achtziger Jahre aus der Entfernung bewußt, daß sich einiges in der DDR bewegte, teilweise als Auswirkung der Ostpolitik (obwohl die leichte Öffnung nach Westen auch eine Verhärtung nach innen zur Konsequenz haben konnte), teilweise, weil auch Bewegung in die Sowjetunion kam. Aus der Entfernung deshalb, weil ich noch nie in der DDR gewesen war, was ich in meinem Buch *Deutschlandbilanz. Geschichte Deutschlands seit 1945* eingestanden hatte. Ein notwendiges Geständnis, war doch ein Teil des Werkes der Entwicklung des anderen deutschen Staates gewidmet. Ich war zwar öfter eingeladen worden, aber immer als Mitglied einer Delegation, was ich strikt ablehnte. Delegationen waren nämlich für das SED-Regime Instrumente der Selbstverherrlichung, mit von schmeichelhaften Äußerungen begleitetem Bild im *Neuen Deutschland*.

In Frankreich kämpfte ich ständig gegen die Freunde der DDR, in deren Augen ich der Feind war, nicht weil ich die Bundesrepublik ebenso einseitig lobte wie sie den Ulbricht-, dann den Honecker-Staat, sondern eben weil ich sie ständig dazu aufforderte, »ihr« Deutschland genauso kritisch darzustellen wie ich das »meine«. Hätte ich die DDR besucht, so wäre das – ich darf es unbescheiden schreiben – ein Politikum gewesen. Also sagte ich, ich hätte Anspruch auf eine Gegenleistung, nämlich, daß man mich unbegleitet durch das Land reisen lasse. Dies wurde mir aber nie zugestanden.

Die Lage veränderte sich, als ein Abkommen zwischen Frankreich und der DDR in Kraft trat, das die Errichtung von Kulturinstituten vorsah, ein DDR-Institut in Paris, ein französisches Institut in Ost-Berlin. Das erste ist recht unbedeutend und unwirksam geblieben, weil es nicht wagte, politische und gesellschaftliche Themen zu behandeln, und weil seine aus der DDR kommenden Mitarbeiter unter sich bleiben mußten: Damit sie nicht in Gefahr gerieten, von Franzosen negativ beeinflußt zu werden, durften sie es nicht versuchen, Franzosen zu beeinflussen! Die einzige westliche Kultureinrichtung in »Berlin – Hauptstadt der DDR« war hingegen zugleich mutig und erfolgreich – oder, besser gesagt, erfolgreich, weil mutig. Sie überschritt nicht gewisse Grenzen, aber ihr Lesesaal gewährte Zugang zur französischen Presse, insbesondere zu der deutschsprachigen Ausgabe der Straßburger *Dernières Nouvelles d'Alsace*! Und das Institut veranstaltete Vorträge vor meist von Studenten der Humboldt-Universität gefüllten Sälen.

Ende November 1985 wurde ich zu einem solchen Vortrag eingeladen. Es ging um eine Analyse der französischen Gesellschaft, die ich entweder im Klartext oder durch Anspielungen ständig mit der der DDR verglich. Ich hatte Übung in der Kunst des Manches-Sagens, ohne die Veranstalter in Verlegenheit zu bringen und ohne die Zuhörer zu gefährden: hatte ich doch in Madrid und Barcelona in den letzten Jahren des

Franco-Regimes gesprochen! In der ersten Reihe des Berliner Institut français saßen nebeneinander der französische Botschafter und der Beauftragte der Bundesrepublik, Hans-Otto Bräutigam. Als traditioneller Diplomat war der Botschafter immer entsetzter über den Inhalt meiner Rede, der eine sehr angeregte Diskussion folgte. Als sie beendet war, kam er mit unverkennbar säuerlicher Miene auf mich zu, aber Botschafter Bräutigam sprach vor ihm – und zu ihm: »Ist das nicht schön? So eine Veranstaltung ist doch genau, was Frankreich und die Bundesrepublik von diesem Institut erwartet haben!« – »Ja, wenn Sie es so sehen ...« – Und der Vertreter meines Landes machte mir nun Komplimente.

Er wurde glücklicherweise bald danach durch eine hervorragende Frau, Joëlle Timsit, ersetzt, die ich seit den fünfziger Jahren kannte, als sie als Neunzehnjährige zugleich das erste Staatsexamen in Germanistik und das Diplom des Institut d'études politiques bestanden hatte. Mit Hans-Otto Bräutigam habe ich später die recht seltene Erfahrung gemacht, daß ein hoher Beamter auch sehr menschlich sein kann. Ich bekam zum Beispiel einen Brief von einer mir unbekannten bundesdeutschen Studentin. Sie habe sich in der DDR mit einer dortigen jungen Frau befreundet, die gern in die Bundesrepublik umgezogen wäre, es aber nicht durfte, weil ihr Bruder Schwierigkeiten mit der Stasi hatte. Ich schrieb an Hans-Otto Bräutigam. Er antwortete umgehend, er würde sehen, was er tun könne. Wenige Wochen später erhielt ich einen Dankesbrief. Bräutigam hatte sich also schnell und effizient um diesen recht unwesentlichen Fall gekümmert!

In den Tagen nach dem Vortrag besuchte ich Dresden und Weimar mit einem ungewöhnlichen Reisebegleiter. Der Kulturattaché der französischen Botschaft, Jean-Louis Leprêtre, hatte sich so hervorragend und so menschlich in sein Amt eingearbeitet, daß er von den DDR-Kulturbeamten geachtet und geschätzt, von den ständig bedrohten freien Künstlern aber als Freund und Helfer betrachtet wurde. Als seine Zeit um war, hat er sich dann, weil sie ihn dazu drängten, seinen DDR-Aufenthalt, unter Verzicht auf eine hohe Stelle in Paris, um zwei Jahre verlängern lassen. Anfang Dezember 1985 brachte er mich mit Einrichtungen, Landschaften und Menschen in Verbindung. Ähnliches wiederholte sich im Juni 1987 bei Besuchen in Halle und Leipzig sowie Vorträgen am Französischen Institut und an der Humboldt-Universität. Und bei einer langen, lächelnd-scharfen Diskussion mit dem Rektor der Akademie für Gesellschaftswissenschaften beim Zentralkomitee der SED, Otto Reinhold. Seine Intelligenz, insbesondere seine Art, orthodoxe Dinge vorzutragen, als wären es persönliche Gedanken, beeindruckte mich sehr. Aber als Erhard Eppler das SPD/SED-Papier, das er mit Reinhold ausgearbeitet hatte, so darstellte, als seien da zwei freimütige, aufrichtige, etwas sentimentale Männer am Werke gewesen, da wußte ich nicht recht, ob ich lachen oder mich ärgern sollte!

Die Jahre 1986 bis 1989 haben mich gerade in dieser Hinsicht immer wieder in Erstaunen und Empörung versetzt. Nicht, daß es nicht mehr galt, andere Auseinandersetzungen zu vernachlässigen, etwa in der Asylantenfrage oder in der Oder-Neiße-Problematik. Aber hauptsächlich ging es doch um die erstaunliche Nachsicht, die allzuoft und von allzuvielen den DDR-Machthabern gegenüber praktiziert wurde. Ich stritt mich sehr mit einer befreundeten Wochenzeitung, für die ich öfter geschrieben hatte. Das protestantische *Deutsche Allgemeine Sonntagsblatt* war fair genug, im Juni 1987, nach meiner DDR-Reise, einen »Brüder und Machthaber« betitelten Artikel von mir zu bringen, der für den Leser gewiß eine harte Kritik an der redaktionellen Grundlinie der Zeitung darstellte. Ich sagte zwar, daß ich oft die Begriffe »umdenken« und »lernfähig sein« gehört hätte, daß sie aber – so erfreulich und sympathisch sie seien – auch eine bequeme Ausflucht lieferten gegen die Kritik an weiterhin bestehenden negativen Strukturen, Verhaltensweisen, Denkarten. Vor allem ging es mir um ein von westlicher Seite gebrauchtes Argument.

... Ich lehne das Argument der Nichteinmischung in innere Angelegenheiten ab: Wenn Mitterrand unrecht hatte, im Kreml von Sacharow zu sprechen, so darf die DDR auch den Namen Mandela nicht anklagend vorbringen. Wenn ich von Menschen schweigen sollte, die von der Bundesrepublik aus DDR-Gefängnissen freigekauft werden, so müßte ich auch schweigen über Chile.

... Meine Bilanz: Die Gespräche in der DDR, auch und insbesondere mit »Offiziellen«, waren jedenfalls für mich aufschlußreich und angenehm, wenn auch manchmal spannungsgeladen. Wenn ich aber Bürger der Bundesrepublik wäre, so würde ich weiterhin meine Landsleute in der DDR in zwei Kategorien einordnen: zum einen in die Brüder, denen ich zu mehr Freiheitsraum verhelfen möchte, und zum anderen in die der Machthaber, die ich dazu zu bringen versuche, diese Erweiterungen durchzuführen – und die doch als Unterdrücker meiner Brüder nicht ganz meine Brüder sein können! Nach meiner Rückkehr aus der DDR bin ich überzeugt, daß dort einiges am Beginn einer Bewegung steht. Aber auch, daß diese Bewegung jener Unterscheidung bedarf. Nur die freie Sprache eröffnet den Weg zu mehr Freiheit.

Im Vorjahr hatte mich ein Briefwechsel sehr schockiert, der zum 25. Jahrestag des Berliner Mauerbaus veröffentlicht worden war. »Lieber Bruder Forck!« begann der eine, »Lieber Bruder Martin Kruse!« der andere. Es war gut und richtig, daß sich zwei evangelische Bischöfe, einer aus West-, der andere aus Ost-Berlin, zum Thema »Was hat die Kirche zum 13. August zu sagen?« äußerten. Ich möchte jedoch einen Pressebericht wiedergeben, der unter dem Titel »Alfred Grosser kritisiert Brief von Bischof Kruse zum Mauerbau. Vor allem Fehlen des Begriffs ›Freiheit‹ bemängelt« am 3. September 1986 im Berliner *Tagesspiegel* ohne jegliche Springer-Entstellung erschienen ist.

Der französische Publizist A. G. hat den Brief des West-Berliner evangelischen Bischofs Martin Kruse ... als »provokant und schlecht« bezeichnet. Gegenüber dem Evangelischen Pressedienst kritisierte (er) jetzt während eines deutsch-französischen Pfarrertages in Straßburg vor allem, daß Kruse in seinem Schreiben an den Ost-Berliner Bischof Gottfried Forck den Begriff »Freiheit« vermieden habe. Deshalb handele es sich bei dem Briefwechsel um einen »unechten Dialog«. Nach Einschätzung G.'s ist der Text von Kruses Brief »voller Geschenke« an die DDR. So verwende der West-Berliner

Bischof den Begriff »Kirche in der sozialistischen Gesellschaft«, wo es heißen müsse, »Gesellschaft, die sich sozialistisch nennt«.

G. hatte sich zuvor in seinem Referat über politische und kulturelle Traditionen in Frankreich und Deutschland »tief schockiert« über den Brief Kruses geäußert, der auch Vorsitzender des Rates der EKD ist. Es sei falsch, von der Mauer als einer »Trennungslinie zwischen zwei Machtblöcken« mit gleichwertigen Ideologien zu sprechen. Die Berliner Mauer sei gebaut worden, um zu verhindern, »daß im Osten die Freiheit gilt«.

Im Januar 1988 gab es einen weiteren Grund, Kritik zu üben, diesmal an Bischof Forck – aber auch an der Leitung des PEN-Clubs. Am 17. Januar hatten kritische, meist junge Bürger der DDR eine von der Partei veranstaltete Demonstration zur Erinnerung an den Mord an Karl Liebknecht und Rosa Luxemburg dadurch »gestört«, daß sie sich mit einem Plakat einmischten, das den berühmten Satz der großen Prophetin einer menschlichen Revolution trug: »Freiheit ist immer nur die Freiheit des Andersdenkenden.« Sie wurden brutal verhaftet. Am 30. Januar veröffentlichte Bischof Forck im Namen der Evangelischen Kirche in Berlin-Brandenburg eine lange Erklärung, die sich zwar für die Freilassung einsetzte, aber zugleich betonte, »die Kirchenleitung (könne) die Aktivitäten am Rande der Demonstration nicht gutheißen«, weil die »positiven Entwicklungen in der Gesellschaft nicht behindert werden« sollten. Denn »die bestehende Rechtsordnung bietet nach Überzeugung der Kirchenleitung die Möglichkeit, zu gerechten und humanen Entscheidungen zu kommen«.

Am 28. Januar erschien ein skandalöser Text von Heinz Kamnitzer, Präsident des DDR-PEN-Clubs. Für ihn hatten die Plakat-Träger Gotteslästerung, Entweihung, Schändung, Besudelung begangen. Er schrieb weiterhin:

Nicht immer und für alle sollte die Freiheit des Andersdenkenden die Freiheit sein, die wir meinen, verlangen, schützen und wünschen wollen. Man muß stets genau prüfen, wofür und wogegen sie sich richtet, um zu entscheiden, wer das Recht hat, sie für sich zu beanspruchen.

Ich telefonierte mit dem Generalsekretär des bundesdeutschen PEN, Hanns Werner Schwarze, Leiter des Berliner ZDF-Studios. Er war auch empört und sagte mir, der Präsident, Martin Gregor-Dellin, sei es ebenfalls. Aber er zögerte, diese Empörung öffentlich zu machen. Ich schickte daraufhin am 2. Februar einen erbosten Brief:

Lieber Herr Schwarze!
 . . . Es scheint mir notwendig, daß der PEN der Bundesrepublik klar und energisch Stellung nimmt. Was würde er sagen, wenn in Südafrika oder in der Bundesrepublik zur Zeit der Auseinandersetzung um die »Berufsverbote« jemand (solches) geschrieben hätte? . . .
 . . . Ich war letzte Woche in Warschau, habe vernünftig mit Jaruzelski-Leuten gesprochen, war aber in meinem Gespräch mit dem Wałesa-Team recht bestürzt, feststellen zu müssen, daß man darüber erbittert ist, daß manche EKD- oder SPD-Prominente im Namen des Feindbild-Abbauens und der Entspannung Solidarność ungefähr wie einen Störenfried betrachtet.
 Der PEN ist keine Regierung, die politisch abwägen muß. Er hat klar zu verkünden, daß der DDR-PEN gegen das Grundprinzip der PEN-Bewegung verstoßen hat. Allerdings kann man das auch politisch sehen: Wenn man schweigt, wird die andere Seite nicht unter Druck gesetzt . . .

Ich drohte mit Austritt aus dem deutschen PEN und kündigte an, daß der französische bei der bevorstehenden Tagung des Internationalen PEN in London eine harte Resolution vorlegen werde. Der Protest von Gregor-Dellin und Schwarze kam dann in der Form eines recht klaren, in meinen Augen noch zu freundlichen Briefs an Kamnitzer, der das Datum 13. Februar trug und in der *Frankfurter Rundschau* vom 25. erschien.

Was ich nun dem SPD/SED-Papier vorwarf, war nicht so sehr der Mangel an Distanzierung der anderen Seite gegenüber. Es war vielmehr die doppelte Legitimierung, die den Diskussionspartnern verliehen wurde. Einerseits wurden sie ebenso als Vertreter der Bevölkerung anerkannt, wie es die SPD-Gesprächspartner waren, als seien diese nicht durch Wahlen legitimiert, die ihre Partei großgemacht hatten. Andererseits hätte man glauben können, ein Otto Reinhold würde ebenso selbständig, frei, aufrichtig denken und sprechen wie ein Erhard Eppler. Ich empfand es, im Vergleich zu dem SPD/SED-Papier, als eine spät kommende, aber zutreffende Klarstellung, daß Eppler in seiner großen und schönen Bundestagsrede vom 23. Juni 1989 sagte:

Wir sind ein durch und durch westliches Land geworden. Unsere politische Kultur ist und bleibt westlich geprägt. Auch wer unter uns überzeugt ist, daß unsere Demokratie noch längst nicht am Ende ihrer Möglichkeiten ist, pocht auf den westlichen Wertekatalog.

Also Werte und nicht nur eine Ideologie, der gegenüber eine andere Ideologie ebenbürtig war! Nicht alle haben in den letzten Jahren der DDR so gesprochen wie Eppler. Weder Klaus Bölling noch Günter Gaus – und besonders nicht Egon Bahr, obwohl auch dieser am Schluß nicht mehr ganz zu dem kurz zuvor Geschriebenen stand. Wir hatten eine öffentliche Diskussion in Düsseldorf am 14. März 1989, bei der er nur ungern die Zitate anhörte, die ich aus seinem im Vorjahr erschienenen Büchlein *Zum europäischen Frieden. Eine Antwort auf Gorbatschow* (Siedler) verlas. Er hatte darin über den »ideologischen Kampf der gegeneinander entwickelten Bündnisse und der systembedingten, unterschiedlichen Wirtschaftsorganisationen« geschrieben und eine erstaunliche Unkenntnis der Ursprünge der Sowjetunion gezeigt (»Fehlentwicklungen nach Lenins Tod«). Nicht nur, daß »die sterile Wiederholung eines Anspruchs auf deutsches Selbstbestimmungsrecht, der weder aufgebbar noch einklagbar ist, niemandem hilft«, die Perestroika beweise auch, daß es »durch zum Teil mißverstandene Äußerungen von Emigranten und Dissidenten« »westliche Propaganda und Illusion« gewesen sei, zu sagen oder zu glauben, daß »eine Masse sowjetischer Bürger unter der Unfreiheit ihres Systems leide und in latenter Opposition zu ihm stehe«.

Niemand hat vorausgesehen, noch nicht einmal vorausgeahnt, in welchem Ausmaß die Sowjetunion und die DDR zusammenbrechen würden. Aber die Verniedlichung des so-

wjetischen und des SED-Systems war wirklich nicht angebracht! Und auch nicht die gefühlsarme Naivität, mit der im
März 1989 die Teilnehmer einer Tagung der Evangelischen
Kirche Westfalen in der Evangelischen Akademie Iserlohn
dem redegewandten Sowjetbürger Portugalow lauschten, mit
dem ich des öfteren zusammengestoßen bin. In Iserlohn warf
ich ihm vor, ständig Gorbatschow zu zitieren, genauso wie er
vorher Andropow und Breschnew zitiert hatte. Nikolaj Portugalow hat nicht wenig dazu beigetragen, Unfreiheiten und
Verbrechen zu verharmlosen, kleine Veränderungen als große
Revolutionen auszugeben, was manche seiner bundesdeutschen Zuhörer dazu verführte, das Schicksal der Unterdrückten gar nicht mehr wahrzunehmen.

V.

MEDIEN, PARTEIEN, KIRCHEN
UND DAS ANDERE DEUTSCHLAND

Ich fürchte, daß nun der Eindruck entstanden ist, ich hätte nur Momente der Spannung miterlebt und dies durch Polemisieren. In Wirklichkeit hat es Jahr für Jahr, Jahrzehnt für Jahrzehnt friedliche Aufklärungsarbeit gegeben, freundschaftliches Zusammenwirken mit Menschen, Gruppen, Organisationen. Mit dem ständigen Bestreben, die gesellschaftlichen Kräfte der Bundesrepublik besser kennenzulernen und das erreichte Wissen für diese Aufklärungsarbeit in beiden Ländern zu verwenden. Dabei haben die Medien – Presse, Funk und Fernsehen – ständig eine besondere Rolle gespielt: als Informationsmittel, als Objekt der Beobachtung, als Mittel der Einwirkung und auch als Zielscheibe der Kritik.

Mit Medien streiten

Manche meiner Universitätskollegen haben mich als unseriös betrachtet, weil ich mich journalistisch so stark engagierte. Manche Journalisten haben die professorale Medien-Betätigung wohl als unzulässige Einmischung empfunden. Dies konnte meine Leidenschaft für die Medien jedoch nicht beeinträchtigen – und wäre es auch nur darum gegangen, sie besser zu verstehen. Daher die häufigen Kommunikationsthemen für meine Forschungsseminare am Institut d'études politiques; daher eine gerade Linie von der Leitung des Journalisten-Treffens in Speyer 1948 bis zur »rednerischen« Beteiligung an einer Veranstaltung der Träger der Werbung in den Medien 1990 in der Frankfurter Alten Oper; daher die Verantwortung für die Berliner Begegnung »Neue Medien. Neue Macht«, die Peter Glotz als Senator für Wissenschaft gewollt und sein CDU-Nachfolger (und ehemaliger Student in Paris) Wilhelm Kewenig 1981 im selben pluralistischen Geist hat stattfinden lassen. Ich weiß nicht, ob dieses »Forum Kommunikation« viel bewirkt hat. Mir hat es jedenfalls die Chance gegeben, sehr unterschiedliche, bereichernde Experten kennenzulernen, u. a. den großen Pädagogen Hartmut von Hentig – in seiner Zielrichtung und Charakterfestigkeit bewunderungswürdig, in seiner übertriebenen Kritik an den Medien ebenso zeitfern wie die Kritiker des Druckes zur Zeit Gutenbergs. Und den Physiker Hans-Joachim Queisser, der mir ein Freund geworden ist und von dem ich viel gelernt habe, weil er sich nicht auf seine Arbeit als Direktor des Max-Planck-Instituts für Festkörperforschung beschränkt, sondern sein Wissen für die mitwirkende Beobachtung von Medien- und Wirtschaftstechnik benutzt hat.

Deutscher Presse-Vertrieb, Timmendorfer Strand 1986; Zeitschriften-Verleger, Düsseldorf 1988: Ich durfte beitragen, ich konnte lernen. Die Praxis war mir natürlich noch lieber. So beim »Frühschoppen« und bei seinem Nachfolger, dem »Presseclub«. Wie oft ich bei Werner Höfer gewesen bin, kann ich nicht sagen. Jedenfalls mehrmals im Jahr seit den ersten Anfängen seiner sonntäglichen Sendung. Ich sage es noch einmal: Ich bin ihm tief dankbar. Wofür? Zum Beispiel dafür: Ein Würstchenverkäufer am Münchner Hauptbahnhof überreicht mir einen Spät-Imbiß mit einem »Sie kenn' ich doch! Ach ja, Höfer!« Und immer habe ich sagen können, was ich wollte, auch wenn mit dem Alter Werner Höfer zunehmend versucht war, zu beschwichtigen und Härten zu vermeiden.

Ständiger Mitarbeiter bin ich wenig gewesen. Bei keiner deutschen Zeitung – im Gegensatz zu meiner französischen journalistischen Tätigkeit. Beim Funk nur für eine monatliche Viertelstunde in den Jugendsendungen des Senders Freies Berlin (aber sie hat mir viel gegolten); und zwar dank des ständigen Wohlwollens des Ressortleiters Hans-Peter Tönsgöke, von 1974 bis heute, ohne Unterbrechung. (Jedoch mit einem nicht unwesentlichen Unterschied: Im SFB I gab es viele Hörerbriefe, dann im »Kultur-Ghetto« SFB III das große Schweigen des klein gewordenen Hörerkreises.) Beim Fernsehen: nun fünfmal pro Jahr die anderthalbstündige Diskussion des Südwestfunks »Baden-Badener Disput«. Unter der nachdenklichen Leitung des grundehrlichen und pessimistischen Schweizers Adolf Muschg sowie der ständigen, freundlichen und auch in den Kulissen freundschaftlichen Mitwirkung von Hans Küng und Michael Stürmer. Eine solche Talk-Showentgegengesetzte, lange, dazu noch zu nicht später Stunde angesetzte Sendung wäre in Frankreich kaum denkbar, außer wenn es um Literatur geht, während im deutschen Fernsehen die Sendungen fehlen, die dem französischen Publikum auch schwierige Bücher schmackhaft machen.

Es gibt wohl kein anderes Gebiet als die Medien, auf dem ich so intensiv den deutsch-französischen Vergleich nicht nur betrieben, sondern gewissermaßen erlebt habe – weder um die *FAZ* und die *Süddeutsche* oder die *Welt*, *Le Monde* oder *Le Figaro* gegenüberzustellen noch um herauszufinden, inwiefern *Libération* teilweise mit der *Frankfurter Rundschau*, teilweise mit der *taz* verglichen werden konnte oder kann. Denn jede dieser Zeitungen hat einen besonderen Charakter. Wesentlicher ist es, in beiden Ländern hervorzuheben, wieviel gediegener, solider, informativer die deutsche »Provinz-Presse« sein mag als die französische. Hannover, Stuttgart, Essen, Konstanz . . . Ich könnte die Liste verlängern, mit Namen der Zeitungen ergänzen, die ich häufig mit Profit gelesen, für die ich geschrieben und mit denen ich lange Gespräche geführt habe, die nicht nur auf nüchterne, wissende Fragen zentriert waren, sondern ehrlich und wortgetreu gedruckt wurden.

Aber die französische Presse ist in einem Punkt dennoch haushoch überlegen: In Frankreich gibt es glücklicherweise nichts, was sich mit *Bild* vergleichen ließe! Man braucht nicht Günter Wallraff gelesen zu haben (obwohl es jeder hätte tun sollen!). Es genügt, die Schlagzeilen anzusehen. Nur ein Beispiel – vom 30. Mai 1990, zur dramatischen Zeit der Wiedervereinigung: »DDR-Frauen kriegen öfter einen Orgasmus.« Im ganz klein gedruckten, kurzen Text erfährt man, daß der »Hintergrund dieser Behauptung eine Untersuchung« sei, die »Anfang der 80er Jahre mit Studentinnen in Ost und West gemacht wurde«! Der enorme Titel drückt eine grenzenlose Verachtung aus – für die Frauen und für die menschliche und politische Problematik der sterbenden DDR.

Bei Funk und Fernsehen war der Vergleich lange Zeit nicht allzu kompliziert: In der Vielfalt der öffentlich-rechtlichen Anstalten der Bundesrepublik gab es eine Lebendigkeit und eine Freiheit, die in Frankreich durch die zentrale Regierungsabhängigkeit kaum möglich wären. Im März 1963 schrieb mir Klaus von Bismarck als Vorsitzender der ARD einen vertraulichen Brief. Die französische Regierung hatte der deutschen eine verstärkte Zusammenarbeit auf dem Gebiet des Rundfunks und des Fernsehens angeboten. Die Bundesregierung hatte die ARD zur Stellungnahme aufgefordert, und Klaus von Bismarck wollte »noch etwas präziser über die Situation der RTF (Radiotélévision française) in der französischen Öffentlichkeit« informiert werden. Es traf sich, daß gerade damals die Diskussion in Frankreich sehr heftig war, was 1964 zu einem Gesetz führen sollte, das RTF in ORTF (Office de . . .) umwandelte und mehr rechtliche (aber nicht de facto) Unabhängigkeit von der Regierung garantierte. Ich antwortete:

Ich weiß, daß dies (eine gewisse Liberalisierung) auch der Gedankengang meines Freundes Peyrefitte (Informationsminister) ist, während General de Gaulle anscheinend, von der Feststellung ausgehend, daß es keine »regierungsnahen« Zeitungen gebe, ein regierungsabhängiges Funk- und Fernsehwesen will.

Selbstverständlich kann die Bundesrepublik keinen Druck ausüben. Ganz persönlich aber bin ich der Ansicht, daß jedes Land an dem Bestehen einer liberalen Demokratie im Nachbarland interessiert ist und daß hier die Möglichkeit auftaucht, durch einen taktvollen Einblick in die Gründe eines deutschen Zögerns den hiesigen Weg zu einem BBC-ähnlichen Statut zu ebnen.

In den siebziger und achtziger Jahren veränderten sich die Vergleichselemente: In Frankreich wurde die Gleichsetzung von öffentlich-rechtlich mit regierungsbestimmt weniger üblich, während die deutschen Fernsehanstalten immer mehr zwar nicht von der Bundesregierung oder den Landesregierungen direkt gegängelt wurden, dafür aber von den Parteien, entweder durch direkte Beeinflussung durch »schwarz« oder »rot« oder durch gemeinsame Auferlegung einer Pflicht zur »Ausgewogenheit«, die weniger mit Ehrlichkeit als mit Entmannung zu tun hatte.

Was blieb, war die enorme Überlegenheit der deutschen Berichterstattung über Frankreich, verglichen mit der französischen Berichterstattung über die Bundesrepublik. Das galt und gilt besonders für Funk und Fernsehen, obwohl auch die Anzahl der deutschen Zeitungskorrespondenten und im allgemeinen ihre Kompetenz viel größer sind als die der französischen Zeitungskorrespondenten in Bonn, Frankfurt oder Berlin. Aber die Qualität ist da nicht immer auf derselben Höhe geblieben, insbesondere bei der *Frankfurter Allgemeinen*, die jahrelang in Paul Medina wahrscheinlich über den besten ausländischen Journalisten schlechthin verfügte. Die Fernsehberichterstattung ist vom großen Modell Ernst Weisenfelds geprägt geblieben. Die Zusammenarbeit mit Ulrich Wickert ist ebenso freundschaftlich und für mich bereichernd verlaufen – und dazu viel lustiger –, obwohl Weisenfeld als intimer Frankreich-Kenner einzigartig geblieben ist. Es trifft sich auch, daß deutsche Korrespondenten lange bleiben dürfen: Wie viele junge französische Journalisten sollten in ihrer Frankreich-Kenntnis bei den Pariser WDR- und SDR-Veteranen Bodo Morawe und Klaus Huwe in die Lehre gehen (bei beiden, um Ausgewogenheit zu lernen!)!

In beiden Ländern gibt es natürlich ähnliche Entwicklungen. Die deutsche Realität »Untenhalten durch Unterhalten« gilt auch in Frankreich. Es geht nicht nur um echte Verdummungsprogramme. Es geht auch um das zerstörende Spiel mit Dingen, die kein Spiel sein sollten. Ein Fernseherlebnis 1988: Diskussion mit Eugen Drewermann. Trotz seiner – allerdings damals noch nicht so perfekten – Medienbeherrschung, konnte er auch nicht verhindern, daß unser Gespräch über Religion, Leben und Tod völlig bedeutungslos wurde, weil es ständig von Musikgruppen unterbrochen wurde. Man braucht nicht pedantisch zu sein, um ab und zu zu empfinden, daß Ernstes durch ständige Tändelei entwürdigt wird. Ein Rundfunkerlebnis 1981 war noch schlimmer gewesen: »An was glauben Sie?« war die Frage, an einen Priester und an mich gerichtet. Wir durften alle zwanzig Minuten ein paar Worte sagen, wahrscheinlich zu Zuhörern, die eine Stunde vorher gar nicht dabei gewesen waren.

In beiden Ländern gibt es zuweilen auch die Anmaßung, so sehr im Besitz der Wahrheit zu sein, daß man im Namen der absoluten Redlichkeit Artikel oder Sendungen einseitig schreibt oder gestaltet. Das passiert nicht selten in *Le Monde*. Das war es, was ich Franz Alt freundlich-ironisch in der Laudatio vorwarf, die ich 1987 auf ihn hielt, als er den Siebenpfeiffer-Preis des besten freiheitserpichten Journalisten erhielt. Aber auf deutscher Seite ist die Akzeptanz der Kritik am eigenen Schaffen und Wirken viel größer als in Frankreich. In manchem muß man das leider in der Vergangenheit sagen. Das deutsche Fernsehen hatte hervorragende medienkritische Sendungen, etwa »Betrifft Fernsehen« im ZDF, »Glashaus« bei der ARD. Wie oft habe ich sie in Frankreich beschrieben, gelobt, zur Nachahmung empfohlen! Leider sind sie verschwunden, wie überhaupt die Kritik des Fernsehens an sich selbst. Aber es bleibt vieles.

Im Frühjahr 1989 unterbreitete mir die französische Monatszeitung *GEO* – die französische Ausgabe der von Axel Ganz in Paris mit dem üblichen Erfolg herausgegebenen Bertelsmann-Zeitschrift, – eine doppelte Umfrage über die gegenseitige Einstellung der Franzosen und der Deutschen, und zwar für eine Sondernummer über Deutschland. Ich sollte die Zahlen kommentieren. Am nächsten Tag rief ich an: »Wenn ich kommentiere, muß ich sagen, wie schlecht die Fragen sind. Also besser nicht.« – »Aber wieso? Schreiben Sie doch, was Ihnen richtig scheint.« Und die Umfrage wurde mit meinem ziemlich vernichtenden Kommentar gedruckt.

In Frankreich hatte ich die umgekehrte Erfahrung gemacht, als der *Nouvel Observateur* die angeforderte Kommentierung einer Umfrage über Deutschland schlicht in den Papierkorb warf. Auch war ich freudig erstaunt, von Redaktionen eingeladen zu werden, um mit ihnen lange Diskussionen über den Inhalt ihrer Zeitung zu führen. Beim *Deutschen Allgemeinen Sonntagsblatt*, weil ich diesen Inhalt kritisiert hatte, beim *Stern*, weil es vor einigen Jahren üblich war, einen Außenstehenden mit der politischen Redaktion zu konfrontieren, nachdem man ihm die Nummern der jüngsten Wochen zum eingehenden Einsehen zugeschickt hatte.

Allerdings nimmt man nirgends das Berufsethos völlig ernst, mit Ausnahme vielleicht bei der größten französischen Tageszeitung *Ouest-France*. Um nur ein Beispiel zu nennen: Es ist der Redaktion untersagt, ein Bild eines Mannes in Handschellen zu bringen, denn die werden ja vor jeglicher gerichtlicher Verurteilung angelegt; beim Leser läßt das Gefesseltsein aber die Überzeugung der Schuld des von der Polizei Gefesselten entstehen . . . Man darf, ja, man soll sich gerade auf dieses Ethos berufen, wenn man ein kritischer Mitarbeiter oder Leser sein will. Das habe ich insbesondere beim *Stern* und beim *Spiegel* tun wollen.

1985 schlug mir der Chefredakteur des *Stern* vor, das Vorwort zu einem *Stern*-Buch über die Flick-Affäre zu schreiben.

Nach zwei freundlichen Telefongesprächen schickte ich ihm einen abschließenden Brief:

… Nun haben wir uns darüber geeinigt, daß wir es bleiben lassen, weil ich andere Beispiele der schlechten Geld-Sitten in der Bundesrepublik hinzugezogen hätte, darunter nicht nur die Neue Heimat, sondern auch die »Hitler-Tagebücher«. Ich hätte es im Namen nicht der Ausgewogenheit, sondern der Ausgeglichenheit – und der Vollständigkeit – nicht lassen können. Und für Sie und für die Redaktion wäre der Vergleich nicht druckreif gewesen.

Jeder hat dabei den anderen gut verstanden – aber verstehen heißt natürlich nicht, daß man das Verstandene gut findet.

Sie haben darauf hingewiesen, daß die Redaktion noch unter dem Trauma der Affäre stünde, daß viele Redakteure damals noch nicht dabei waren und daß die anderen damals versucht hätten, sich zu wehren. Ist das nun aber nicht die traditionelle Argumentation, die der *Stern* fast in jeder Nummer mit viel Aggressivität verwirft, wenn es sich u. a. um die deutsche Vergangenheit handelt? …

Im Februar 1989 ging es weniger freundlich zu. Der *Stern* hatte mich eingeladen, einen Beitrag »Die Bundesrepublik ohne Gegenwart?« zu schreiben. Mein Text hatte genau die vorgeschriebene Länge. Dann kam ein Anruf, man müsse leider kürzen. Am selben Abend sei Redaktionsschluß. Ich bestand darauf, den gekürzten Text zugefaxt zu bekommen. Die Redaktion war unvorsichtig genug, mir eine Ablichtung meines Manuskripts mit den durchgestrichenen Stellen zu übermitteln. Ich rief daraufhin an, um die Zurückstellung des Artikels zu fordern, wenn diese Streichungen beibehalten werden sollten, und schlug andere Stellen zur Streichung vor. Es war nämlich nur das weggenommen worden, was der Redaktion politisch mißfiel oder jedenfalls als eine Kritik der politischen Linie der Illustrierten gelten mochte.

… Also sagt man verständlicherweise, mit Helmut Schmidt und Erich Honecker: Nie wieder Krieg von deutschem Boden aus, nie wieder Krieg auf deutschem Boden. (Dies nicht gestrichen. Dann gestrichen:) Wobei man allerdings übersieht, daß man woanders überzeugt ist, … daß Hitler heute noch über Europa herrschen würde, wenn man ihn nicht mit Waffen besiegt hätte …

... (Zu Berlin:) Man braucht heute oder will heute nicht mehr allzuviel daran denken, daß die drei westlichen Vorgesetzten des Berliner Bürgermeisters noch als die Beschützer der Freiheit Westberlins geachtet und gelobt wurden. Und nach einem Flugzeugunglück kann man getrost so tun, als wisse man nicht, daß diese Alliierten seit über dreißig Jahren nicht mehr als Besatzungsmächte, sondern als erwünschte Verteidiger auf dem Boden der Bundesrepublik stehen ...

... Und warum gleich ein mythisches Mitteleuropa – mit Abbruch von der Sowjetunion einerseits, von der EG andererseits, mit manchmal beinahe komischen Tonschlägen, wie die Berufung auf die traditionellen deutsch-polnischen Gemeinsamkeiten: Gott behüte Polen vor der Wiederkehr der deutsch-polnischen Vergangenheit!

Dies alles gestrichen, während Stellen über Technologie oder Fernsehen unberührt geblieben waren. Ich wollte mich nicht zufriedengeben, protestierte bei Gruner & Jahr und griff zur Erpressung: Da ich in den nächsten Wochen mehrmals im deutschen Fernsehen auftreten sollte, würde ich jedesmal die gestrichenen Stellen verlesen! Schließlich gewann ich – halb. Der Beitrag erschien mit den von mir vorgeschlagenen Schnitten, aber er fehlte völlig in der Inland-Hauptausgabe, wo er durch etwas ganz Dringliches ersetzt werden mußte! Im Ausland und in der von Hamburg fernen Provinz durfte er gelesen werden.

Bereits in meinen ersten Büchern hatte ich den *Spiegel* als zugleich Demokratie-fördernd und Demokratie-schädigend dargestellt. Mit dem damaligen Pariser Korrespondenten, dann außenpolitischen Redakteur Dieter Wild ist die freundschaftliche Verbindung nie abgerissen. Trotz mancher nicht notwendigerweise freundlichen Auseinandersetzung. Nicht über meine *Spiegel*-Interviews oder -Artikel, da hat es nie Probleme gegeben; aber über Voreingenommenheit des Magazins in manchen Belangen und seine Art, von allem nur das Negative zu berichten. Rudolf Augstein hat immer Feindbilder gebraucht: Franz Josef Strauß, Reagan, den Papst. Die ganze Zeitung ist nie Frankreich-freundlich gewesen. 1986 führte das zu einer ziemlich harten Diskussion mit Dieter

Wild, brieflich und telefonisch (wobei es schließlich auch darum ging, daß *Der Spiegel* die schöne Abschiedsrede von Helmut Schmidt hart und hämisch kritisiert hatte, ohne sie überhaupt nur zu zitieren). Nach einigem Hin und Her wurde ein (zu langer: drei ganze Schreibmaschinenseiten) Beitrag abgelehnt, in dem ich eine *Spiegel*-Nummer eingehend kritisierte; nicht einmal als Leserbrief durfte er erscheinen.

Wem gilt die Sympathie des *Spiegel*, jungen »westdeutschen Autonomen« oder den Franzosen, angefangen mit François Mitterrand und Jacques Chirac? Nach den Nummern 35 und 36 scheint doch die Antwort recht eindeutig zu sein.

... (Dieter Wild hatte geschrieben:) »Die Entente cordiale mit Paris ist politisch genauso unbedeutend geblieben wie zu Zeiten Adenauers und de Gaulles.« Was seit Kriegsende von unten und seit 1950 von oben überwunden, gelöst, gezeitigt wurde, verdient gar nicht der Erwähnung ... In der Cover-Story »Gefährlicher Atomnachbar Frankreich« – mit dem düsteren Gruselbild der Titelseite – steht nichts von all den gemeinsamen Ausschüssen, von den gemeinsamen Schlußfolgerungen, von den Abkommen, die es seit mindestens 1973 gegeben hat und gibt. Zum Beispiel dem 1982 abgeschlossenen Bericht, der die Sicherheitsbedingungen des französischen Cattenom und des deutschen Philippsburg verglich und ihre Äquivalenz betonte.

... Der Kronzeuge ist Jo Leinen (der saarländische Umweltminister). Was ihn dazu qualifiziert, hat der sorgfältige *Spiegel*-Leser ein paar Seiten danach erfahren können. »Im Saarbrücker Umweltministerium wurde der Horror-Report (ein Fernsehfilm über Cattenom) intern als ›größter anzunehmender Unfug‹ bewertet. Aber Minister Jo Leinen ließ den Unfug erst einmal zehn Tage lang aufs Volk wirken, ehe er dementierte. Die Ente, so wurde umweltamtlich mitgeteilt, habe dazu beigetragen, ›daß die jetzt wenigstens in Bonn mal aufgeschreckt sind‹.«

(Den Autonomen wurden überhaupt keine verfänglichen Fragen gestellt). Sie dürfen unwidersprochen erklären, wie legitim das Umlegen von Strommasten ist. (Sie sagen, daß ihnen der Mord am Siemens-Manager Beckurts nicht leid tut und daß sie »nach einer herrschaftsfreien Gesellschaft streben«.) Man könnte fragen, ob Mord nicht eine sehr harte Form der Herrschaft ist, aber der *Spiegel* fragt nicht weiter. Als handle es sich um ein Interview von Breschnew oder Andropow. Sowjetische Führer werden halt milde befragt. So wie überhaupt nach Tschernobyl Frankreich und nicht die Sowjetunion in der Bundesrepublik unter Anklage steht ...

Mit Parteien leben

Daß *Der Spiegel* ohne Sympathie über Frankreich schreibt, konnte und kann mich irritieren, aber nicht erstaunen: Wem steht denn eine Zeitung überhaupt mit Sympathie gegenüber, wo sie doch über alles und alle eher herabsetzend schreibt? Das galt und gilt ganz besonders für die Parteien, denen man gewiß viel vorwerfen kann und soll, die es aber auch nicht verdient haben, nur in ihren negativen, ihren menschlich-allzu menschlichen Aspekten dargestellt zu werden. Die »Parteienverdrossenheit« ist nicht durch ständige Herabsetzung entstanden. Das zeigt schon die Feststellung, daß es sich keineswegs um ein rein deutsches Phänomen handelt. Seit einigen Jahren verkünde ich sogar mit nationalem Stolz in Deutschland, daß der Unwille gegenüber den Parteien bei uns in Frankreich noch viel, viel größer und tiefer ist! Aber die Millionen von *Spiegel*-Lesern sind gegen jegliches Verständnis für die Nöte, die echten Sorgen und die Verdienste der Politiker und der Parteien immun gemacht worden.

Ja, die Bundesrepublik ist weitgehend ein »Parteienstaat«. So haben es die Väter des Grundgesetzes gewollt, als sie den Artikel 21 niederschrieben. Der Plural »die Parteien« bewies und festigte die Ablehnung des Monopols eines Mannes oder (und) einer alleinherrschenden Partei. Eine solide, voll legitimierte Opposition – wie hätte sie denn unstrukturiert bestehen können? Die Gefahr war dabei von Anfang an, daß die Formulierung »wirken bei der politischen Willensbildung des Volkes mit« vergessen würde und die in diesem Anspruch verbündeten Parteien alle anderen Mitwirkenden beiseite schieben würden. Das Parteiengesetz von 1967 drückte diese Versuchung in seinem langen, grundsätzlichen Artikel 1 aus. Wenn es da heißt, die Parteien führen »die von ihnen erarbeiteten politischen Ziele in den Prozeß der staatlichen Willensbildung« ein, so mag man den Eindruck haben, die Gemeinschaft der Parteien übernimmt weitgehend die Funktion einer

Einheitspartei, mit ähnlicher Vernachlässigung des parteien-fernen Bürgers. Wie viele Deutsche in den »neuen Ländern« haben nicht heute genau diesen Eindruck?

Aber heute mehr denn je soll anerkannt werden, was man an den Parteien hat, wie sehr sie wirklich Wesenselement der freiheitlichen Demokratie sind. Man sollte sie in Schutz nehmen – nicht nur gegen den *Spiegel*, mitunter sogar gegen die harte Kritik des Würdigsten aller Bundespräsidenten. Ich bin dabei sicher, daß ich den Vorwurf nicht verdiene, zu wenig zu wissen über »Seilschaften« und Kumpanei, über egoistische Machtgelüste und Geldaffären. Mir wäre natürlich lieber, all dies gäbe es nicht. Und doch bringe ich immer noch meine Erfahrungen mit, meine Kontakte zu bundesdeutschen Parteien zu einem positiven Gesamturteil, auch weil ich ständig mit der schlimmeren französischen Situation vergleiche.

Der Leser wird sich nun vielleicht dieselbe Frage stellen, die mir oft in beiden Ländern, manchmal mit viel Aggressivität, gestellt worden ist: »Sie verteidigen die Parteien. Sie fordern auf, dort mitzumachen, statt von außen zu kritisieren. Sind Sie denn in einer Partei? Nein? Welcher Widerspruch! Warum eigentlich nicht?« Erste Antwort – zugleich aufrichtig und etwas heuchlerisch: »Um das Engagement in den Parteien predigen zu können! Denn wenn ich einen Zettel mit einer Parteizugehörigkeit im Rücken haften hätte, so würde ich kaum noch Gehör finden.« Zweite Antwort – ganz ehrlich, aber nicht im Widerspruch zur ersten: »In Wort und Schrift wäre ich nicht mehr frei, denn ein Minimum von Parteidisziplin, von Verschwiegenheit über Interna, von Distanz zu den anderen ist unbedingt notwendig. Was mich in diesem Punkt von vielen anderen Intellektuellen unterscheidet, ist, daß ich aus meiner Freiheit kein Gefühl der Überlegenheit ableite denen gegenüber, die sich engagiert haben und sich eine Selbst-beschränkung auferlegen. Im Gegenteil: Ich empfinde eher das ungute Gefühl einer Narrenfreiheit, mit einer gewissen Dosis von Verantwortungslosigkeit vermengt.«

Was ich in Frankreich wähle, habe ich bereits gesagt. In Deutschland habe ich keinen Grund, nicht zu antworten, wenn ich gefragt werde, was ich gewählt hätte, wäre ich deutscher Bürger gewesen: fast immer SPD, im allgemeinen ohne Begeisterung. Mitunter vielleicht auch nicht: 1953 war die Partei wirklich sehr europafeindlich; 1983 hatte die Partei den Sturz Helmut Schmidts mehr verschuldet als die FDP; 1990 fand ich Oskar Lafontaine genauso unverantwortlich wie Helmut Kohl. Im Namen einer christlichen Partei sagte der Kanzler: »Seid beruhigt: Die Wiedervereinigung wird keine Opfer von euch verlangen!«, während der Kandidat für seine Nachfolge im Namen einer sich auf Solidarität berufenden Partei verkündete: »Er lügt: Mit ihm wird es euch viel kosten. Mit mir nicht!«

Die Vergangenheit hat selbstverständlich von Anfang an eine Rolle gespielt. Die von 1933: Jedesmal wenn ich Kurt Schumacher zu hart, zu aggressiv, zu doktrinär fand, las ich wieder die Information, die der Stuttgarter *NS-Kurier* am 12. Juli 1933 veröffentlicht hatte:

Wie wir von zuständiger Seite erfahren, wurde der berüchtigte sozialdemokratische Reichstagsabgeordnete Schumacher verhaftet. Die politische Polizei hat seine Überführung auf den Heuberg (ein KZ) angeordnet. Mit Dr. Schumacher ist einer der schamlosesten sozialdemokratischen Hetzer unschädlich gemacht worden ... Seine Auswürfe gegen die national-sozialistische Freiheitsbewegung waren so abgrundtief, daß Dr. Schumacher nicht mehr erwarten kann, als politischer Gegner, sondern nur noch als kriminell gewertet zu werden.

Die von 1946: Jedesmal wenn ich über übertriebene Freundlichkeit zu Honecker empört war, erinnerte ich mich daran, daß die SPD mehr als drei Jahre vor der Gründung der Bundesrepublik in der sowjetischen Besatzungszone zwangsvereinigt, also vernichtet worden war (und auch, daß mir Egon Bahr als Pressereferent des Berliner Bürgermeisters 1961 nach dem Mauerbau vorgeworfen hatte, die DDR nicht hart genug, ohne Bezug auf jegliche Erklärung, verdammt zu haben ...).

Ich habe mich über das Godesberger Programm gefreut. Seit Ende der sechziger Jahre habe ich kein rechtes Verhältnis mehr zu den Jusos. Warum, das mag aus der Antwort herausgelesen werden, die ich der Presse anläßlich der Verleihung des ersten Carlo-Schmid-Preises an Klaus von Bismarck gab. »Wieso sitzen Sie in der Jury, die doch vom Landesverband einer deutschen politischen Partei ernannt, einberufen und geleitet wurde?« – »In der Begründung der Preisschaffung sprach die SPD von einem Toleranz-Defizit in der Bundesrepublik. Nicht von einem Theorie-Defizit. Da habe ich gleich ja gesagt!«

Gewiß beruhte die Intoleranz innerhalb der Partei auf Gegenseitigkeit. Deswegen habe ich auch nach der Bundestagswahl vom 5. Oktober 1980 (die mehr eine – von mir eher freudig betrachtete – Niederlage von Franz Josef Strauß als einen Sieg von Helmut Schmidt bedeutete) in einem »Erneuert die CDU!« betitelten Artikel im sozialdemokratischen *Vorwärts** geschrieben:

Die Versuchung einer Oppositionspartei liegt darin, unrealistisch und demagogisch zu reden. Die Versuchung der Regierungspartei liegt darin, überhaupt nicht mehr zu sprechen ... Keine Regierung akzeptiert es gern, aber es ist völlig normal, daß die Partei nicht nur als Transmissionsriemen des Regierungswillens dient.

Aber dann prasselten Worte und Gesten der Intoleranz auf die Gemäßigten, die Aufgeschlossenen herab. Wie unfair sind doch Leute wie Gesine Schwan und Karl Kaiser behandelt worden, was mich um so mehr schockierte, als es Freunde waren, mit denen ich meist übereinstimmte. Und doch wußte ich wieder genau, was mich mit der SPD verband, als 1984 ein kleiner rororo-Band erschien. Herausgegeben von Erhard Eppler, trug er den Titel *Grundwerte für ein neues Godesberger Programm. Die Texte der Grundwerte-Kommission der SPD.* Die Kommission, unter dem Vorsitz von Erhard Eppler und mit dem würdigen, ewig-jungen, weisen Richard Löwen-

* Text in *Versuchte Beeinflussung*

thal als Stellvertreter, ist zur Einstimmigkeit gelangt. Innerhalb der Partei, aber auch außerhalb, in Universitäten und Schulen, hätten die ersten Absätze der »Schlußbemerkung« des Berichts verteilt, gelesen und überdacht werden sollen:

Die Kommission hat auch bei der Arbeit, deren Ergebnisse hier komprimiert sind, die Erfahrung gemacht, daß die Diskussion von Grundsatzfragen nicht zu neuen Polarisierungen führt, sondern eher geeignet ist, bestehende abzubauen. In der Kommission sind die wichtigen geistig-politischen Strömungen, die heute in der SPD wirksam sind, zu Wort gekommen.

Dabei sind Differenzen präzisiert, aber auch auf ihren Kern reduziert worden. Die Mitglieder der Kommission haben ständig voneinander gelernt und Auseinandersetzungen, die auf einem falschen Bild des jeweils andern beruhten, zu den Akten gelegt ...

Unsere Arbeit über das Godesberger Programm hat eher integrierend als polarisierend gewirkt.

Ich bin vermutlich zu sentimental, aber diese Schlußaussage des Berichts vom 14. Januar 1984 entspricht so sehr meiner Grundeinstellung, daß ich sie bewegend fand und heute noch finde. Der ganze Text steht darüber hinaus im Zeichen der drei Grundwerte, auf die ich seit eh und je mein Denken und Handeln beziehe. Auf der Titelseite des rororo-Bandes steht die Devise der Französischen Revolution, *Freiheit, Gleichheit, Brüderlichkeit.* Im Bericht wird völlig richtig festgestellt, daß dies heute als *Freiheit, Gerechtigkeit, Solidarität* zu lesen sei. »In jedem Grundwert schwingen die beiden anderen mit.«

Freiheit verwirklicht die Würde des Menschen, die in seinem Anspruch auf Selbstverantwortung liegt.

Gerechtigkeit ist die Forderung nach gleicher Freiheit für jedermann.

Solidarität drückt die Erfahrung und die Einsicht aus, daß wir als Freie und Gleiche nur dann menschlich miteinander leben können, wenn wir uns füreinander verantwortlich fühlen ...

Es trifft sich, daß ich für ähnliches ganz besonders bei der Jungen Union ein offenes Ohr gefunden habe. Auch wenn ich mich immer darüber mockiert habe, daß man in der Bundesrepublik bis zu seinem 35. Lebensjahr »jung« bleiben darf, das heißt bis zu einem Alter, in dem ein François Mitterrand schon mehrmals Minister a. D. gewesen war! Matthias Wissmann, Christoph Böhr, Hermann Gröhe ... Die Partei hat unrecht, die Vorsitzenden der JU ohne allzu großes Wohlwollen zu betrachten und später zu behandeln. Oft habe ich mich an Artikeln gestoßen, die in *Die Entscheidung* standen, das heißt in der von mir, aber nur von wenigen Mitgliedern, gelesenen Monatszeitung der Organisation. Aber ich bin immer wieder darüber erstaunt gewesen, wie kritisch ich darin zu Wort kommen durfte. Oder wie mich in der ersten Nummer von 1976 der Chefredakteur Bernd Jungeblut, den ich gut kannte, samt meiner Friedenspreisrede gegen die Harten in der CDU verständnisvoll verteidigt hat.

Als Bundestagsabgeordneter hat Matthias Wissmann später den Vorsitz einer Enquête-Kommission zur Jugendproblematik geführt, deren Ergebnisse er 1983 in seinem Buch *Einsteigen statt Aussteigen* vorgestellt hat. Da ich auf seine Aufforderung das Vorwort geschrieben hatte, stellte ich den Band mit ihm vor, zusammen mit dem Bundesminister für Jugend, Familie und Gesundheit. Ich flüsterte Heiner Geißler lächelnd zu, es sei doch recht kompromittierend für mich, mit ihm fotografiert zu werden: Damals war er ein harter, nicht gerade fortschrittlicher Generalsekretär der CDU, der wenig Einsicht für das Gesellschaftskritische zeigte, das die Junge Union bewegte. Als Geißler 1989 das Generalsekretariat verlassen mußte, galt er als »links« – zu links. Sein Nachfolger Volker Rühe hat jedenfalls dem Anschein nach die entgegengesetzte Entwicklung durchgemacht: Auch Parteileute sind entwicklungsfähig, obgleich die Veränderung nicht immer die vom Beobachter gewünschte ist!

Solche Schwankungen werden von den Jüngeren mit gemischten Gefühlen wahrgenommen. Gewiß gehen nicht wenige zur JU, um so schnell wie möglich in eine Seilschaft zu kommen, die sie emporzieht. Aber andere wollen wirklich aus echter Überzeugung zur Politik und sind gewillt, ihren

Standpunkt zu überprüfen, die Grundlagen ihres Engagements zu überdenken und unbequeme Realitäten in Betracht zu ziehen. 1982 wollte die JU ihren »Deutschlandtag« der »Reform des Parlamentarismus« widmen. Der Entwurf der Grundsatzanalyse wurde mir zur Kommentierung geschickt.* Im November 1984 fand in Oldenburg eine Tagung des Rats der Jungen Union Niedersachsen statt. Ich sollte helfen, daß das Überdenken der Ethik in der Politik nicht in Anbetracht der Parteienfinanzierungsskandale zur Entmutigung und zur Verbitterung führe. Die meisten Anwesenden konnten das völlige Unverständnis nicht nachvollziehen, das ihrer Ansicht nach die Bonner Politiker – vor allem die der CDU – für das Angeekeltsein der Jugendlichen zeigten.

Vier Jahre später forderte ich die Teilnehmer des Deutschlandtages in Baden-Baden am Nachmittag auf, das am Vormittag Erlebte durch internationalen Vergleich höher zu bewerten. Der Bundeskanzler und Parteivorsitzende hatte ihnen nämlich vier Stunden lang Rede und Antwort gestanden und sogar seinen Hubschrauber nach Bonn warten lassen, um allen zu ermöglichen, ihn mit harter Kritik zu überhäufen. Ich habe Helmut Kohl in seiner Art, mit der JU zu diskutieren, sehr bewundert, und sei es nur, weil ich dabei dachte, daß kein französischer Politiker, noch weniger als Parteichef oder Premierminister ähnliches gemacht hätte. Höchstens ein kurzer Besuch mit langer Ansprache und leutseligen Antworten auf einige wenige Fragen – zu mehr wäre es nicht gekommen!

Ich bin nicht sicher, ob beim Treffen von JU-Verantwortlichen, das im Mai 1991 auf Schloß Banz stattgefunden hat, der kritische Geist ebenso wach war, um die Probleme der neuen Länder nicht allzusehr durch die Brille der alten Bundesrepublik zu betrachten. Dies war jedenfalls nicht dadurch bedingt, daß das Kloster Banz nicht weit von Bayern liegt, obwohl gerade bei den bayrischen Christdemokraten der

* Text in *Die Entscheidung*, 1982, 9

Hang zur Eigenkritik nicht besonders verbreitet ist. Bei einer Begegnung der Jungen Union zeigte sich die Delegation aus Bayern ziemlich erzürnt über eine meiner Aussagen. Es ging um die »Nestbeschmutzung« der Bundesrepublik. Ich behauptete, daß Heinrich Böll und Günter Grass bei aller Kritik an der Bundesrepublik im Ausland viel mehr Sympathie für diese zeitigten als Franz Josef Strauß. Daß der große Mann Bayerns keineswegs dem karikaturalen Bild entsprach, das *Stern* und *Spiegel* von ihm ständig gaben, habe ich nie bestritten. Aber mit der Brutalität seiner Verdammungen und Verleumdungen anderer – von Willy Brandt bis Helmut Kohl –, mit seinem Hang zu in die Kategorien Gut und Böse säuberlich unterscheidenden Vereinfachungen hat er Deutschland nicht gedient. Meine Beziehungen zu seiner Partei sind nie besonders herzlich gewesen, besonders nach der Friedenspreisrede, die mich als eine Art Sympathisanten der DKP und des Terrorismus erscheinen ließ. Meine Stellungnahme für die Pershing II machte mich wieder hoffähig. Und mit jemandem wie Edmund Stoiber an einer Debatte teilzunehmen ist ebenso angenehm wie nützlich – für sich selber und für die Zuhörer.

Mit Partei-Instanzen der FDP habe ich eigentlich nie zu tun gehabt. Weil die Partei klein ist? Ich glaube nicht. Eher weil sie stets eine Art Doppelpartei gewesen ist, dank der Möglichkeit, dem Liberalismus zwei sehr verschiedene Bedeutungen zu geben. Einerseits geht es um Freiheit des Geistes, um Erweiterung der Grundrechte, um Ablehnung jeglicher Form des Klerikalismus und der Intoleranz. Andererseits beruft man sich auf einen uneingeschränkten Wirtschaftsliberalismus, auf eine Marktwirtschaft, die durch das Wort *sozial* in ihrer freien, das heißt zügellosen, Entfaltung unziemlich beeinträchtigt werde. Theodor Heuss verkörperte die erste Richtung, Graf Lambsdorff bringt die zweite zum oft hochmütigen Ausdruck. Gewiß drücke ich mich parteiisch aus, denn meine Sympathie und meine Freundschaft galten und gelten eindeutig der links-von-der-CDU angesiedelten FDP und nicht der, die ihren großen Partner rechts überholen will. Dabei möchte ich die Frage vermeiden, wo ich jemanden wie Hans-Dietrich Genscher vermute. Ich müßte mit einem unsicheren »dazwischen« oder eher mit »darüber« antworten. Daß er 1982 gewissermaßen Kohl für Schmidt ausgetauscht hat, kann ich ihm kaum zum Vorwurf machen: Er ist derselbe hervorragende, zielsichere Außenminister geblieben. Und daß seine Partei als Pendler-Partei mit weniger als einem Zehntel der Wählerstimmen zuviel Macht hat, das war von Anfang an die Konsequenz des Systems der Verhältniswahl mit einer Fünf-Prozent-Klausel. Mir ist dieses System viel lieber als das britische: Auch mit 20 Prozent der Stimmen bekommt die dortige Liberale Partei nur zwei Prozent der Mandate, was noch viel ungerechter ist!

Mit den Grünen als Partei habe ich wenig zu tun gehabt. Ich darf da wohl von Glück sprechen, denn ich war immer erstaunt über die Fähigkeit von Menschen, die Frieden und Sanftmut predigen, sich untereinander mit an Haß grenzender Wut zu bekämpfen. Die ruhige, verantwortungsbewußte Art von Joschka Fischer lag mir selbstverständlich mehr als öffentliche intolerante Ausbrüche von Jutta Ditfurth. Ich sage »öffentlich«, weil ich sie bei einem schönen Bertelsmann-Gespräch in Gütersloh ganz anders, das heißt, bei allem Überzeugungswillen ruhig und auf die Gesprächspartner eingehend, erlebt habe.

Aber wie oft galt es doch, über die Grünen und zu den Grünen zu sprechen! Um sie zu verteidigen, etwa vor der Jungen Union, aber noch viel mehr in Frankreich. Nicht so sehr, weil der Schutz der Umwelt dort lange Zeit kein Thema in Politik und Gesellschaft gewesen ist. Es ging mehr um die ständige Beschuldigung, diese Grünen seien doch zugleich ziemlich rot und etwas braun. Aber der Dogmatismus, die Vereinfachungen, die Verleugnung vieler Realitäten, die oft irrationale Technologie-Feindlichkeit – die galt es vor »grünen« Publiķümern mit einiger Ironie zu kritisieren. Und mit viel Provokation. Indem man z. B. Frauen fragt, ob sie für die Natur und gegen die böse Chemie seien, um nach der energischen Ja-Antwort logisch folgern zu können, daß sie also die Pille ablehnen sollten ...

Die Kirchen und die Gemeinsamkeit in der Ethik

Ähnliche, gewiß nicht überzeugende Scherze mache ich gern in katholischen Kreisen. Wenn die Kirche ihre merkwürdige Sexualmoral (wie kann man zugleich gegen Abtreibung und gegen Verhütung sein?) wirklich ernst nimmt, dann sollte sie allen Katholiken die umgekehrte Knaus-Ogino-Methode vorschreiben: »Ihr dürft nur während der drei fruchtbaren Tage. Am vierten handelt es sich schon um Veruntreuung!«

Aber da ich Kirchen und Glauben ernst nehme, spreche ich mit Kirchenleuten und anderen Gläubigen eher ernst. Vielleicht ist das so, weil ich von Kindheit an weder an einen Gott noch an eine Schöpfung, noch an ein mögliches Leben nach dem Tod geglaubt, sondern stets versucht habe, mein Leben auf Grundwerte auszurichten – ich habe mich in religiösen Kreisen immer wohl gefühlt, wenn man sich dort auf dieselben Werte berief. Ich habe mich nie in Revolte gegen eine Kirche definieren müssen; ich habe nie Zurückhaltung üben müssen, weil ich eine Gefahr verspürt hätte, »verführt« zu werden. Die Mitarbeit hat mir immer Spaß gemacht. Ich habe eher zufrieden gelacht, als mir zwei befreundete Jesuiten am selben Tag drei anonyme Briefe schrieben: einen an Pater Grosser bei der katholischen Tageszeitung *La Croix*, einen an Pfarrer A. G. bei der evangelischen Wochenzeitung *Réforme*, einen an Rabbiner A. G. bei der jüdischen Monatszeitung *Evidences*; ich war Ende der fünfziger Jahre in der Tat ständiger Mitarbeiter aller drei.

Aber die drei standen für mich nicht auf derselben Ebene. Seit über vierzig Jahren fühle ich mich in bezug auf den französischen Katholizismus ebenso draußen/drinnen wie in Deutschland. Nach 1945 war die humanistisch-laizistische geistige Quelle in Frankreich etwas ausgetrocknet. Wollte man als Zwanzigjähriger schöpferisch mitwirken, so boten sich eigentlich nur die kommunistische Partei und die erneuerte, tolerante, auf einer soliden Sozialethik begründete katholische Jugend- und Erwachsenenarbeit. Ich wurde schnell zum »Insider«/Außenseiter. Meine engsten Freundschaften, mein dichtester Freundeskreis verbinden mich mit gläubigen Katholiken. Und als meine Frau, katholisch von Geburt, zur Zeit der Heirat ungläubig, nach zwanzig Jahren Ehe zum Glauben gelangt ist, neu studiert hat und seitdem vielfältige Kirchenarbeit leistet, habe ich dies als etwas Schönes für sie und als eine Herausforderung für mich empfunden, mir in meinen moralischen Ansprüchen noch treuer zu bleiben.

All dies ist aber nur möglich gewesen, weil sich die katholische Kirche, ganz besonders in Frankreich, seit dem Krieg und dann – für mich noch erfreulicher – Mitte der sechziger Jahre dank des Konzils Vatikanum II wirklich verändert hat. Das heißt zwar nicht, daß sie nicht im allgemeinen weiterhin verkündet, wie es der verständnisvolle Papst Johannes XXIII. in der Enzyklika *Mater et Magistra* geschrieben hat: »Die sittliche Ordnung hat nur in Gott Bestand. Wird sie von Gott gelöst, löst sie sich selber auf.« Aber glücklicherweise denken und handeln viele Katholiken – darunter Priester und auch Bischöfe – im Sinne der Formulierung, die ein befreundeter Dominikaner, heute an der Spitze der Provinz von Lyon, einer kleinen theologischen Bücherreihe als Leitsatz gegeben hat:

Der Glaube an Gott ist nicht nötig, um eine Moral zu begründen. Die Moral gehört nicht den Kirchen. Behaupten, wie es Dostojewski tat, daß, »wenn es Gott nicht gibt, alles erlaubt ist«, bedeutet, daß man sich eine klägliche Idee macht vom Menschen, von Gott und von der Moral.

Es ist nicht sicher, ob ein deutscher Dominikaner, der sich so ausgedrückt hätte wie Jean-Pierre Lintanf, nicht gemaßregelt worden wäre. Denn die Unterschiede zwischen dem deutschen und dem französischen Katholizismus waren groß und bleiben nicht unwesentlich. Und das fängt schon beim Geld an. Was ist ein deutscher Bischof? frage ich oft. Jemand, der von der Armut spricht. Und ein französischer? Jemand, der arm ist. Es gibt keine Kirchensteuer in Frankreich. Von der Armut des französischen Klerus kann man sich in Deutschland nur schwer eine Vorstellung machen. Im Privatleben wie in der Arbeit. Der Generalvikar eines durchschnittlichen französischen Bistums erzählte mir, er habe Besuch von einem deutschen Kollegen gehabt: »Wie ist Ihr Sekretariat ausgestattet?« fragte dieser. »Ich verstehe die Frage nicht. Ein junger Priester hilft mir ein paar Stunden in der Woche.« – »Nein, ich meine Sekretäre, Schreibkräfte.« Es stellte sich heraus, daß das kleine deutsche Bistum besser ausgerüstet war als das gesamte Erzbistum Paris.

Die französische Kirche hat sich in den letzten Jahrzehnten auch früher und vollständiger zum Evangelium bekehrt als die deutsche. Ich schreibe das beinahe ohne Ironie, denn es geht hier um Wesentliches. In der Parabel vom Samariter wird die Frage gestellt: »Wem hat er sich als Nächster erwiesen?« Der Nächste, das ist jahrhundertelang vorwiegend der Katholik gewesen. Nun ist die Parabel genauer gelesen worden: Der Nächste, das ist vor allem der Leidende, der Verfolgte, auch wenn er nicht katholisch ist, auch wenn der Verfolger dem Katholizismus angehört.

Gerade in bezug auf Verbrechen der Vergangenheit nimmt die katholische Kirche Frankreichs diese Wandlung viel ernster als die deutsche. Zur Zeit der Dreyfus-Affäre, im letzten Fünftel des vorigen Jahrhunderts, war der Antisemitismus von *La Croix* erschreckend. Manche Artikel hätten später in Julius Streichers *Stürmer* stehen können. Deswegen hat die Zeitung nach 1945 einem jungen Historiker ihre Archive geöffnet und ihm bei der Ausarbeitung seines Buches *La Croix et les Juifs* geholfen. Als 1991 offenbar wurde, daß Paul

Touvier, ein verbrecherischer Komplize der Gestapo in Lyon, vierzig Jahre lang in Klöstern versteckt gewesen war und von hochgestellten Geistlichen unterstützt wurde, hat Kardinal-Erzbischof Albert Decourtray beschlossen, eine Historiker-Kommission einzusetzen und ihr Zugang zu allen Dokumenten zu gewähren. Daraus ist ein dickes, einsichtiges, aber gewiß nicht nachsichtiges Buch entstanden, das im letzten Kapitel viele harte Betrachtungen über manche Einseitigkeiten der katholischen Kirche enthält.

Es war derselbe Kardinal, der im Fernsehen gefragt worden war, ob für ihn, der sich ständig für die arabischen Immigranten einsetzte, der Antisemitismus etwas Besonderes sei. Dies treffe vierfach zu, antwortete er. Als Christ sei er Sohn Abrahams. Als Christ glaube er, daß Gott als Jude, Sohn einer Jüdin, Mensch geworden sei. Die Vernichtungslager hätten sich auf christlicher Erde befunden, und die meisten Henker seien christlich getauft gewesen. Man kann wirklich nicht behaupten, daß sich die katholische Kirche in Deutschland je so ausgedrückt hätte.

Der furchtbare Aufruf der österreichischen Bischöfe vom 18. März 1938, die Gebete im Katholischen Feldgesangbuch von 1939, der Antisemitismus so vieler Bischöfe und all das, was nur in einem kirchlichen Text ganz klar zum Ausdruck gekommen ist – die Kirche will sich nur ungern daran erinnern. Der Text, das ist die Schlußverkündung der Würzburger Gemeinsamen Synode der Bistümer in der Bundesrepublik Deutschland von 1975. Da hieß es:

Wir sind das Land, dessen jüngste politische Geschichte von dem Versuch verfinstert ist, das jüdische Volk systematisch auszurotten. Und wir waren in dieser Zeit des Nationalsozialismus, trotz beispielhaften Verhaltens einzelner Personen und Gruppen, aufs Ganze gesehen doch eine kirchliche Gemeinschaft, die zu sehr mit dem Rücken zum Schicksal dieses verfolgten jüdischen Volkes weiterlebte, deren Blick sich zu stark von der Bedrohung ihrer eigenen Institutionen fixieren ließ und die zu den an Juden und Judentum verübten Verbrechen geschwiegen hat.

Um solches klarzumachen, nahm ich 1980 die Einladung an, am Forum »Mit der Schuld der Väter leben« des Katholikentags in Berlin teilzunehmen. Die Leitung war dem Historiker Hans Buchheim anvertraut worden. Diesem schrieb ich drei Wochen vor der Diskussion recht mißmutig. Mir waren die Texte der einleitenden Referate zugegangen, die ich als vorsichtig und schönend empfand.

... Nun werden die Vorträge mehr als eine Stunde dauern, und wir sind sechs Diskussionsredner. Ich sage es ganz deutlich: Sollte ich nicht mindestens zwanzig Minuten haben, um wenigstens notdürftig darzustellen, was für mich die eigentliche Problematik ist, so würde ich es bei weitem vorziehen, gar nicht zu sprechen und nicht durch mein Dabeisein einer am Wesentlichen vorbeigehenden Debatte so etwas wie eine zusätzliche moralische Garantie zu geben.

Dies wurde mir schließlich zugestanden, was mir dann um so unerläßlicher erschien, als ich am 6. Juni gegen die anderen Teilnehmer der Runde zu sprechen hatte. Das Referat von Werner Nachmann, Präsident des Zentralrats der Juden in Deutschland, enthielt keinerlei Kritik an der Vergangenheit der katholischen Kirche. Eine solche Kritik war auch im Referat des Theologie-Professors Karl Lehmann (künftiger Vorsitzender der Deutschen Bischofskonferenz) nicht zu finden. Die beiden Prälaten, die dann an der Debatte teilnahmen, regten sich etwas über meine Frage auf, warum nicht klar gesagt werde, daß unter den »schuldigen Vätern« viele Bischöfe gewesen seien. Ich fand jedoch eine lebhafte Unterstützung bei dem jüngeren Teil des Publikums im großen Saal.*

Heute würde ich immer noch ähnlich zu sprechen haben. Nur gäbe es zwei weitere Bezüge zur Gegenwart. In ganz Osteuropa und auch in der ehemaligen DDR ist es zu einem Wiederaufleben des Antisemitismus gekommen. Mehr denn

---

* Zur Vergangenheitsproblematik der deutschen Kirchen, vgl. Kap. 3: »Die Vielfältigkeit des deutschen Gedächtnisses«, in *Ermordung der Menschheit – Verbrechen und Erinnerung*

je scheint es mir notwendig, auf die christlichen Wurzeln zu verweisen – und die Kirchen dazu aufzufordern, ihren Gläubigen klarzumachen, was verschuldet wurde und was noch so lange aufs neue verschuldet wird, wie noch in einem Katechismus-Buch zu lesen ist: »Die Juden haben Jesus getötet«, anstatt: »Jesus war ein Jude, dessen Tod von anderen Juden gefordert wurde.« Als ich im September 1992 die Prediger-Kirche in Erfurt besuchte, bewunderte ich eine Wandmalerei aus dem 14. Jahrhundert. Es handelt sich um eine Kreuzigung, auf der allerdings Juden mit krummer Nase und häßlichen Fratzen aus einiger Entfernung hämisch das Kreuz betrachten. Größer ist im Vordergrund das Bildnis des betenden Stifters. Dieser, so erklärte mir der mich begleitende Stadthistoriker, hatte 1349 das Niedermetzeln aller Juden Erfurts angestiftet und befehligt. Sollte dies nicht in Predigten und im Religionsunterricht kommentiert werden?

Überhaupt sollte die vergangene Intoleranz nie verdrängt werden, damit bewiesen werden kann, daß eine Religion im selben Jahrhundert die Güte der Franziskaner und die mörderische Verfolgung der »Ketzer« durch die Dominikaner hervorrufen mochte. Das gegen den Schriftsteller Rushdie in Teheran verkündete »Todesurteil« zeigt eine aggressive Intoleranz des Islams. Aber daß dieser auch tolerant sein konnte und sein kann, darauf sollte hingewiesen werden unter Berufung auf Schlimmeres als den Fall Rushdie: Voltaire hat vergeblich für den jungen Ritter de la Barre gekämpft, der grausam hingerichtet wurde, weil er vor einer Prozession nicht den Hut gezogen habe.

Im französischen Katholizismus ist das Bewußtsein der intoleranten Vergangenheit größer als im deutschen, weil die Toleranz im Sinne der Anerkennung der moralischen Ebenbürtigkeit der Andersdenkenden jahrzehntelang größer gewesen ist, so daß der schöne Text des Vatikanum II über die geistige Freiheit als eine Bestätigung aufgefaßt werden konnte, nicht als eine Aufforderung, sich zu verändern. Meine

Zusammenarbeit mit Jesuiten, Dominikanern, Bischöfen, katholischen Jugend- und Erwachsenenorganisationen ist immer reibungslos verlaufen. Insbesondere wenn ich bei dem Überdenken moralischer Probleme helfen sollte, auch bei der Weiterbildung von Priestern. Wenn ich gerade zu diesem Zweck nach Lesneven in der Bretagne kam, dachte ich, daß manches in der Bundesrepublik nicht möglich wäre: Als Zeichen der brüderlichen Verbundenheit stand ich bei der Messe unter den Priestern, die sich um den Altar reihten – nur daß bei der Kommunion mit großer Selbstverständlichkeit Kelch und Hostien an mir vorbeigereicht wurden.

Allerdings verändert sich inzwischen langsam auch in Deutschland manches. 1949, bei einer Diskussion zwischen französischen und deutschen Jesuiten, gab es noch echte Konflikte über den Begriff der Toleranz. 1985, bei meinem ersten Referat im Kölner Karl-Rahner-Institut, schien mir der Geist derselbe zu sein wie zum Beispiel im Pariser Centre Sèvres. Die katholischen Akademien, insbesondere die Hamburger, haben mich problemlos mitwirken lassen. Und als ich 1990 in Sankt Augustin bei Köln bei der Arbeitsgemeinschaft für katholische Familienausbildung über »Ethik der Politik – Ethik des Privatlebens: untrennbar?« gesprochen habe, empfand ich nur einen sprachlichen Unterschied zu ähnlichen Veranstaltungen und Diskussionen in Frankreich.

Dennoch bleiben Unterschiede: Nie habe ich mich über einen französischen Bischof zu empören brauchen, weil dieser Abtreibung und Auschwitz gleichgesetzt hätte! Aber die meisten Konflikte innerhalb der Kirche gibt es in beiden Ländern, und zwar schon deswegen, weil ein Teil der Bischöfe und Priester unter dem neuen römischen Autoritarismus leidet. Auch die Unsicherheit über die Doppeldeutigkeit der päpstlichen Botschaft nach Osteuropa spielt dabei eine Rolle. Der Kampf für die Freiheit ist vorbildlich geführt worden, aber nun kommen wieder alte Töne: Nur das Christentum und eigentlich nur die katholische Kirche verkörpern Wahrheit und

Freiheit. Als ich im Januar 1992 in Paderborn zum Katholisch-Theologischen Fakultätentag sprach, zitierte ich einige recht schlimme Stellen der Schlußerklärung der einige Wochen zuvor beendeten Römischen Bischofs-Sondersynode.* Darunter zum Beispiel einen Satz, der der neuen Tendenz entsprach, die Aufklärung des 18. Jahrhunderts für den doppelten Totalitarismus des 20. verantwortlich zu machen: »Der Zusammenbruch des Kommunismus ruft zu einem kritischen Nachdenken über den ganzen kulturellen, sozialen und politischen Weg des europäischen Humanismus (auf) . . .«

Ich habe häufiger in den evangelischen Akademien gesprochen als in den katholischen, aber nicht wegen einer größeren geistigen Nähe, sondern weil die evangelischen zahlreicher und vielseitiger sind.

Die Evangelische Kirche in Deutschland hat sich 1945 viel klarer zu ihrer jüngsten Vergangenheit ausgesprochen als die katholische. Sie hat seitdem in der Furcht gelebt, der Obrigkeit wieder zu spät nein zu sagen. Zumindest in der Bundesrepublik; zu einem klaren Nein in der DDR ist es ja nie gekommen! Ende der siebziger und in den achtziger Jahren sind manche prominente Mitglieder der EKD der Versuchung erlegen, aus Angst vor dieser Verspätung zu früh nein zu sagen, das heißt, demokratisch legitimierte Entscheidungen als mit christlichem Gewissen nicht vereinbar, also als illegitim zu bezeichnen. Gerade darüber hätte ich gern mehr öffentlich diskutiert, aber nicht selten wichen die Gesprächspartner aus. Nachdem der Nachrichtendienst des Kirchentags zu Hannover berichtet hatte, ich hätte am Rande der Kundgebung, auf der ich gesprochen hatte, die Predigt des Berliner Pfarrers Heinrich Albertz scharf kritisiert, die er beim Eröffnungsgottesdienst gehalten hatte, wollte der Sender Freies Berlin ein Gespräch mit ihm zustande bringen. Wir sollten

---

* Text meiner Rede »Ethik und Politik in und für Europa heute« in der Zeitschrift *Theologie und Glaube*, 1992, III

eine Stunde lang über das Verhältnis »Staat-Kirche, Staat-Christen« debattieren und über meinen Vorwurf eines neuen Klerikalismus, das heißt einer Auferlegung politischer Entscheidungen im Namen einer Religion. Der würdige, streitbare, von mir hochgeschätzte Pastor Albertz sagte zunächst, es wäre ihm eine große Freude, zog sich aber zurück, weil das Gespräch nicht ergiebig sein könne ...

Von der Zurückhaltung in bezug auf das Wort Freiheit war im vorigen Kapitel schon die Rede. Meine Kritik daran hat Spannungen in Teilen des deutschen Protestantismus hervorgerufen, denen ich nahegestanden hatte, und mir Lob eingetragen von Kräften, die mich vorher als zu links und mit Mißtrauen betrachtet hatten. Wie hätte ich jedoch Dokumente gutheißen können wie den gemeinsamen Brief, den Bischof Martin Kruse, Vorsitzender des Rates der EKD, und Landesbischof Werner Leich, Vorsitzender der Konferenz der Evangelischen Kirchenleitungen in der DDR, zum 50. Jahrestag des Kriegsbeginns am 1. September 1939 an ihre »lieben Brüder und Schwestern« gerichtet haben? Zu Recht wird das Wort Frieden in jedem Absatz ausgesprochen. »Wir bitten um den Frieden, der höher ist als alle Vernunft.« Gewiß, aber wieder kein Wort über die Unfreiheit – damals und heute!

Allerdings sollte nicht nur der deutsche Protestantismus einen Blick zurückwerfen. Auch der Weltkirchenrat hat eingesehen, daß es da für ihn ein Problem gibt. Am 18. Juni 1992 haben Pastor Emilio Castro, Generalsekretär des Rates, und Erzbischof Ara Keschishian, Präsident des Zentralkomitees, allen Mitgliedskirchen und -gemeinden einen Brief geschickt, der die Kritik widerlegen sollte, die über die Beziehungen der Kirchen und des Rates zu den Regierungen Osteuropas lautgeworden war. Sehr überzeugend habe ich diesen langen Text nicht gefunden, insbesondere wenn es dort heißt, daß die Bürger jener Staaten und die ganze Welt erst nach dem Zusammenbruch der kommunistischen Regierungen entdeckt hätten, wie sehr diese ihre Macht mißbrauchten.

Allerdings ist eine solche Vergangenheitsbetrachtung unwesentlich im Vergleich mit der Notwendigkeit, die gesamte Stellung der Kirchen in Staat, Gesellschaft und Politik neu zu überdenken, nachdem sich nicht nur Millionen Kirchenmitglieder im Westen vom Glauben gelöst haben, sondern noch viel mehr Millionen Menschen sich inzwischen zur »freien Welt« zählen – zu denen, die nie einer Konfession angehört haben. Für die Kirchen im laisierten Frankreich ist das kein großes Problem. In Deutschland ist es eine wesentliche Frage, wenn sie auch bisher nur selten klar gestellt worden ist.

Bereits zu Beginn der fünfziger Jahre war der Unterschied offenbar. Der Pariser Kardinal-Erzbischof Maurice Feltin predigte im Kölner Dom auf Einladung von Kardinal Frings. Er sagte, 1905 sei der katholischen Kirche in Frankreich die Trennung vom Staat auferlegt worden; die Zuhörer hatten Mitleid im Gesicht. Er fügte hinzu, diese Trennung habe sich dann als großes Glück für die Kirche erwiesen. Verblüffung und Entsetzen! 1974 gab es dann den Skandal des »Kirchenpapiers« der FDP. Der Bundesparteitag in Hamburg beschloß Thesen zum Thema »Freie Kirche im freien Staat«, die von Liselotte Funcke eingebracht worden waren. Die Partei hat die schokkierenden Thesen jedoch bald beiseite geschoben, um nicht von den Kirchen bekämpft zu werden. Doch nicht jeder empfand »den Skandal«. Ich habe die Hauptthesen übersetzt und einem nicht gerade revolutionären Bischof in der recht katholischen Bretagne vorgelegt. Er las und sagte: »Mais c'est ce que nous disons tous les jours!« (»Aber so etwas sagen wir doch ständig!«) Heute sollte man im erweiterten Deutschland den Text von 1974 aufs neue betrachten. Es heißt dort:

1. Kirchen und weltanschauliche Gemeinschaften entscheiden über ihre Angelegenheiten unabhängig von staatlichen Einflüssen. Das erfordert, daß der Staat seine verbliebenen Einflußmöglichkeiten ... aufgibt.
2. Der Status einer Körperschaft des öffentlichen Rechts ist für religiös und weltanschaulich gebundene Gruppen wie die Kirchen nicht geeignet, da diese ihre Aufgaben nicht aus staatlichem Auftrag herleiten ...

4. Niemand ist verpflichtet, seine religiöse Überzeugung zu offenbaren. Diesem Verfassungsgrundsatz ist überall, insbesondere im Personenstandsrecht und im öffentlichen Dienst Geltung zu verschaffen.

5. Die bisherige Kirchensteuer ist durch ein kircheneigenes Beitragssystem zu ersetzen.

7. Die bestehenden Staatsverträge mit den Kirchen sind wegen ihres Sonderrechtscharakters kein geeignetes Mittel, die Beziehungen zwischen Kirche und Staat zu regeln.

10. Die religiös und weltanschaulich neutrale Gemeinschaftsschule soll im gesamten Bundesgebiet die staatliche Regelschule sein ...

Die beiden Kirchen in Deutschland haben noch nicht eingesehen, daß zwar die Vereinigung unter Artikel 23 einer Erweiterung der Bundesrepublik gleichgekommen ist, daß aber die erweiterte Bundesrepublik eine andere geworden ist. Die Bevölkerung der neuen Länder setzt sich weitgehend aus Generationen zusammen, die gar keinen Zugang zum Christentum gehabt haben. Dies bedeutet gewiß ein enormes kulturelles Defizit. Die Zentralfrage ist jedoch, ob man so tun sollte, als könne man sie aufs neue fein säuberlich in Katholiken und Protestanten einteilen.

Doch diese Illusion, alles könne in der erweiterten Bundesrepublik beim alten bleiben, sie besteht natürlich nicht nur in den Kirchen. Bis 1990 war die Bundesrepublik, wegen der Vergangenheit und wegen der Teilung Deutschlands, anders anders als die anderen Staaten. Nun fällt es ihr schwer einzusehen, daß sie sich zwar im internationalen Vergleich »normalisiert« hat, daß sie aber auch anders geworden ist, als sie es vor der Vereinigung war. Auf fast allen Gebieten.

Dreimal anderes Deutschland

Das Anderssein eines Landes, eines Volkes, einer Gesellschaft sollte in doppelter Weise betrachtet werden. Im Falle des heutigen, vereinigten Deutschland kommt sogar noch eine dritte hinzu.

Zunächst geht es immer darum, sich nicht mit Vereinfachungen und Verallgemeinerungen zu begnügen. Je mehr
man von einem Land, einem Volk, einer Gesellschaft kennt,
desto schwerer fällt es einem, sie zu beschreiben, weil man
weiß, daß die Realität vielfältiger, vielschichtiger ist. Papst
Pius XII. soll einmal ein Gespräch mit drei Journalisten geführt haben, die dabei waren, Rom zu verlassen. »Seit wie
lange sind Sie da?« – »Seit drei Wochen«, sagt der erste. »Da
werden Sie wohl ein Buch schreiben.« – »Seit drei Jahren«, sagt
der zweite. »Da werden Sie wohl eine Reihe Artikel schreiben.« – »Seit dreißig Jahren«, sagt der letzte. »Da werden Sie
wahrscheinlich gar nichts schreiben können.« Ein Land, ein
Volk, eine Gesellschaft sind eben immer anders, als man es
gerade gesagt hat!

Im (wieder)vereinigten Deutschland sind Erkenntnis und
Darstellung noch schwieriger, weil der westliche, größere Teil
zugleich unverändert und verändert ist und der östliche sich
inmitten unzähliger Widersprüche verwandelt.

Es trifft auch zu – was allzuoft übersehen wird, wenn man
von irgendeinem Land, irgendeinem Volk, irgendeiner Gesellschaft Westeuropas spricht –, daß die transnationalen, die
wirtschaftlichen, gesellschaftlichen, kulturellen gemeinsamen
Gegebenheiten immer zahlreicher, immer umfassender werden. Wie kann man sagen, dies oder jenes sei eine schweizeri-
sche, eine französische, eine deutsche Besonderheit, wenn
man wirklich vergleicht und dabei feststellt, daß es anderswo
nicht anders ist oder nicht anders zugeht? Dies ist in bezug auf
das ständig unter moralischer Aufsicht von außen und von
innen stehende Deutschland ein grundlegendes Problem.

Medien, Parteien und Kirchen sind wesentliche Elemente
der Bundesrepublik. Die Gewerkschaften und andere Ver-
bände auch. Nur daß die Macht oder die Ohnmacht einer
jeden Gruppe starken Veränderungen ausgesetzt ist. In den
fünfziger Jahren war die Stellung des DGB und seiner großen
Gewerkschaften innerhalb der bundesdeutschen Gesellschaft

die einer politischen, moralischen, erzieherischen Großmacht. Wenn ich mich heute mit dem DGB-Vorsitzenden Heinz-Werner Meyer freundlich hart auseinandersetze, weil der DGB es meiner Meinung nach an Solidarität mit den neuen Ländern fehlen läßt, so habe ich nicht mehr das Gefühl, mit einer stark beeinflussenden Organisation im Gespräch zu sein: Sie orientiert sich eher an einer allgemeinen Stimmung im Lande, als daß sie die »öffentliche Meinung« – darunter die der Lohn- und Gehaltsempfänger – zum Ausdruck brächte. Wenn ich zu Industrie- oder Handelsverbänden spreche, gewinne ich mehr den Eindruck einer heilen Welt – aber nur, weil man dort als Träger der Wirtschaft zusammenkommt, die nicht als solche mit den politischen und gesellschaftlichen Problemen befaßt sind. Daher auch der Appell an den von außen zugereisten Redner: Er soll, sei es nur für eine oder zwei Stunden, einen anderen Überblick, einen anderen Ausblick verschaffen. Dies mit einer Bereitschaft, kritisiert und in Frage gestellt zu werden, die es woanders – jedenfalls in Frankreich – in diesem Ausmaß nicht gibt.

Den Wunsch und den Willen, Begrenztheit und Engstirnigkeit zu überwinden und über Wesentliches nachzudenken, die habe ich bei den verschiedensten Gruppen aus den unterschiedlichsten Bereichen der deutschen Gesellschaft gefunden. Es ist zu leicht, diese Momente ihrem Alltag gegenüberzustellen und von Heuchelei zu sprechen: Ein wenig verändern sie den Alltag doch.

Um nur ein Beispiel zu nennen: Das Nationale Olympische Komitee für Deutschland hat im April 1989 in Hannover ein Ethik-Seminar veranstaltet. Ich durfte dort über das Thema »Der Sport in der Ethik der Politik« referieren und mich an den Diskussionen beteiligen. Gewiß ist im Sportleben danach vieles so heuchlerisch und schlechthin unmoralisch geblieben wie zuvor. Ich habe auch vieles dazugelernt in Sachen Akzeptanz des Dopings oder politischer Beeinflussung für oder gegen Boykott. Aber ich war trotzdem tief beeindruckt von der Art, wie nüchtern und mutig (wenn auch vielfach entmutigt) Grundsatzfragen gestellt wurden.

Ja, aber was hat ein solches Seminar für eine Bedeutung, verglichen mit grölenden »Schlachtenbummlern« und mit gewaltlüsternen Hooligans? Nicht in dieser Form betrifft mich diese Frage, denn die Gründe solcher Phänomene (insbesondere die aufpeitschende, chauvinistische Wirkung so mancher Medien) werden ja bei solchen Tagungen herausgearbeitet, und man versucht, Mittel der Begrenzung, der Einschränkung zu finden. Aber anders formuliert weiß ich eigentlich nie, welche Antwort ich der grundsätzlichen Frage erteilen soll; ich verkenne die deutsche Wirklichkeit, weil ich ihr nur in ihren positiven Elementen begegne.

Ich darf mich getrost rühmen, die bundesdeutsche Gesellschaft in einem vielfältigeren Dialog gekannt und erkannt zu haben als etliche deutsche Universitätskollegen, die oft nur Intellektuelle zu Gesicht bekommen haben und ihre soziologischen oder politologischen Betrachtungen nur auf Dokumente und Zahlen aufbauen. Aber was weiß ich wirklich vom »Stammtisch-Deutschland«? Jedesmal wenn ich einen anonymen Schimpfbrief oder auch eine Drohung erhalte, frage ich mich, wie ich beurteilen könnte, wie verbreitet die Meinung des Schreibers ist. Ich habe harte Auseinandersetzungen nie abgelehnt – aber wie groß ist die Masse der Unorganisierten, die gar keine Auseinandersetzung wollen, weil ihre Verdammung, ihre Fähigkeit zu verachten und zu hassen nicht zur Disposition stehen?

Auch ist die Möglichkeit eines Doppelgesichts nie ganz auszuschließen. Eines der erschreckendsten Phänomene ist die Verbreitung sado-masochistischer Videofilme unter Jugendlichen. Sind nicht manche Hersteller oder Verbreiter, die solche Produkte selbst erst an Zwanzigjährige verkaufen, die sie dann an Sechzehnjährige und diese wiederum an Zwölfjährige weitergeben, ansonsten ganz normale Bürger, die zu meinen Hörern zählen?

Solche Überlegungen haben mich jedoch nie daran gehindert, meine Bewunderung für all die Organisationen, Gruppen, Einzelmenschen in der Bundesrepublik zum Ausdruck zu bringen, die ihren Alltag auf ein moralisches Engagement aufbauen, auch wenn ich sie nicht selten zu einseitig oder (und) zu schwärmerisch finde. Auch in Frankreich arbeite ich mit moralisch Engagierten zusammen, aber die Vielfalt und die Beständigkeit scheinen mir in der Bundesrepublik größer zu sein. Als ich im April 1992 auf dem Jugendhilfe-Kongreß in Hamburg gesprochen habe, war ich tief beeindruckt, als ich das Programmheft durchblätterte und dort Hunderte von Initiativen, Strukturen, Tätigkeiten verzeichnet sah, deren Träger nun hier versammelt waren. Wieviel Selbstlosigkeit, wieviel Bereitschaft, trotz des begrenzten Erfolges, oft trotz der Aussichtslosigkeit weiterzumachen!

Und wie in Frankreich bemitleide ich zugleich die Bewunderten: In beiden Ländern leben wir in einer Art Dreiklassengesellschaft. Es gibt eine neue Kategorie von »die da oben«, nämlich Senkrechtstarter, die schnell nach oben gekommen sind, weil sie bereits in einen bevorzugten Teil der Gesellschaft hineingeboren wurden. Es gibt eine wachsende Kategorie der Armen oder Verarmten, der an den Rand Getriebenen. Und dazwischen eine große Menge von Frauen und Männern, die Berufe ausüben, die ehemals gelobt und geachtet wurden. Ehemals, das heißt zu Zeiten, als nicht das Geld der Maßstab des gesellschaftlichen Wertes war. Lehrer und Sozialarbeiter sind immer schlecht bezahlt worden. Aber ihre Berufe sind neuerdings zugleich schwerer auszuüben und weniger geachtet.

Verallgemeinern darf man allerdings auch hier nicht. Die Lehrer, die jene Primaner unterrichten, mit denen ich an Gymnasien in Trier oder Bergzabern oder neuerdings auch in Halle oder Erfurt diskutiert habe, üben einen viel ersprießlicheren Beruf aus als ihre Kollegen, die in einem verwahrlosten Vorort randalierenden, gewalttätigen Schülern gegenüberstehen. Und ich darf meinerseits meine jungen Gesprächspartner nicht mit *der* deutschen Jugend schlechthin gleichsetzen. Ebensowenig, wie ich vergessen darf, wenn ich zu und mit wissensbegierigen »Senioren« spreche, daß wie in Frankreich Hunderttausende alte Menschen greisenhaft verblöden, weil sie verblödend aus- und eingeschlossen sind.

In Halle und Erfurt, wie in Schwerin, Leipzig, Dresden, Weimar, Potsdam, Cottbus, Frankfurt an der Oder muß ich mir seit 1990 ständig die Frage stellen, inwiefern meine Hörer und Gesprächspartner als Deutsche einander ähnlich und in ihrem Schicksal einander unähnlich sind im Vergleich zu den Menschen, denen ich seit Kriegsende in Westdeutschland begegnet bin. Und auf dem Boden der »alten« Bundesrepublik muß ich immer wieder staunen, wie wenig man einsehen will, daß das Hinzukommen der neuen Bürger in der nun erweiterten Bundesrepublik mehr oder weniger alles verändert hat.

Erweiterte Bundesrepublik – eine solche Formulierung weist auf zwei große Entscheidungen hin, obwohl meiner Ansicht nach die erste schon längst getroffen worden war: Die Erweiterung war endgültig, das heißt, sie umschloß das Gebiet der DDR bis zur Oder-Neiße-Linie und auf immer kein weiteres; sie fußte auf Artikel 23 des Grundgesetzes und nicht auf Artikel 146.

Unter Datum des 2. Oktober 1990 habe ich in *Le Monde* zum ersten Mal einen Artikel voller harter Kritik an einem bundesdeutschen Kanzler veröffentlicht. Ich warf Helmut Kohl seine Ausrutscher, sein Ausrutschen über die Grenze vor (»Le chancelier dérape sur la frontière« lautete der Titel). Juristisch konnte man gewiß belegen, daß die endgültige Endgültigkeit der Anerkennung noch ausstand. Aber man konnte auch das Gegenteil beweisen und somit vermeiden, daß in Ost und West unnütz politisches Porzellan zerschlagen wurde. Es ging dabei nicht nur um die Bestätigung der Verträge von 1970 mit Polen und mit der Sowjetunion. In einem damals viel Aufsehen und Ärger hervorrufenden Artikel in der

Süddeutschen Zeitung hatte Botschafter Wilhelm Grewe, Schöpfer der »Hallstein-Doktrin«, am 17. November 1956 geschrieben:

Klare Vorstellungen über die östliche Grenzfrage sind unerläßlich. Sie werden sich als unentbehrliche Bestandteile unserer Wiedervereinigung erweisen.

Zur gleichen Zeit hatte Carlo Schmid vorgeschlagen, über die Oder-Neiße-Linie mit Polen zu verhandeln, und dann die Reaktionen auf seinen Vorschlag kommentiert:

Einer unserer deutschen Kollegen sagte mir: Sie haben mit dem, was Sie sagten, völlig recht, aber Sie sollten es nicht öffentlich sagen. Ich bin der Meinung, daß man diese Dinge öffentlich sagen muß. Ich bin der Meinung, daß es eine der vornehmsten Pflichten politischer Menschen ist, Tabus zu durchbrechen, und hier ist ein Tabu, ein böses Tabu, und es muß durchbrochen werden, sonst wird es eines Tages Herr über uns werden und uns alle verhexen.

Daß dieses Tabu über dreißig Jahre später noch einige Geister verhexte, war mir bewußt. Ich hätte aber nicht geglaubt, daß der Kanzler selber einen großen Stein auf den in gerechtfertigter Eile beschrittenen Weg zur Wiedervereinigung legen würde. In dem bereits erwähnten Brief vom 29. Oktober 1989 an Alfred Dregger hatte ich dem Vorsitzenden der CDU/CSU-Fraktion geschrieben:

Ich glaube weiterhin, daß es einen enormen Widerspruch gibt zwischen dem Text der CDU/CSU-Entschließung – von Ihnen unterschrieben – vom 1. September (»Der Deutsche Bundestag bekräftigt den Willen ... zur Erfüllung des Warschauer Vertrags ... nach Buchstaben und Geist«) und dem Text Ihrer Rede – am Anfang (»Eine Grenzregelung zwischen Deutschland und Polen kann nur ein wiedervereinigtes Deutschland treffen«) und am Schluß. (»Es heißt, daß alles Gegenwärtige und Zukünftige ... einvernehmlich geregelt werden muß. Das gilt für die Grenzfrage.«)

Der Geist des Vertrags regelt die Grenzfrage, und die Oder-Neiße-Linie ist die Westgrenze Polens. Seit über vierzig Jahren schreibe ich in Frankreich über das furchtbare Schicksal der Vertriebenen. Aber auch über die enorme Leistung der Bundesrepublik, die in ihren Ländern angekommenen Vertriebenen einzugliedern, was den Warschauer Vertrag möglich gemacht hat.

Wenn der »rechtliche Vorbehalt« der Wiedervereinigung nach Osten gelten soll, so gilt er auch nach Westen, und die Bundesrepublik durfte dann gewiß nicht Hoheitsrechte an die Europäische Gemeinschaft abtreten ...

Hier in Frankreich kann man die Sympathie für die deutschen Anliegen nur verstärken, indem man auf das Selbstbestimmungsrecht der Menschen und der Völker verweist. Eine juristische Betrachtung über eine Grenze, auf deren polnischer Seite Polen leben, kann nur den Eindruck erwecken, es gehe für Deutsche um Zurückeroberung von Gebieten ohne Deutsche.

Warum Helmut Kohl im Winter 1989/90 so gesprochen hat, als wisse er letzteres nicht, war mir ebenso unverständlich (oder jedenfalls unerträglich) wie das Zögern von François Mitterrand, klar zu sagen, daß er zum Deutschland-Vertrag von 1954 stehe, also die Wiedervereinigung auch zum Anliegen Frankreichs erklärte. Vor allem da sie als Erweiterung der freiheitlich-demokratischen Bundesrepublik durchgeführt wurde.

In einem Beitrag vom 23. März 1990, das heißt gleich nach den ersten und letzten freien Wahlen in der DDR, zitierte ich im *Südkurier* einen kämpferischen politischen Witz, der in Ost-Berlin plakatiert gewesen war: »23: Kein Anschluß unter dieser Nummer.« Um besser für den Artikel 23 plädieren zu können:

... Es wäre schade gewesen, wenn die Vereinigung zwischen dem freiheitlichen Deutschland und dem bisher unfreien und undemokratischen verfassungsmäßig so in Angriff genommen worden wäre, als gelte es, zwei ebenbürtige Systeme in einer Synthese zu vereinigen.

Sodann ist Artikel 23 besser für die Europäische Gemeinschaft: die Verankerung, die Verquickung der Bundesrepublik in diese Gemeinschaft wäre durch den Vorgang von Artikel 146 in Frage gestellt worden ...

Natürlich habe ich im Sommer 1992 während des Kampfes um das französische Ja zum Vertrag von Maastricht in Artikeln, Interviews und Reden ständig die geplante deutsche Verfassungsrevision erwähnt. Die Bundesrepublik habe 1990 den Artikel 23 abgeschafft, um klar kundzutun, daß die Deutschen nun vereinigt seien und daß kein neuer Zutritt erwartet noch erhofft werde. Nun sollte es wieder einen Artikel 23 geben, um das Prinzip der Übertragung von Hoheitsrechten auf die Europäische Union in der Verfassung zu verankern. Welch begrüßenswertes Symbol!

Es war kein »Anschluß«. Die neue Präambel des Grundgesetzes hat nicht gelogen: »Die Deutschen in den Ländern . . . haben in freier Selbstentscheidung die Einheit und Freiheit Deutschlands vollendet. Damit gilt dieses Grundgesetz für das gesamte deutsche Volk.« Aber in diesem vereinigten Volk gibt es viele, die gleicher sind als andere! Von einer positiven Vereinheitlichung kann auch zwei Jahre nach dem 3. Oktober 1990 keine Rede sein. Das war gewiß nicht vermeidbar. Aber von Anfang an hätte es eine andere Grundeinstellung in der »alten« Bundesrepublik geben können und sollen.

Das war schon in dem an sich vernünftigen und wirksamen »Vertrag zwischen der Bundesrepublik Deutschland und der Deutschen Demokratischen Republik über die Herstellung der Einheit Deutschlands« vom 31. August klargeworden. War wirklich eine Bestimmung notwendig wie diese: »Zu den Kosten von orthopädischen Schuhen ist bis zum 30. Juni 1991 (in den neuen Ländern) kein Eigenanteil zu zahlen«? War die Bundesrepublik so arm – oder eher: mußte das Gefühl des Überlegenseins so groß sein, daß man nicht hätte schreiben können, nun könnten auch die orthopädischen Schuhe in den westlichen Ländern unentgeltlich bezogen werden? Für mich sind diese Schuhe zum Symbol geworden. Symbol u. a. für die Unfähigkeit, die Vereinigung zum Anlaß zu nehmen, endlich die Schulzeit in der Bundesrepublik auf zwölf Jahre zu reduzieren: Es war die DDR, die die westeuropäische Norm erfüllte! Eigentlich ist von westlicher Seite nur bei Paragraph 218, dem Abtreibungsparagraphen, eingesehen worden, daß es einer Neuregelung bedürfe und nicht einfach einer Übertragung der rechtlichen Regelung der Bonner Demokratie auf die neuen Länder.

Einer Demokratie, die natürlich ansonsten beizubehalten war, zusammen mit der Verankerung in der freiheitlich-demokratischen westeuropäischen Gemeinschaft. Deshalb war ich auch anfangs eher für ein Belassen der wichtigsten Verfassungsorgane in Bonn. Dann habe ich mich zu Berlin bekannt – was mir viele Vorwürfe eingebracht hat, und sei es nur die von Hans Daniels, dem tatkräftigen und freundlich-aufgeschlossenen Bürgermeister der bisherigen Bundeshauptstadt.

Nicht nur, daß das Grundgesetz es so wollte. Nicht nur, daß Berlin seit 1948 die Freiheit symbolisierte. Viel mehr noch, weil das politische »Establishment« der Bundesrepbulik gezwungen würde, nicht mehr mit Überheblichkeit und Mangel an Einfühlungsvermögen vom fernen Bonn aus zu entscheiden und zu bestimmen, sondern inmitten der echten Problematik der so schwer zu vollziehenden Vereinigung zu leben. Wobei die Verschmelzung der beiden Teile von Berlin nicht viel leichter zu verwirklichen war als die der beiden Teile des gesamten Deutschland.

Es gab und gibt nicht nur Überheblichkeit. Nicht darum handelte es sich, als die Treuhand das modernste Hafen- und Werftenmaterial in Rostock zerstören ließ, sondern um den Schutz westdeutscher, wahrscheinlich Bremerhavener Interessen. Mein Vergleich war vielleicht überzogen – aber ich fühlte mich doch an alliierte Beispiele der Nachkriegszeit erinnert, als im Namen der militärischen Demontage potentielle Konkurrenten der pharmazeutischen Industrie abgebaut wurden. Es gibt auch Bequemlichkeit: Wenn hohe Richter, die doch im Dienste des Rechtsstaates, das heißt der deutschen Gemeinschaft stehen, dagegen protestieren, daß ihr Bundesgericht aus Karlsruhe oder Kassel in ein »neues Land« verlegt werden soll, dann finde ich das schlicht unmoralisch.

Was überhebliche Bevormundung ist, habe ich u. a. 1991 in Halle erfahren. Ich hatte zur Eröffnung einer schönen und nützlichen Wirtschafts- und Verwaltungsakademie gesprochen und den Wunsch geäußert, mit Gymnasiasten zu diskutieren. Das geschah am nächsten Morgen auf Veranlassung des westfälischen älteren Kollegen, der verdienstvoll und mit großer Aufopferung den Aufbau der Akademie bewirkt hatte. Nach der ersten Frage über die Nützlichkeit der Parteien hielt er eine Art Predigt über die parlamentarische Parteiendemokratie. Ich gab ihm zu verstehen, daß ich mit den Gymnasiasten allein sprechen könne. Einer von ihnen sagte mir dann: »Sie sehen es: Kaum sind die weg, die uns sagten, was wir denken mußten, da wird uns wieder vorgeschrieben, was wir zu denken haben. Wir wollen aber doch selbst herausfinden, wie es mit den Parteien oder mit der Pressefreiheit bestellt ist!«

Dabei war und bin ich von der Einstellung vieler Ostdeutscher keineswegs begeistert. Ich mache meinen Zuhörern in den neuen Ländern harte Vorwürfe. Nicht, weil sie keine Ahnung von den schon bestehenden Realitäten der Europäischen Gemeinschaft haben: Wie hätten sie davon wissen können? Und was wird von der westlichen Seite wirklich unternommen, um ihnen die Erfahrung der positiven Verquickungen und Verstrickungen innerhalb der EG nahezubringen? Aber ich mache ihnen den Vorwurf, daß man zu schnell zur Praxis des bundesdeutschen Nationalsports übergegangen ist, nämlich zur ständigen Selbstbemitleidung!

In der alten Bundesrepublik soll man sich all dessen bewußt werden, was man hat und was die neuen Mitbürger unverdienterweise nicht haben. Aber diese Mitbürger sollten sich nicht ständig mit den Westdeutschen vergleichen – von denen übrigens Millionen in Armut und Not leben. Der Vergleich soll auch mit Polen oder Ungarn gezogen werden. Dort ist die sowjetisch beherrschte und ausgebeutete Wirtschaft auch zusammengebrochen, aber man hat keine reichen Brüder im Westen, keine EG, die Milliardensummen transferieren. Milliarden, die u. a. dazu benützt werden, den Arbeitslosen eine Unterstützung zukommen zu lassen, von der die polnischen Arbeitslosen nur träumen können.

Zugleich bin ich voller Bewunderung für die Frauen und Männer, die in Ostdeutschland auf- und ausbauen. In den Rathäusern oder in Landesregierungen. An manchen anderen leitenden, lenkenden, zukunftsbestimmenden Stellen der Gesellschaft und der Wirtschaft. Nicht wenige sind aus dem Westen gekommen, um eine neue, große Aufgabe schöpferisch zu erfüllen. Kurt Biedenkopf und Bernhard Vogel dürfen hier stellvertretend für andere genannt werden. Zahlreicher sind diejenigen, die mit den Erneuerern der ersten Nachkriegsjahre zu vergleichen sind. Jedesmal, wenn in deutschen, französischen, amerikanischen Medien von Hoyerswerda oder Rostock, von Gewalttaten, Skinheads, Radikalismus berichtet wird (die Materie ist ja leider ergiebig!), versuche ich, ins Bewußtsein zu bringen, über welche vielfältigen, enormen positiven Leistungen zu reden wäre. Wobei natürlich die Nerven der Leser, Hörer, Zuschauer weniger gekitzelt würden ...

Ostdeutschland wird also noch lange anders bleiben als Westdeutschland. Und dadurch die gesamte Bundesrepublik anders als die anderen Länder der Europäischen Gemeinschaft, die keine Vereinigung durchzuführen haben. Dies genügt aber gewiß nicht, um die Frage nach dem dritten Anderssein zu beantworten. Was ist eigentlich zwar nicht »typisch deutsch«, aber doch spezifisch deutsch? Die Frage ist für mich so grundlegend, so ständig präsent, daß der Versuch der Beantwortung zu den Schlußbetrachtungen dieses Buches gehört.

Vorläufig soll nur – halb scherzend, halb ernst – das *Lied der Deutschen* in seiner zweiten und seiner dritten Strophe betrachtet werden.

Die dritte, das heißt die heutige offizielle Nationalhymne, ist gewissermaßen »undeutsch« – nicht im Sinne des patriotischen Vorwurfs der Vaterlandsverkennung noch im Sinne des Echt-deutsch-kann-nur-anstößig-Sein ausländischer ständiger und beständiger Deutschlandfeinde – darunter, aus verständlichen, aber zu bekämpfenden Gründen, viele jüdische Überlebende oder Nachkommen der Opfer. Undeutsch heißt hier von der gemeinschaftlichen positiven Ethik beseelt, auf die sich heute ziemlich alle berufen. »Einigkeit und Recht und Freiheit«:

Der zweite und der dritte Wert sind Gemeingut all derer, die sich auf Menschenrechte und freiheitliche Demokratie berufen. Einigkeit, das ist weder Einheit noch Einstimmigkeit. Die *concorde* – so lautet das Wort auf französisch, das heißt eine einträchtige Akzeptanz von Grundwerten und Spielregeln, ist das Fundament des Rechtsstaats und die Voraussetzung für eine funktionierende pluralistische Demokratie.

Die zweite Strophe hat mich immer eher amüsiert. Ich kann aber verstehen, daß sie empören mag.

> Deutsche Frauen, deutsche Treue,
> Deutscher Wein und deutscher Sang
> Sollen in der Welt behalten
> Ihren alten schönen Klang.

Die Frauen sollten sich glücklich schätzen, daß die Kürze der Verse es nicht erlaubt hat, neben ihnen auch noch die deutschen Pferde zu erwähnen! Als Franzose finde ich dieses Anpreisen von Rhein und Mosel gegenüber Burgund und Bordeaux natürlich recht überheblich. Als Musikliebhaber bin ich sicher, daß hier nur von schönen Männerchören die Rede ist und Schubert, Hugo Wolf, auch Mahlers *Kindertotenlieder* als unmännlich gelten müßten.

Bei der Treue vergeht mir das Lachen: »Meine Ehre heißt Treue«, das stand auf der Gürtelschnalle der SS. In diesem Sinn waren sie die Erben des finsteren Hagen, der im *Nibelungenlied* skrupellos Siegfried ermordet: Seine Moral, seine Ehre war halt die Treue zu dem, der ihn zu seinen »Mannen« zählen durfte.

SCHLUSSBETRACHTUNG

DAS DEUTSCHLAND, DAS ICH MEINE ...

In Zeiten der Unruhe und der Sorge ist es schwer, sich ruhig und zuversichtlich zu befragen. Schwer, aber unerläßlich. Sonst vergißt man, daß man schon schlimmere Zeiten miterlebt hat und daß im Rückblick das Verzagen immer ein unberechtigtes Abdanken gewesen wäre. Und wenn mir die Welle des Fremdenhasses und der Selbstbezogenheit in Deutschland höher zu schlagen scheint als in den anderen Ländern Westeuropas, so brauche ich nur empörende Empörungen wahrzunehmen, um gegen die Versuchung des »typisch Deutschen«, des Völlig-anders-als-Woanders gefeit zu sein. So, wenn ich in einer Tribüne der *Zeit*, von einem amerikanischen jüdischen Journalisten geschrieben, Behauptungen lese wie: »Die westlichen Politiker haben gelogen. Deutschland ist doch gefährlich ... (Der Westen ist) starr vor Schreck ... Ich habe Berge von Gedrucktem durchwühlt auf der Suche nach Worten, die in der Diskussion über Deutschlands Zukunft Platz finden sollten – wie Auschwitz, Rotterdam, Jude, Polen, Krematorien, Holocaust, Nazi. Ich konnte sie nicht finden.« Wo hat er gesucht? »Die Franzosen haben (beim Maastricht-Referendum) über Deutschland abgestimmt und nur ganz knapp ja zu ihm gesagt.« Unseriöser kann eine Wahlanalyse kaum sein!*

Gegen so etwas bin ich meiner sicher. Aber wie oft schwanke ich zwischen entgegengesetzten Betonungen deut-

---

* A. M. Rosenthal, »Das Land, das Angst macht«, *Die Zeit*, 2. x. 1992

scher Besonderheiten! Das »Völkische« in der Interpretation des Artikels 116? Gewiß. Zugleich denke ich an all die Menschen und Bewegungen, die gegen die Ausländerfeindlichkeit aufgetreten sind und auftreten. So wie ich sie im Dezember 1986 oder im September 1992, in Bonn oder Erfurt, zum Thema »Ausländer und Massenmedien« oder »Europa – eine Festung?« versammelt gesehen habe.

Und doch: Diese Brutalität, dieser neue oder neuerweckte Haß auf alles Fremde, findet er sich wirklich auch anderswo? Andererseits: Nimmt ein anderes Land so viele Fremde auf? Was hätte man gesagt, wenn Deutschland wie Italien Tausende Albaner mit Polizeigewalt auf ihre Schiffe zurückgebracht hätte, um sie in ihre Heimat zurückzuschicken? Protestieren die in den USA gegen Deutschland demonstrierenden Amerikaner auch energisch genug gegen ihre Regierung, wenn jene Haiti-»boat people«, die nicht unterwegs ertrunken sind, nicht aufgenommen werden und in ihr Land zurück müssen, wo zweifelsfrei ein Terrorregime herrscht?

Die neuen Zeichen des Antisemitismus, sind sie in Deutschland erschreckender, anekelnder als in Frankreich, in Polen, in Rußland, weil es Hitler gegeben hat oder weil sie an sich schrecklicher sind? Ist das Gewirr, ist das Verwirrtsein der Behörden in der Bekämpfung der neuen Gewaltanwendung auf dieselbe Ebene zu stellen wie das Unvermögen der italienischen Regierung, mit der Mafia fertig zu werden, oder das der Amerikaner, in ihren Großstädten für Sicherheit zu sorgen? Oder ist die Bundesrepublik dabei, den Beweis dafür zu liefern, daß ihre Bürger nur so lange an die freiheitlich-demokratische Grundordnung glaubten und sich in sie einordneten, solange der Wohlstand stieg und Harmonie herrschen konnte, weil es keine dramatischen Probleme gab?

Wie überall gibt es die transnationalen Ähnlichkeiten und die nationalen Besonderheiten. Bei den Parteien und innerhalb der katholischen Kirche. Auch im Kulturleben. Da könnte ich manches »Anderssein« hervorheben, von den schöpferischen städtischen Bühnen bis zur »typisch deutschen« Verachtung für den Film, der woanders als eine neben Musik oder Poesie gleichwertige kulturelle Schöpfung gilt. Aber mir erscheinen transnationale Ähnlichkeiten wichtiger. Als ich 1981 auf der Jahreshauptversammlung des Deutschen Bühnenvereins sprach, war ich sicher, daß ich das Thema »Theater, Kultur und Politik heute« vor einem französischen Publikum nicht anders behandelt hätte. Besonders bei der Kritik an der Respektlosigkeit so vieler Regisseure vor dem Schöpfer des von ihnen entstellten Werkes.*

Ist das Transnationale wirklich bedeutungsvoller? Oder will ich das nur so haben, um Deutschland und die Deutschen anders zu sehen, als sie sind? Mit dem eingestandenen oder unbewußten Zweck, die Aufklärungsarbeit in Frankreich bequemer zu machen? Oder sogar, um das Deutsche an mir und in mir zu verdrängen, indem ich das Allgemeinmenschliche oder das Menschlich-Allzumenschliche hervorhebe?

Ich habe mir diese Fragen oft gestellt, vor allem wenn mir in Frankreich Liebe zu Deutschland zugeschrieben oder (und) vorgeworfen wurde. Aber die Antwort, die ich mir und anderen gab, ist immer die gleiche gewesen: Ebenso wie ich ständig Ausdrücke wie »deutsch-französische Freundschaft«, »deutsch-französische Versöhnung« oder – schlimmer! – »deutsch-jüdische Aussöhnung« verwerfe, so finde ich in mir keinen Grund, sentimental von »Liebe« zu sprechen. Es geht seit 1945 um das ständige Gefühl einer Mitverantwortung, eines Mitwirkenwollens, -dürfens und -könnens. Mit der Freude verbunden, Menschen und Einrichtungen, Gruppen und Entwicklungen zu sehen, die dem Erhofften, dem Erwünschten entsprechen. Und mit der Enttäuschung, dem Zorn, dem Schmerz, andere Menschen, Gruppen, Einrich-

---

* Text in der Zeitschrift *Die Deutsche Bühne*, 1981 (9). Wie bedauere ich doch, hier meine Klage und Anklage nicht ausführlich wiedergeben zu können!

tungen, Entwicklungen betrachten zu müssen, die Befürchtungen zur Wirklichkeit werden lassen. Als Begleiter von draußen, der innen dabei ist und mit Teilnahme als Teilnehmer miterlebt. Nicht weniger, aber nicht mehr. Nicht mehr, aber auch nicht weniger.

Mein Vaterland ist Frankreich. Das wird mir jedesmal besonders klar, wenn sich die Frage stellen mag, ob das auch so sei. Wie sehr hat mich doch getroffen und wie schnell habe ich reagiert, als im September 1992 die anspruchsvolle Fernseh- und Kulturwochenzeitung *Télérama* im Vorspann zu einem Interview gegen die Angst vor Deutschland von meinen »beiden Vaterländern« sprach. Einmal durfte ich an einem deutsch-französischen »Gipfel« teilnehmen. 1986 in Frankfurt, wobei es um Kultur ging. Rudolf von Thadden und ich haben Mitterrand, Chirac und Kohl unsere Analysen der deutsch-französischen Beziehungen vorgetragen. Wir sagten ungefähr dasselbe. Aber er sprach als Deutscher und ich als Franzose. 1988 – zum 25. Jahrestag des Elysée-Vertrags – haben die französischen und deutschen Botschafter in Warschau und in Helsinki eine gemeinsame Veranstaltung gegeben. Für mich war klar – und für die Zuhörer auch –, daß ich nicht beide Länder vertrat, sondern als Franzose mich auch der Sache der Bundesrepublik annahm.

Dabei bleibt offen, ob nicht vieles bei mir, in mir deutsches Kulturgut, deutsches Erbe ist. Wenn ich an kulturelle »Offenbarungen« der letzten Jahrzehnte denke, dann stoße ich auf wenig »Echt-Deutsches«. In der Malerei: Edvard Munch war Norweger und Egon Schiele Österreicher. In der Musik: Bartóks Violin-Sonata – sie wurde in New York von einem Ungarn komponiert. Spielt das Nationalbedingte überhaupt eine große Rolle? Meine Liebe zu den romanischen Kirchen, mein Empfinden von Tournus und Orcival als Höhepunkte des geistigen Schaffens, meine Kälte bei der Besichtigung bayerischer Barockkirchen – haben sie nicht weniger mit meinem Franzosesein als mit meinem Hang zur Innerlichkeit zu tun?

Hätte ich jedoch diesen Hang ohne meine deutsche Kultur? Malerei und Architektur: Was bedeuten sie schon in meinem Leben im Vergleich zur zentralen Stelle der Musik? Und ist die Musik nicht die »deutsche Kunst« schlechthin? Gustave Flauberts Emma Bovary betont ihre Vorliebe für »la musique allemande, celle qui porte à rêver«, die zur Träumerei verführt. Für mich geht es eben nicht um Träumerei, sondern um Einkehr, um Innenleben. Ist das deutsch? Ich habe bereits erzählt, wie ich bei dem Engländer Aldous Huxley in jungen Jahren den Zugang zum »heiligen Dankgesang« des XV. Quartetts von Beethoven gefunden habe. Jahrelang habe ich geglaubt, mein »Deutschsein« erkläre meine Versinken in den ersten Satz von Schuberts letzter Klaviersonate. Aber nun gilt er in der ganzen französischen Musikwelt als immer wieder gespielter Höhepunkt der Musik aller Zeiten. Und würde ich heute die *Musikalischen Exequien* von Heinrich Schütz mindestens auf dieselbe Ebene stellen, wenn ich nicht durch französische Knabenchöre zu Schütz Zugang gefunden hätte?

Ja, die Musik bedeutet mir viel mehr als die Literatur. Das mag deutsches Erbe sein. Aber die Abneigung gegen jegliche Schwärmerei, der ständige Wille zur Selbstkontrolle, zur Rationalität, das ist doch eher ein Resultat der französischen Erziehung. Als ich – wie bereits gesagt – 1948 die Fehler von Rilkes Übersetzung Paul Valérys *Cimetière marin* analysierte und sie aus einem Unverständnis für die Grundeinstellung des französischen Dichters herleitete, da fühlte ich mich mit Valéry tief verbunden: Das ständige Bewußtsein des Bewußtseins, die kritische Distanz zu sich selbst machen die Größe des Menschen aus – und bilden die Grundlage der Philosophie. Ich möchte hinzufügen: auch der Moral.

Ich weiß wohl, daß Immanuel Kant nicht wie Valéry aus Südfrankreich stammte. Lessing auch nicht. Aber als ich im Schlußabsatz des Artikels* Rilke und Valéry als Vertreter ihres

* »Rilke traducteur du ›Cimetière marin‹«, *Etudes Germaniques*, 1948 (4)

jeweiligen Landes zeichnete, so war diese Gegenüberstellung nicht falsch. Der Traum der Einheit zwischen Leben und Tod, zwischen Mensch und Natur, er wird in Frankreich nur selten geträumt. In Deutschland häufiger. Immer mit der Gefahr des Sich-selbst-Aufgebens, des Sich-in-ein-mystisches-Ganzes-Verlierens verbunden.

Es gibt ein schönes Gedicht von Rilke, dessen Titel für mich viel bedeutet, aber nicht in dem Sinne, den Rilke ihm gab. Es heißt *Weltinnenraum*. Sein Inhalt dürfte den Grünen gefallen:

> Durch alle Wesen reicht der *eine* Raum:
> Weltinnenraum. Die Vögel fliegen still
> durch uns hindurch. O der ich wachsen will
> ich seh hinaus, und *in* mir wächst der Baum . . .

Für mich ist der Weltinnenraum die Grundlage der ethischen Gleichsetzung von Mensch und Mensch. Ich zitiere gern eine Stelle des Buches von Kardinal Wojtyla, des nachmaligen Papstes Johannes Paul II., dessen deutsche Fassung 1981 als *Person und Tat* erschienen ist:

Der Begriff des Nächsten berücksichtigt allein die Menschlichkeit des Menschen, die Menschlichkeit, die jedem anderen außer mir zukommt. Der Begriff des Nächsten schafft die breiteste Grundlage, die weiter reicht als irgendeine Andersheit.

Eine solche Formulierung entspricht gewiß dem Geist des Christentums (wenn man von der Heilslehre absieht . . .), aber noch gewisser dem Geist der Aufklärung. Ja, es gibt Frankreich und Deutschland, Franzosen und Deutsche. Und ich fühle mich als Franzose Frankreich zugehörig. Aber immer im Sinn der Parabel des Rings, so wie sie Nathan der Weise bei Lessing erzählt. Die Nationen wie die Religionen sollen sich durch Offenheit zu den anderen, durch Verständnis für andere im »Weltinnenraum« beliebt machen.

In zwei Ländern die Möglichkeit zu haben, eine solche Offenheit mitzubewirken, vielleicht auch nur ein ganz klein wenig – das ist meine große Chance gewesen. Auch heute, nach bald fünf Jahrzehnten, habe ich nicht die geringste Lust, mich beiseite zu stellen und reiner Zuschauer zu werden oder mich sogar abzuwenden. Denn das hieße ja, die Chance zu verspielen und aufzuhören, sein Leben stets in dieselbe Richtung zu lenken. Wenn ich an Deutschland denke – in der Nacht, aber doch lieber am Tag! –, so als ein mit ebenbürtigen Menschen zusammengesetztes Feld eines menschlichen Einsatzes. Ein Feld, das mir mein persönliches Schicksal zugeschrieben hat, vorausgesetzt, daß ich den Grundwerten treu bleibe, ohne die ich die Zuschreibung nicht erkannt hätte. Welche diese Werte sind, das steht im letzten Kapitel und sollte ja in allen Kapiteln spürbar sein. Von welcher Lebensperiode ich auch spreche. Die Rubrik »Ihr Hauptcharakterzug?« im *Fragebogen zur Person* füllte ich aus mit dem Wort »Kontinuität«. Eine Kontinuität, die insbesondere meinen Bezug zu Deutschland betrifft. Wie immer es morgen aussehen mag!

Paris, den 9. Oktober 1992, Tag des Todes von Willy Brandt

ANHANG

Bibliographie Alfred Grosser

(Französisch und deutsch)*

L'Allemagne de l'Occident. 1945–1952, Gallimard, 1953

Administration et Politique en Allemagne occidentale (hrsg. v. A.G.), A. Colin, 1954

La situation de l'Allemagne en 1955. Rapport du Congrès international de Bruges, Presses Universitaires de France, 1955

Les Relations internationales de l'Allemagne occidentale (hrsg. v. A.G.), A. Colin, 1956

La Démocratie de Bonn. 1949–1957, A. Colin, 1958 (Erweiterte Übers.: *Die Bonner Demokratie. Deutschland von draußen gesehen*, Düsseldorf, K. Rauch Verlag, 1960)

Hitler: la presse et la naissance d'une dictature, A. Colin, 1959

La IVᵉ République et sa politique extérieure, A. Colin, 1961

La République fédérale d'Allemagne, P.U.F., 1963

La Politique en France (mit François Goguel), A. Colin, 1964 (Übers.: *Politik à la française*, Gütersloh, S. Mohn, 1966: Neue erw. Übers.: *Politik in Frankreich*, Paderborn, Schöningh, 1980)

La Politique extérieure de la Vᵉ République, Seuil, 1965

Die Bundesrepublik Deutschland. Bilanz einer Entwicklung, Tübingen, R. Wunderlich, 1967

Au nom de quoi? Fondements d'une morale politique, Seuil, 1969 (Übers.: *In wessen Namen?*, Tübingen, R. Wunderlich, 1969, und München, Hanser, 1973)

L'Allemagne de notre temps (1945–1970), Fayard, 1970 (Übers.: *Deutschlandbilanz*, München, Hanser, 1970. Erweitert: *Geschichte Deutschlands seit 1945*, dtv 1974)

* Alle französisch geschriebenen Bücher in Paris erschienen. Die nichtdeutschen Übersetzungen werden nicht erwähnt. Die französischen und deutschen Taschenbuchausgaben im Prinzip auch nicht.

L'Explication politique, A. Colin, 1972 (Übers.: *Politik erklären*, München, Hanser, 1973)

Gegen den Strom. Aufklärung als Friedenspolitik, München, Hanser, 1975 (als *Wider den Strom*, dtv 1976)

Dix leçons sur le nazisme (hrsg. v.A.G.), Fayard, 1976 (Übers.: *Wie war es möglich?*, München, Hanser, 1977)

La Passion de comprendre, Le Centurion, 1977

Les Occidentaux. Les pays d'Europe et les Etats-Unis depuis la guerre, Fayard, 1978 (Übers.: *Das Bündnis*, München, Hanser, 1978)

Versuchte Beeinflussung. Zur Kritik und Ermunterung der Deutschen, München, Hanser, 1981

Le Sel de la Terre. Pour l'engagement moral, Seuil, 1981 (Übers.: *Der schmale Grat der Freiheit*, München, Hanser, 1981)

Affaires extérieures. La politique de la France 1944–1984, Flammarion, 1984 (Übers.: *Frankreich und seine Außenpolitik*, München, Hanser, 1986)

L'Allemagne en Occident, Fayard 1985 (Übers.: *Das Deutschland im Westen*, München, Hanser, 1985)

Mit Deutschen streiten, München, Hanser, 1987

Vernunft und Gewalt. Die Französische Revolution und das deutsche Grundgesetz heute, München, Hanser, 1989

Die Kanzler (Bilder von Konrad Müller), Bergisch Gladbach, Lübbe, 1989

Le Crime et la mémoire, Flammarion, 1989 (Übers.: *Ermordung der Menschheit*, München, Hanser, 1991)

Personenregister

Abendroth, Wolfgang 167
Abragam, Anatole 38
Adenauer, Konrad 105 ff., 128, 131, 134,
    136, 139, 160, 203–206, 211, 272
Agartz, Victor 123
Ahlers, Conrad 61
Aicher-Scholl, Inge 131
Albertz, Heinrich 289
Alt, Franz 268
Ambros, Otto 178, 183
Andersch, Alfred 123, 243
Andler, Charles 84
Andropow, Jurij 186, 262, 272
Angelloz, Joseph-François 67
Antelme, Robert 68 f., 73
Arendt, Hannah 211
Argoud, Antoine 123
Arndt, Adolf 183
Aron, Raymond 100
Assmus, Ursula 221
Augstein, Rudolf 123, 248 f., 271
Auriol, Vincent 36

Baader, Andreas 236, 239, 242
Bach, Johann Sebastian 47
Backes, Uwe 168
Badinter, Robert 152 f.
Bahr, Egon 192, 254, 261
Barbusse, Henri 20
Bartók, Béla 308
Beckurts, Karl-Heinz 272
Beethoven, Ludwig van 45, 309
Begin, Menachem 157
Bergsträsser, Arnold 116
Bermann-Fischer, Gottfried 102

Bernanos, Georges 80
Bertaux, Pierre 128
Best, Michael 156
Biedenkopf, Kurt 303
Bismarck, Klaus von 62, 111, 123, 137 f.,
    183 f., 266, 276
Bismarck, Otto Fürst von 50, 84,
    86
Bizet, Georges 79
Blank, Theodor 207
Blankenhorn, Herbert 137 f.
Blum, Léon 35
Boegner, Marc 120
Böhr, Christoph 278
Böll, Heinrich 123, 245, 248, 280
Bölling, Klaus 192, 261
Bollnow, Otto Friedrich 63
Boock, Peter-Jürgen 173 f., 176
Börne, Ludwig 30, 155 f.
Bourdet, Claude 60
Bracher, Karl Dietrich 95, 228
Brandt, Rut 142
Brandt, Willy 15, 142 f., 152, 191, 213,
    232, 243, 254, 280, 311
Bräutigam, Hans-Otto 256
Brecht, Bertolt 27
Breitscheid, Rudolf 37
Brentano, Heinrich von 108
Breschnew, Leonid I. 186, 249, 262,
    272
Broszat, Martin 168
Brück, Wolfram 156
Brüning, Heinrich 108
Brunschwig, Henri 64
Buback, Siegfried 236

314